MINSHI XINGZHENG JIANCHA SHILI YANJIU

民事行政检察

实例研究

主　编　蒙永山　农中校
副主编　申绍君　覃丽红　刘　缨

中国检察出版社

《民事行政检察实例研究》编委会

序 言

检察机关民事行政检察工作开展十多年来，各级人民检察院认真履行宪法和法律赋予的职责，依法对民事、行政诉讼活动进行法律监督，有力地维护了民事、行政法律的统一正确实施，民事行政检察干部队伍也在实践中得到了很好的锻炼和发展。

广西壮族自治区检察机关在开展民事行政诉讼检察活动中，边探索、边实践、边总结，既积累了一些引起理论思考的成果，也积累了一些成功的经验，自然也有一些教训。

《民事行政检察实例研究》一书正是探索和实践的结晶。全书以广西壮族自治区检察机关近五年来办理的民事行政检察典型案例为载体，通过对相关法律的剖析、相关法理的论证以及抗诉文书的展示，从法、理、情相结合的高度对民事行政法律关系中的一些重要争议进行理性解读，为民事行政检察监督的发展提供了难得的实证素材和独特的现实视角。为了给当前的民事行政检察工作提供具体、有效的经验法则，本书对一些抗诉后未得到改判的案例或者只得到部分改判的案例也进行了深入的总结与分析，所思考和讨论的经验、教训，定可为民事行政检察工作的更好更快发展提供有益的借鉴。

检察工作的科学发展，需要以队伍建设为主线，以业务建设为重心。本书立足于民事行政检察的实例研究，寄望于民行检察干部队伍的素质增强，相信所展示的工作历程和研究成果，对促进民事行政检察工作乃至其他方面检察工作的科学发展不无裨益。

是为序。

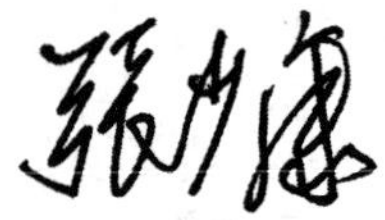

二〇〇九年三月于广西南宁

目录

CONTENTS

实例 1　国家行政指令下的赊销贷款纠纷是否属于民事法律调整的范畴？

——韦某某与广西河池市金城江区百货公司清偿“两棉”赊销贷款债务纠纷抗诉案评析

案例简介

◇ 基本案情

申诉人（一审被告、再审申诉人）：广西河池市金城江区百货公司。

被申诉人（一审原告、再审被申诉人）：韦某某。

1984 年 1 月 28 日，国家商业部、国家民族事务委员会、中国人民银行共同以（84）商财联字第 6 号文件向包括广西在内的十八个省、自治区的政府及对口部门发出《关于对边远少数民族贫困地区困难户赊销纯棉、棉絮的通知》，文件决定在十八个省、自治区的边远少数民族地区对人均收入五十元以下和缺被少衣尚未解决温饱的各族农牧民实行“两棉”赊销，赊销出去的棉布、棉絮、蚊帐布在没有收回欠款之前，由银行对县级国营商业和供销社的主管公司实行无息贷款。文件规定，赊销商品货源由省、县级的国营商业和供销社的主管公司负责调拨，一切赊销工作均委托基层供销社（或民贸商店）办理。同日，国家商业部、中国人民银行又共同发布（84）商财联字第 7 号文件《关于对边远少数民族地区困难户赊销纯棉布、棉絮的财务处理办法》作为（84）商财联第 6 号文件的配套文件，规定："两棉"赊销工作由基层供销社（民贸商店）负责办理，并负责按期收回赊销欠款归还银行；银行对贷款应设"赊销棉布（絮棉）无息贷款"专户记载。

1984年2月21日，广西壮族自治区商业厅、民族事务委员会、人民银行广西区分行、农业银行广西区分行共同发布《关于对边远少数民族地区困难户赊销纯棉布、棉絮的通知》。1985年1月30日，广西壮族自治区人民政府发出文件，要求"各级人民政府要加强领导，组织有关部门切实做好赊销的各项工作"。

根据河池市人民政府的部署，河池市金城江区百货公司（原为县级河池市百货公司，以下简称百货公司）成为政府指定的具体实施赊销工作的单位之一，1984年至1986年，一共组织价值3019378.18元的纯棉布、棉絮等赊销物资调拨给六圩、六甲、河池、下考、拔贡、九圩等10个乡镇，供这些乡镇的供销社执行赊销任务。为此，百货公司根据政府的安排向中国工商银行河池分行（以下简称河池工行）申请了"两棉"赊销专项贷款共3019378.18元。书面约定还款期限为1989年5月10日至1990年5月10日。

1994年至1996年，由原河池市人民法院牵头，原河池市财委、农委、民政局、教育局等单位参与，组成赊销款清理小组深入各农户清收"两棉"赊销欠款共1692758.50元，并直接交给河池工行以偿还百货公司所欠的相应贷款。河池工行于1997年通知百货公司，赊销款清理小组已向其清偿"两棉"贷款1692758.50元，还有1326619.68元没有得到清偿。

2000年6月20日，河池工行与中国华融资产管理公司南宁办事处（以下简称南宁办事处）、百货公司签订《债权转让协议》，约定百货公司所欠河池工行借款本金1326619.68元及利息254494.87元（利息计至2000年5月20日止），其债权转让给南宁办事处。2003年10月23日，南宁办事处在广西政法报发布《债权转让公告》，将百货公司所欠债务本金132.66万元及其利息25.45万元（利息计至2003年6月20日止），共计158.11万元的债权连同其他债权一并转让给韦某某。2004年5月13日，韦某某以百货公司为被告向河池市中级人民法院提起诉讼，请求判令百货公司清偿借款本金1326619.68元及利息254494.87元。

◇ 诉讼过程

一审情况

河池市中级人民法院审理后认为，百货公司与河池工行债权债务的形成，是平等民事主体之间发生的借款合同关系，属于民事法律调整的范畴，其纠纷属于人民法院民事诉讼的受理范围，百货公司在借款的使用上与人民政府之间是否形成行政管理关系，并不能改变本案民事法律关系之性质，亦不属于本案审理的范围。2000年6月20日百货公司与河池工行、南宁办事处签订的《债权转让协议》，各方意思表示真实，百货公司无异议，而且2004年1月7日韦某某给百货公司送达《清偿债务通知函》时，百货公司亦签收认可，合法有效；2003年10月23日韦某某与南宁办事处之间的债权转让没有违反法律规定，依法应予保护。百货公司欠韦某某债务本金1326619.68元及其利息254494.87元，证据确实充分，百货公司亦无异议，应当依法及时清偿。为此，河池市中级人民法院于2004年6月28日作出（2004）河市民一初字第8号民事判决：（一）被告百货公司支付欠款本金1326619.68元给原告韦某某；（二）被告百货公司支付欠款利息254494.87元给原告韦某某。

抗诉意见

百货公司不服一审判决，向广西壮族自治区人民检察院提出申诉。自治区人民检察院审查后认为，一审判决认定本案债权债务的形成是平等民事主体之间发生的借款合同关系，在适用法律上存在错误，百货公司根据国家政策向银行借贷的行为，不应视为我国法律规定的平等、自愿的民事行为，双方形成的债权债务关系不应按普通的民事法律关系进行调整。对于本案争议的“两棉”贷款损失的处理，国家专门出台了一系列的政策文件，应由国家政策调整。而且南宁办事处在受让河池工行的“两棉”赊销贷款债权后，再将该债权（国有资产）低价转让给自然人，显失公平，损害了社会公共利益，是无效的民事法律行为，不应得到确认和支持。遂于2006年10月19日向广西壮族自治区高级人民法院提出抗诉。

再审情况

广西壮族自治区高级人民法院受理检察机关抗诉后，指定河池市中级人民法院再审。河池市中级人民法院再审后认为，本案借贷行为尽管是执行国家指令而发生，但合同的民事属性并不因此而发生改变；检察机关和百货公司主张南宁办事处再转让本案债权违法无效，缺乏事实和法律根据；至于检察机关和百货公司提出的本案债权应当挂账、停息的问题，挂账、停息的规定毕竟是在特殊历史条件下作出的一种带有行政指导性质的政策，不能代替当时已经施行的具有强制性的法律规定。遂于2007年12月12日作出（2007）河市民再初字第8号民事判决：维持原判。

终审结果

百货公司仍不服，向广西壮族自治区高级人民法院提起上诉。自治区高级人民法院裁定认为，“两棉”赊销贷款实际上是政府为了帮助少数民族地区困难户解决衣被问题而实施的一项利民工程。百货公司和银行形成的“两棉”赊销贷款并非其正常的经营行为，而是在计划经济时期受国家或政府指派的政治任务。对执行该任务形成的政策性亏损，国务院及有关部门的一系列文件明确要求核定为中央政策性亏损，应当依照文件规定及所确定的解决问题的原则处理，而在有关文件中，并未明确此类性质的贷款本金如何处理。至于韦某某与南宁办事处之间的债权转让协议是否合法有效，则不属于本案审理的范围。2008 年 6 月 19 日，自治区高级人民法院作出（2008）桂民一终字第 29 号裁定：（一）撤销河池市中级人民法院（2004）河市民一初字第 8 号民事判决与河池市中级人民法院（2007）河市民再初字第 8 号民事判决；（二）驳回韦某某对百货公司的起诉。

问题的提出

国家行政指令之下订立经济合同的行为是不是民事法律行为？

由于历史原因，在计划经济时代，依政策进行社会管理是一个不容回避的事实。在政策管理之下，作为政府管理社会经济的一种主要方式，国家行政指令大量介入社会经济生活，并引发了相应的种种纠纷。在这类纠纷中，由于争议的经济行为在形式上发生于平等经济主体之间，但实质上又涉及政府的行政管理行为，对行为的性质以及与此密切相关的法律适用和诉讼管辖等问题，各界长期以来颇有争议。

本案中，一审法院认为，百货公司与河池工行债权债务的形成，是平等民事主体之间发生的借款合同关系，这种借款合同关系属于民事法律关系，百货公司在借款的使用上与人民政府之间是否形成行政管理的关系，并不能改变本案民事法律关系之性质。该院再审后仍认为，本案借贷行为尽管是执行国家指令而发生，但合同的民事属性并不因此而发生改变，所谓“不属于民事法律调整范围”的说法不能成立。检察机关认为，百货公司向河池工行申请的“两棉”赊销专项贷款，是在我国特定历史时期依国家行政指令而发生的政策性贷款，虽然形式上存在合同关系，但并非基于平等协商基础自主决定、自由签约的贷款。在计划经济体制下，百货公司作为一家政府指定的具体实施赊销工作的国有单位，必须赊销物资，且可以根据政府安排向银行申请赊销所需资金。河池工行也必须按照政府的安排发放贷款，不可能出于贷款风险的考虑而拒绝放贷。可以说，借贷双方都没有决定贷与不贷、商量贷款利息、还贷期限及设定合同其他权利义务的权利，借与贷均不是出于赢利需要而实施的经营行为。因此，借贷双方的行为都是在践行一项政治任务，而非我国法律规定的平等、自愿的民事行为。终审法院也认为，百货公司的“两棉”赊销行为并非正常的经营行为，而是在计划经济时期受国家或政府指派的政治任务。

从本案争议的焦点可以看出，要正确处理这类纠纷，首要前提是界定国家行政指令下发生于平等主体之间经济行为的性质，明确国家行政指令之下实施的经济行为是不是民事法律行为。只有明确这一点，才能确定法律适用及诉讼管辖问题，为解决此类纠纷提供基本的方向和依据。

在经济体制转型时期履行国家或者政府指派的任务而产生的经济纠纷，如何选择适用法律规范？

法律规范的冲突是许多国家都面临的法律现象。我国目前正处于经济转型时期，随着经济体制改革的不断推进，国家相继修改了一些不适应市场经济发展的法律法规，并陆续出台了一系列新的法律规范。在这样的时空背景和立法格局下，新旧法律的冲突在所难免。而在法律冲突的情形下，如何选择适用法律规范，无疑是解决各类纠纷的重点和难点。如本案中，一审法院认为，本案债权债务的形成，是平等民事主体之间发生的借款合同关系，属于民事法律调整的范畴。再审后仍认为，本案实质上是平等主体之间因财产关系发生的应当由法院管辖的民事纠纷，法院受理本案符合我国《民事诉讼法》第3条的规定。但百货公司认为，其借款是按照政府的行政指令，是作为政府的“替身物”产生的，由此引起的纠纷，中央相应的文件已明确了处理办法，应当由人民政府通过行政程序予以解决。检察机关则认为，百货公司根据国家政策向银行借贷的行为不是民事行为，双方形成的债权债务关系国家政策已经有明确的处理意见，应当受国家政策调整，不属于民事法律调整的范围。终审法院也认为，“两棉”赊销贷款实际上是政府的一项利民工程，是在计划经济时期受国家或政府指派的政治任务，对执行该任务形成的政策性亏损，国务院及有关部门的一系列文件规定，核定为中央政策性亏损，应当依照有关规定及确定的解决问题的原则处理。

法理分析

1. 国家行政指令之下的经济往来活动也是民事法律行为

20 世纪 80 年代初期，我国实行的还是计划经济，在此经济制度下，国家计划依旧得到政策和法律的充分肯定。在政策上，政企不分是一个常态现象，“企业的经营活动不过是国家计划实施的一个环节，企业间交易活动被理所应当地视为体现出国家计划意志的协作、联合”，[①] 政府对经济工作的领导和指导通常以直接下达政策指令或者指令性计划的方式进行；在法律上，由于从前苏联改造过来的“纵横统一说”在经济法学界曾占有相当的地位，[②] 我国《经济合同法》被视为调节经济中的纵向关系和横向关系，确保国家计划得到贯彻执行的重要形式，其不仅在“总则”中明确立法的目的之一就是要“保证国家计划的执行”，要求订立经济合同必须符合国家政策和计划的要求，还在有关条文中具体规定：属于国家指令性计划产品和项目的经济往来，必须按国家下达的指标签订经济合同。可见，在 20 世纪 80 年代初期的计划经济体制下，经济合同作为计划

① 陈云良：《回到中国——转轨经济法的存在及其价值》，载《法制与社会发展》2007 年第 6 期。

② 潘静成、刘文华主编：《经济法》，中国人民大学出版社 1999 年版，第 53 页。

经济的基本经济手段，其特质就是政府将其意志直接体现到本应由当事人自治的合同中去，国家以行政指令为手段直接参与、介入具体的经济活动已成为一种常态的经济行为，具有现实合法性和历史合理性。基于当时的历史背景和社会需要，国家行政指令之下的经济往来活动就是民事法律行为的重要表现形式。

随着改革的深入，计划经济逐步为社会主义市场经济所代替，与此相应，我国在政策方向和法律思想上也产生了巨大的变化。经济合同法只调整从事市场经营活动的平等民事主体之间横向财产、经济关系的观念得到了广泛的认同。同时，指令性计划的地位和作用也随着商品关系和市场经济的发展而渐次削弱。如1992年颁布的《全民所有制工业企业转换经营机制条例》，对国家下达指令性计划和企业执行指令性计划作了新的规定，不再要求企业无条件地按计划指标订合同。1993年修订的《经济合同法》也删去了经济合同法中有关国家计划的规定。然而，与许多国家经济转型的轨迹不同，我国的经济转轨采取了较为现实主义的方案，并没有奉行“对转轨经济国家来说，中央计划官僚机构一退出原位，市场马上就会繁盛起来”① 的做法，而是强调市场经济不能自由放任，强调政府的宏观管理及竞争规制之责任。在此背景下，1993年修订后的《经济合同法》虽然删除了不符合市场经济要求的国家计划的规定，明确了《经济合同法》属于民法的范围，却并不否定国家指令性经济计划作为国家参与和干预经济的手段其存在的合理性和历史必然性；相反，还以一定的形式维护指令性计划的实施，如第11条关于企业依法签订指令性计划合同的权利义务，第17条第三项关于执行国家定价时的价格违约责任等。因此，法律变更之后虽然指令性经济计划

① 转引自［波］科勒德克：《从休克到治疗》，上海远东出版社2000年版，第322页。

不再作为订立经济合同的法定依据和重要参考标准，但并不意味着国家行政指令之下的经济往来活动不是民事法律行为。

1999年，我国新颁布的《合同法》明确自愿原则是合同法的基本原则，在指导思想上不再视合同为执行国家计划的经济形式，在具体内容上不再肯定国家计划的地位和作用，并强调："当事人依法享有自愿订立合同的权利，任何单位和个人不得非法干预。"自此，国家行政指令直接干预具体经济活动逐步淡出经济舞台。

可见，国家行政指令之下的经济往来活动是不是民事法律行为，在不同时期存在不同的法律解读，需要结合行为的具体时间进行分析。这其中需要正确认识和把握一个关键的问题：民事法律的溯及力。根据法不溯及既往的一般性原则，民事法律原则上并不具有溯及既往的效力，最高人民法院在《关于〈中华人民共和国合同法〉若干问题的解释（一）》中规定："合同法实施以前成立的合同发生纠纷起诉到人民法院的，除本解释另有规定的以外，适用当时的法律规定，当时的法律没有规定的，可以适用合同法的有关规定。"

本案中，百货公司与河池工行债权债务关系形成于1984年至1986年，虽然借贷行为是基于执行国家指令而发生，但按当时的《经济合同法》，双方的经济行为属于民事法律行为并不存在任何争议。当然，以现行的法律来审视，确实不符合民事活动"平等、自愿"的基本要素，将其视为国家和政府的行为而不是企业的民事行为亦在情理之中。问题是，在处理特定历史时期遗留下来的问题时，我们能否一律以现行法律进行评判？很显然，法律的溯及力是不能回避的，否则，不仅意味着以现行的法律全面否定特定历史时期的法律和政策，还意味着以现行的社会制度和观念去纠正历史上的各种做法。以"践行一项政治任务"为由推论"百货公司根据国家政策向银行借贷的行为不应视为我国法律规定的平等、自愿的民事行为"的观点，实际上脱离了特定的时代背景和法律政策因素，以现行的法律机制和理论为标准对过去发生的行为进行判断，缺乏应有的时空观念，忽略了民事法律的溯及力问题。

2. 处理经济体制转型时期履行国家或者政府指派的任务而产生的经济纠纷必须坚持法律与政策相结合的原则

法律规范的冲突即多个法律规范调整相同的事实却具有不同的甚至截然相反的法律后果。由于我国在改革开放后三十年间由计划经济向社会主义市场经济体制过渡，立法主体繁多，法律渊源众多，法制变化频繁，法律规范之间的冲突成为民事诉讼中无法回避的问题。这种冲突，既有下位法与上位法之间的冲突，也存在同位法及准同位法之间的冲突。其中，尤以体制转型时期民事法律规范与国家政策性规章的冲突最为常见。如在当前的司法实践中，处理经济体制转型时期履行国家或者政府指派的任务而产生的经济纠纷，常常面对三个方面的法律冲突：一是适用旧法，还是适用新法？二是适用基本的民事法律，还是适用国务院及其各部委的政策性规范性文件？三是地方政府为贯彻上级指示而下发的各种政策性文件能否作为处理案件的法源？

在民事诉讼过程中，面对法律规范之间的冲突，如何选择适用法律规范是一个重要的司法难题。从世界范围观察，在法律规范发生冲突时，审判机关依据法律适用规则选择确定所适用的法律规范并解决冲突，是现代法治国家通行的做法。而从历史角度看，“自罗马法至当今的各国实践，不管是法律明文规定还是作为一种法律上的公理，像上位法优于下位法、特别法优于普通法、后法优于前法等法律适用规则，其本身都是为解决法律规范冲突而设定和适用的具体法律规则。”① 对于法律规范的冲突，我国《立法法》的态度非常明确。2000 年，时任全国人大常委会法制工作委员会主任的顾昂

① 孔祥俊:《论法官在法律规范冲突中的选择适用权》，载《法律适用》2004 年第 4 期。

然同志在《关于〈中华人民共和国立法法（草案）〉的说明》中就明确指出："现在各种法律、行政法规、地方性法规、自治条例和单行条例、规章愈来愈多，执行中提出了许多问题，需要确定适用规则，明确它们相互间的效力等级。"基于这一目的，《立法法》根据宪法和有关法律的规定，明确了法律、行政法规、地方性法规、自治条例和单行条例、规章的效力等级和适用规则，其基本精神是：第一，上位法的效力高于下位法；第二，同位法中的特别规定与一般规定不一致的，适用特别规定；第三，实行不溯及既往原则，但为了更好地保护公民、法人和其他组织的权利和利益而作的特别规定除外；第四，法律、行政法规、地方性法规、自治条例和单行条例、规章之间不一致，执行机关不能根据效力高低确定如何适用时，应由有权机关对如何适用作出裁决。

可见，无论从法理分析还是从现行法律制度分析，处理经济转型时期履行国家或者政府指派的任务而产生的经济纠纷应遵循两个基本准则：

（1）原则上适用行为时的法律

我国改革开放后，随着经济体制的转型，民事法律体系逐步建立与完善。在民事法律体系发展与完善的过程中，基于认识上的局限、体制改革的步伐等种种因素的制约，每一部法律、法规、规章都可能存在体系不够完备、内容不够科学等诸多问题，但其规范的效力、调整的作用是不容否定的。作为预测行为后果的标准，在特定的时期，人们只能根据这些已经生效的法律预测自己的行为后果，选择自己的行为。因此，当产生纠纷时，也只能根据行为时业已生效的这些法律评价人的行为。《立法法》第84条规定："法律、行政法规、地方性法规、自治条例和单行条例、规章不溯及既往，但为了更好地保护公民、法人和其他组织的权利和利益而作的特别规定除外。"可见，对于经济体制转型时期的各种经济纠纷，除非法律有特别规定，原则上应当以行为时的法律为处理的依据。

本案中，百货公司与河池工行的借款行为发生在以计划经济为主的历史时期时期，对其行为性质的认定理应遵遁当时的法律。依据1982年《经济合同法》第11条“属于国家指导性计划产品和项目的经济往来，参照国家下达的指标，结合本单位的实际情况签订经济合同”及1985年《借款合同条例》第3条“借贷当事人双方必须遵守国家法律、按照国家政策、依据国家计划和有关规定，在平等协商的基础上，签订合同”的规定，国家指令性借贷属于当时《经济合同法》及《借款合同条例》调整的范畴。因此，尽管百货公司是基于国家的指令性计划而与河池工行签订了贷款协议，但合同仍具有民事属性，当事人之间所确立的权利义务关系具有当然的法律约束力。

（2）法律没有规定或者规定不明确的，适用国家政策

我国尚无民法典，调整民事行为的法律体系由基本法《民法通则》及一系列的单行民事立法组成。民事活动既要遵循单行民事立法，也要遵循《民法通则》。《民法通则》第6条规定：“民事活动必须遵守法律，法律没有规定的，应当遵守国家政策。”《最高人民法院关于贯彻执行〈中华人民共和国民法通则〉若干问题的意见（试行）》进一步明确：“1987年1月1日以后受理的案件，如果民事行为发生在1987年以前，适用民事行为发生时的法律、政策，当时的法律、政策没有具体规定的，可以比照民法通则处理。”可见，在我国的民事法律机制中，国家政策是处理民事纠纷的重要依据之一。在经济体制转型时期，法律、行政法规、地方性法规、政府规章和国家政策都是国家调整经济的重要形式，在处理相关纠纷时，更应当坚持法律与政策相结合的原则。

为妥善解决好“两棉”赊销及赊销贷款的遗留问题，国务院及中央各部委先后出台了一系列的政策性文件，包括中国人民银行、

商业部银发［1992］232号《关于对“两棉”赊销贷款实行挂账计息的通知》、国务院国阅［1996］70号《关于研究解决供销社政策性亏损问题的会议纪要》及中央各相关部委联合下发的财建［2002］255号《关于回复供销合作社财务挂账及财务处理问题的通知》。这些政策性文件，对“两棉”赊销及赊销贷款的处理原则和处理方法作出了明确规定，在处理此类纠纷时，应当重视特定历史条件下政策因素的地位和作用，坚持法律与政策相结合，把相关政策确定的处理原则作为认识和处理纠纷的重要依据。

检察实务点评

本案广西壮族自治区人民检察院提出抗诉后，虽然再审法院维持原判，但经百货公司上诉，广西壮族自治区高级人民法院基本采纳了抗诉意见，应当说，抗诉目的基本实现。但从抗诉的法律效果及社会效果而言，应当说还存在值得总结和进一步提升的空间。

◇ 抗诉经验

1. 立足社会现实

对经济体制转型时期履行国家或者政府指派的任务而产生的经济纠纷，应当依民事法律处理还是根据政府的规范性政策文件处理，是一个容易产生争议的问题。一审、再审法院过于强调民事法律对民事法律行为的调整功能，忽略了特定历史条件下政策因素的地位和作用，处理结果既无法体现法律的严肃性，也难以实现明辨是非、排解矛盾、维护稳定的社会效果。检察机关在抗诉过程中，立足社会现实，紧紧抓住双方矛盾的根本原因——“国家政策之下的政治任务”阐明处理的依据和抗诉理由，抗诉理由紧扣问题的本质，与我国的政治、法律体制相吻合，为案件最终得到纠正奠定了良好的基础。

2. 抓住主要抗点

本案的焦点在于，“两棉”赊销行为是政府的行政行为还是政策主导下的民事法律行为？赊销贷款本金及利息是否应当归还？自治区人民检察院在抗诉过程中，紧紧围绕争议的焦点进行分析，明确提出“百货公司根据国家政策向银行借贷的行为，不应视为我国法律规定的平等、自愿的民事行为，不应按普通的民事法律关系进行调整”、“判令百货公司支付欠款利息与国家政策明显相悖”、“将该债权（国有资产）低价转让给自然人损害社会公共利益，是无效民事法律行为”等抗诉意见，虽然有些意见不一定有足够的说服力，但应当说已经抓住了争议的焦点和本案的关键。

◇ 存在问题

1. 法理论证的深度略有不足

在抗诉过程中，检察机关的抗诉意见主要建立在“根据国家政策向银行借贷的行为不应视为民事行为”的立论之上，而这一立论，从前述分析可以看出，完全立足于现行法律制度和法学理论，缺乏时空观念，淡化了法的溯及力问题。在计划经济时代，按国家计划或政策签订经济合同是当时的法律制度、法律思想、社会政策都认可、鼓励的一种常态化现象，按国家计划或政策签订借贷合同在当时的历史条件下就是民事法律行为。检察机关在抗诉过程中立足于现行法律制度主张这种行为“不应视为民事行为”，这样的立论，如果没有深刻的论证，很难形成足够的说服力。毕竟，法律作为社会调整的准则，其作用的基础是为民众提供现实而且明确的界限，国家不可能要求民众以还未存在的法律标准来规范自身的行为，从事各种社会活动。而从抗诉书上看，应当说检察机关论证得并不充分，抗诉之后，再审法院维持原判，终审法院虽然撤销一审、再审判决，却在判决书中回避这一问题，也说明检察机关这一核心的抗诉理由并未得到法院的采纳。

2. 抗点不够准确、集中

本案检察机关虽然抓住了案件争议的焦点和抗诉的基本方向，

但在组织抗诉理由方面，抗点选择有不够准确、集中之嫌。一方面，抗点不够准确。如：为了论证本案应当以“政策”为处理依据，提出了“按国家政策向银行借贷的行为不是民事法律行为”的理由；为了论证南宁办事处将债权转让给原告韦某某无效，提出了“将该债权（国有资产）低价转让给自然人，显失公平，损害了社会公共利益，是无效的民事法律行为”的理由。事实上，就算按国家政策向银行借贷的行为是民事法律行为，因法律溯及力的作用也应当以当时的法律和政策作为案件的处理依据；而在转让国有资产问题上，是否损害社会公共利益不能单纯看转让价格与资产的账面价值是否等同。由于不够准确，抗抗理由的说服力显然受到一定的影响。另一方面，抗点不够集中。本案的核心和关键在于，“两棉”赊销贷款是计划经济时期政府主导下实施的利民工程，对执行该任务形成的政策性亏损，国务院及有关部门出台的一系列文件已经明确了处理方法，应当以此作为案件的处理依据。抓住这一点，案件的纷争将迎刃而解。但在抗诉过程中，检察机关组织了三个方面的抗诉理由，既分散了论证效果，也给人一种态度不够坚决的错觉。

实例2 表见代理构成要件的实务把握

——李某其、广西聚福隆超市有限公司与广西新宇新实业有限责任公司房屋租赁合同纠纷抗诉案评析

案例简介

◇ 基本案情

申诉人（一审被告、二审上诉人）：李某其。

被申诉人（一审原告、二审被上诉人）：广西新宇新实业有限责任公司。

二审上诉人、一审被告：广西聚福隆超市有限公司。

一审原告广西新宇新实业有限责任公司（以下简称新宇新公司）是由李某伟、任某某、刘某某三个股东共同成立的有限责任公司。2002年12月8日，经出租人南宁市新城区（现青秀区）津头乡新兴村民委员会的同意，新宇新公司与李某其签订了两份《房屋租赁合同》，将所承租的位于南宁市青山路14号的两处沿街铺面（门牌号分别为：14－2与14－4）转租给李某其使用，期限为7年。2004年4月29日，新宇新公司的法定代表人李某伟因涉嫌虚假出资罪被南宁市公安局兴宁分局逮捕，同年10月11日变更强制措施为取保候审。2005年1月19日，广西聚福隆超市有限公司（以下简称聚福隆公司）与李某其协商后，在上述两份房屋租赁合同的背面签下“从2005年1月13日起，由我公司履行本合同乙方（即李某其）的所有条款”，并在上面加盖了公章，新宇新公司副董事长兼常务副

总经理刘某某、董事兼副总经理任某某签下“甲方认可”的意见，并告之租金的结算账号。2005年3月16日，新宇新公司书面通知聚福隆公司变更交纳租金账户并声明“以前有关将租金缴纳到任某某同志处的通知同时作废”。2005年5月9日，新宇新公司以李某其未经其书面同意擅自将承租的房屋租给聚福隆公司为由，向南宁市青秀区人民法院提起诉讼。

◇ 诉讼过程

一审情况

南宁市青秀区人民法院审理认为，新宇新公司与李某其签订的《房屋租赁合同》合法有效。李某伟作为新宇新公司的法定代表人，在未经有关部门撤销其资格之前，仍有权行使法定代表人的职责。李某其将承租的房屋转租给聚福隆公司，虽然有新宇新公司的股东仁某某、刘某某的签字同意，但违反了该公司董事会决议规定的合同生效的要件，故转租合同不能成立。遂于2005年10月12日作出（2005）青民一初字第965号民事判决：（一）解除新宇新公司与李某其于2002年12月8日签订的两份房屋租赁合同；（二）李某其、聚福隆公司将坐落于南宁市青山路14号的两处沿街铺面返还给新宇新公司；（三）李某其应向新宇新公司支付违约金200000元。

二审情况

李某其、聚福隆公司对一审判决不服，向南宁市中级人民法院提出上诉。南宁市中级人民法院审理后认为，新宇新公司董事长李某伟被逮捕和取保候审并不必然剥夺其享有的民事权利。李某其在签订转租合同前应当事先深入了解新宇新公司的真实状况，在明知新宇新公司股东之间有纠纷，该公司另二位股东刘某某、任某某没有代表公司意志的公章，其背签行为不构成表见代理的情况下，李某其转租行为构成违约。2006年2月14日，南宁市中级人民法院作出（2006）南市民一终字第68号民事判决：驳回上诉，维持原判。

抗诉意见

李某其不服，向南宁市人民检察院申诉，南宁市人民检察院提请广西壮族自治区人民检察院抗诉。自治区人民检察院审查后认为，新宇新公司更换董事长和起用新的印章后，新董事长任某某书面签署同意李某其将其经营场所转租给聚福隆公司的行为合法有效；新宇新公司股东、董事任某某、刘某某向李某其和聚福隆公司出示关于原董事长李某伟被逮捕、公司更换董事长、启用新印章等文件，并书面签署同意李某其转租房屋给聚福隆公司的行为，使聚福隆公司有足够理由相信任、刘二人有权代理新宇新公司作出同意将房屋转租的决定，二审判决否认任、刘二人的表见代理效力，属于适用法律错误。遂于2006年7月21日向广西壮族自治区高级人民法院提出抗诉。

再审结果

广西壮族自治区高级人民法院受理检察机关抗诉后，裁定由南宁市中级人民法院再审。南宁市中级人民法院再审后认为，李某其与聚福隆公司协商将其与新宇新公司签订的《房屋租赁合同》的全部权利义务转让给聚福隆公司，属于租赁合同权利义务的转让。李某其将上述合同权利义务转让时，新宇新公司股东、董事任某某、刘某某向李某其和聚福隆公司出示了新宇新公司原董事长李某伟被逮捕、公司更换董事长、启用新印章等文件，并在李某其与聚福隆公司的合同权利义务转让条款下面签署“甲方认可”字样，依照《合同法》的规定，任、刘二人的行为已经构成“表见代理”，李某其与聚福隆公司完全有理由相信任某某、刘某某的认可行为代表了新宇新公司的意志。2007年4月5日，南宁市中级人民法院作出（2007）南市民再抗字第1号民事判决：（一）撤销本院（2006）南市民一终字第68号民事判决；（二）撤销南宁市青秀区人民法院作出的（2005）青民一初字第965号民事判决；（三）驳回新宇新公司的诉讼请求。

问题的提出

实务中表见代理如何把握?

表见代理制度始于1900年德国民法，其目的在于保护民事代理活动中善意第三人的合法权益，维护市场交易的安全。由于历史原因，我国在民法理论上对表见代理的研究起步较晚，在民事立法上，《民法通则》虽然包含了表见代理的一些精神，但未明确规定表见代理制度。随着社会主义市场经济体制的建立与发展，经济代理活动日益频繁，为了规范代理行为，维护公正的市场秩序，我国1999年颁行的《合同法》第49条规定：行为人没有代理权、超越代理权或者代理权终止后以被代理人名义订立合同，相对人有理由相信行为人有代理权的，该代理行为有效。

从立法精神的层面分析，《合同法》规定的表见代理制度实质上是一种为了平衡经济活动各方利益，要求无权代理产生代理效果的机制。这一机制的思维逻辑是：一方面，经济活动中，任何人都应当对委托代理行为保持一定的审慎态度，对他人代理自己之行为负有核实以及妥当处置的责任，以免相对人因不明情况而受损。如因处置不当导致相对人有理由相信无代理权的行为人有代理权，就必须对无代理权人的代理行为承担法律后果。另一方面，在经济活动中，为了减轻相对人审查代理人有无代理权的难度，促进经济活动的快速运转，相对人与代理人签订经济合同时，只需要承担形式审查之责，只要有理由相信行为人有代理权，就可以与之签订合同而不需担心代理的法律后果。就这些法律思维而言，表见代理制度体现了市场经济发展规律的内在要求，体现了立法者公平保护经济活动参与者利益、促进经济快速发展的良苦用心。

然而，这种立法意图和追求在法律条文中似乎未得到充分显现，从《合同法》第49条的规定看，立法者设定的表见代理条件相当简单，即相对人有理由相信无权代理人有代理权。这样的立法语言在实务中产生了两大困惑和问题：一是相对人“有理由”如何把握？由于立法语言过于模糊，给学理研究留下了广阔的思维空间，司法实践中认定“有理由”更是见仁见智，千差万别，这种状况，显然并不符合立法初衷；二是“被代理人有过错”是否应当作为确定表见代理的必要因素？立法者确立表见代理制度主要侧重于保护无权代理行为中善意相对人的利益，因此，在法条中并未对被代理人的主观状态提出法律要求，但实践中，不考虑被代理人的主观状态往往容易导致表见代理的滥用，出现被代理人无过错的情况下对无权代理承担法律后果的情况，而这种制度后果是否与公正、公平的民法精髓相符又引发了不同的解读。

本案中，新宇新公司的法定代表人李某伟被逮捕导致公司内部管理产生了一定的变化，在此情形之下，谁能够合法地代理新宇新公司进行各种民事活动？相对人在何种条件下可以有理由相信代理人有权代理新宇新公司？一审、二审法院强调李某其、聚福隆公司与新宇新公司进行经济活动应当事先深入了解新宇新公司的真实状况，在刘某某、任某某并未拥有新宇新公司原用公章的情况下，不应当完全相信其可以代表公司意志，因此，刘某某、任某某背签同意李某其与聚福隆公司达成的关于转让李某其与新宇新公司签订的《房屋租赁合同》权利义务的行为不构成表见代理，李某其转租行为构成违约。但李某其、聚福隆公司认为，其协议转让李某其与新宇新公司签订的《房屋租赁合同》的权利义务时，新宇新公司副董事长兼常务副总经理刘某某、董事兼副总经理任某某出示了新宇新公司原董事长李某伟被逮捕、公司更换董事长、启用新印章等文件，并代表新宇新公司签署了书面同意意见，刘某某、任某某的代理行为当然是有效的，李某其转让合同权利义务的行为合法有效。检察机关与再审法院也认为，任某某、刘某某向李某其和聚福隆公司出示关于原董事长李某伟被逮捕、公司更换董事长、启用新印章等文件，以及书面签署同意李某其转租房屋给聚福隆公司的行为，使李某其、聚福隆公司有足够理由相信任、刘二人有权代理新宇新公司作出同意将房屋转租的决定，任、刘二人的行为已经构成“表见代理”。这些争议说明，表见代理制度无论在立法上还是在实务上，均存在较大的研究与完善的空间。

法理分析

1. 表见代理构成要件的理性分析

目前，理论界关于表见代理的概念、性质、条件、效力仍有不同的见解，实践中由于法条简约，审判人员认定表见代理的自由裁量权也比较大，这种立法过于粗陋、实务标准不一的现实与当前社会经济发展的需求并不一致。要正确把握表见代理制度，准确、全面地理解其构成要件是基础和前提。从立法意图与制度价值的层面分析，表见代理构成要件应当包括以下不可或缺的四个方面：

（1）形式上，行为人没有代理权、超越代理权或者代理权终止后以被代理人名义订立合同

表见代理的外在特征是无权代理。在形式上，表见代理必须符合代理的基本特征，民事行为人以被代理人名义进行经济行为，与第三人缔结民事关系（如果行为人以自己的名义进行经济行为，行为方式上不具备代理的特征，就不会产生表见代理问题），但在实质上，行为人并未得到被代理人的授权或者超越了代理权限范围（如果行为人已经得到被代理人的明确授权或者事后追认，也不会产生表见代理问题）。表见代理所要解决的，是无代理权之特殊情形的法律后果。

（2）客观上，存在使善意相对人相信表见代理人具有代理权的外表现象

在客观上，表见代理的特殊性在于表见代理人虽然没有代理权，但由于表见代理的“本人”（以下简称“本人”）具有一定的作为或者不作为而形成使善意相对人相信其具有代理权的外表现象，以致善意相对人合乎情理地对表见代理人产生信赖，误认为其具有代理权。正是基于这种合乎情理的信赖，相对人在此经济活动中的利益受到特殊保护就具有了令人信服的正当理由，而这也正是设立表见代理制度的深层根源。

（3）主观上，对客观上存在的导致善意相对人相信表见代理人具有代理权的外表现象，“本人”有过错，而善意相对人无过失

在主观上，造成表见代理情形的根本原因在于“本人”的主观过错。在经济活动中，法律并没有责成“本人”承担公示其代理人及其权限的义务，相对人往往只能凭代理人所持有的授权委托书或“本人”的某些行为来进行判断。当导致善意相对人相信本无代理权的表见代理人具有代理权的外表现象是出于“本人”主观上的过错，善意相对人并无过失时，法律的保护导向自然要向无过错者倾斜，表见代理制度的宏观架构就建立在这样的归责思路上。如果“本人”在主观上没有过错，则让其承担无权代理的法律后果是不公平的。当然，善意相对人无过失也是表见代理重要的主观因素，如善意相对人存在过失，则其信赖利益就不复存在，误判行为人有代理权的法律后果应当自行承担。

（4）效果上，认定表见代理应当基于保护信赖利益、维护交易安全之目的，体现对社会经济参与者的公平保护

表见代理就本质而言，属于无权代理。认定表见代理，就是要通过保护善意相对人平衡“本人”与善意相对人之间的利益，以实现维护代理制度信用，增强代理制度社会效益之目的。因此，在法

律效果上，表见代理的认定应当充分体现维护交易安全之价值取向，体现公平保护社会经济参与者的价值追求。如果将某种无权代理情形认定为表见代理并不能产生保护信赖利益、维护代理制度的信用和效益的效果，则此认定的正当性就不复存在。

本案中，新宇新公司董事长李某伟被公安机关立案调查并采取强制措施后，由于公司的经营陷入群龙无首的境地，为正常运转，公司所采取的召开股东会议、董事会议，罢免李某伟董事长的职务，选举任某某为新董事长，启用公司新印章等一系列行为应当说均符合公司章程的相关规定，但由于未及时到工商登记部门办理公司法定代表人的变更手续，这些公司内部的变更行为依法不能对外发生相应的法律效力。尤其是，变更董事长是法定的必须进行变更登记的重要事项，是公司设立董事长的必要条件和必经程序。新宇新公司的董事任某某虽然经股东会、董事会选举为董事长，但由于未办理变更登记，其在对外处理公司业务时，并不能以董事长的职位自然代表公司的意志，其和刘某某背签同意李某其与聚福隆公司达成的关于转让李某其与新宇新公司签订的《房屋租赁合同》权利义务的行为属于无权代理。但这一系列行为以及新宇新公司出示的相关文件，客观上造成了任某某是合法的新宇新公司法定代表人的表象，对新宇新公司的内部变更情况不知情的聚福隆公司、李某其基于对新宇新公司出示的相关文件的信赖，完全有理由相信任某某、刘某某可以代表新宇新公司。对于这样的情形，应当说聚福隆公司、李某其不存在任何主观上的过错，其按正常的商业模式与任某某、刘某某进行经济行为所产生的信赖利益是应当保护的，否则就会对交易安全造成损害。基于上述几方面的原因，完全可以认定任某某、刘某某背签同意李某其与聚福隆公司达成的关于转让李某其与新宇新公司签订的《房屋租赁合同》权利义务的行为属于表见代理，一审、二审法院的判决只注重外在形式，未能从立法宗旨的层面全面把握表见代理的构成要件，有失偏颇。

2. 表见代理条件中，“有理由相信行为人有代理权”的认定标准

实务中，如何准确把握相对人“有理由相信行为人有代理权”是把握表见代理构成要件的难点。在立法未明确之前，这一问题的解决恐怕只能依靠司法官的公平观念及对立法意图的准确把握。一般而言，认定相对人有无相信行为人有代理权的“理由”以及“理由”充分与否，应充分考虑以下几个因素：

（1）“本人”具有与相对人签订合同所涉及的民事行为能力

“本人”具有签约所涉及的民事行为能力是相对人相信“代理人”有代理权的事实基础。由于相对人在经济活动中也应当承担注意义务，而观察签约对象有无所涉及的民事行为能力是注意义务的首要对象，如果“本人”不具备签约所涉及的民事行为能力而相对人误以为“本人”具备此能力并与其“代理人”签订合同，正常情况下可以推论相对人主观上存在过错。在此情形下，不需要考虑相对人“有理由相信行为人有代理权”问题。尤其是当“本人”为合法存在的企业法人或其他经济组织时，由于企业法人或其他经济组织的民事权利能力与民事行为能力是一致的，其有无签约所涉及的民事行为能力比较容易判断，如果其不具备签约所涉及的民事行为能力而相对人误判，与其“代理人”签订合同，只能说相对人未尽最基本的注意责任，应当谈不上相对人“有理由相信行为人有代理权”。

（2）“本人”与无权代理人之间存在的特殊关系形成权利外观

权利外观是著名学者王泽鉴提出的一个学术概念，指“本人”的授权行为或者与无权代理人之间存在的某种关系在外部所形成的无权代理人已经获得了授权的一种表象。考究相对人是否有合理理由相信行为人有代理权，关键在于判断“本人”与无权代理人之间是否存在某种特殊关系以及这种关系是否足以形成权利外观。如果种种事实说明“本人”与无权代理人之间存在特殊的关系，而这种关系又体现出权利外观，则相对人对“本人”与无权代理人之间的代理关系（尽管事实上不存在）产生信任也就有了合理的理由。如“本人”将空白的介绍信或盖章的合同书等债权凭证交付无权代理人（实际上并未授权），或者正式任命某人为企业或者经济组织的法定代表人却不办理法定登记手续，“本人”与无权代理人之间的密切关系就足以形成权利外观，令外界产生两者之间存在代理关系的合理推断和联想。

(3) 无权代理人的行为具有维护“本人”利益的外在特征

无权代理人以“本人”的名义签订合同，相对人考察其代理权限有多个方面的观测点，其中最直接的观测点是无权代理人的行为是否出于维护“本人”的利益。尤其是在所签订合同可能对“本人”不利的情况下，是否出于维护“本人”利益更是判断签约对象是否存在代理权的关键。相对人在签订合同时，对这样的重要观测因素应当保持必要的注意。特别是在无权代理人以“本人”的名义签订合同却明显损害“本人”的利益，或者通过合同为自身牟利时，相对人更应对无权代理人与“本人”之间是否存在代理关系产生一定的警戒心理。比如公司董事、经理以公司资产为自己或者其他个人债务提供担保，相对人在签订担保合同时对董事、经理是否具有代理权就应当保持戒备心。如果无权代理人的行为并不体现出维护“本人”利益的外在特征，而相对人不加审查就轻信其拥有代理权，原则上不能认为相对人“有理由相信行为人有代理权”。

(4) 相对人“有理由相信行为人有代理权”的判断标准应采用一般人的认知水平

判断相对人有无理由相信行为人有代理权，判断标准显然不能立足于特定代理人、具有特定条件的“本人”以及特定的相对人，而应当以一般人通常所具备的智力水平、判断能力、判断手段为标准，否则标准就不存在。因此，判断相对人有无理由相信行为人有代理权，应当在综合民事行为发生的原因、民事行为发生的环境、相对人的经验和阅历、权利外观的程度等各种因素的基础上，以一般人的认知水平进行分析。如果在某种情形下，一般人正常反应为相信行为人有代理权，则可推断相对人“有理由相信行为人有代理权”。

本案中，相对人聚福隆公司和李某其之所以误认为任某某、刘某某可以代表新宇新公司，一是因为任某某、刘某某是新宇新公司的重要管理人员，任某某还是公司股东会、董事会选举出的董事长，任某某、刘某某与新宇新公司之间的关系足以形成权利外观；二是因为新宇新公司与李某其签订房屋租赁合同后，新宇新公司确实出现了董事长因故不便履行职责、公司董事会改选董事长、启用新印章等事实，令人对新宇新公司同意变更所签订的房屋租赁合同难以产生怀疑；三是因为任某某、刘某某背签同意李某其与聚福隆公司达成的关于转让李某其与新宇新公司签订的《房屋租赁合同》权利义务的行为并不损害新宇新公司原有的权利（至少从形式上看可以这么说）；四是因为相对人聚福隆公司和李某其已经尽到注意责任，审查了新宇新公司出示的相关文件。在此情形之下，不可能过多地要求相对人到工商登记部门调查变更登记记录（更何况，工商登记的变更情况也不是随时都能由公司以外的人随意查询的）。可以说，各种因素都足以让相对人聚福隆公司和李某其对任某某、刘某某的代理权产生合乎逻辑的推断，一审、二审判决以刘某某、任某某并未拥有公司原公章为由否定相对人聚福隆公司和李某其“有理由相信行为人有代理权”，理由明显不充分，甚至可以说非常武断。

检察实务点评

本案争议的焦点在于是否构成表见代理。问题看似简单，却涉及经济活动中的交易安全、经济效率等深层问题。对聚福隆公司而言，如果表见代理没有得到认可就意味着合同无效、返还房屋，其巨大投入将受到损害，更严重的是其交易安全信心将受到极大的打击。可以设想一下，相对人聚福隆公司审查了新宇新公司的内部文件，履行了注意义务，以诚实信用的态度达成了协议，最终却因新宇新公司内部的原因而承担不利的法律后果，其对经济活动的不安和焦虑必然增强，而这种不安，最终必然在一定程度上挫伤其参与经济活动的积极性。

一审、二审法院的判决显然没有从立法意图与制度价值的层面理解和把握表见代理构成要件，在运用自由裁量权方面过于“自由”，缺乏对表见代理制度社会价值、经济价值的深刻感悟。在建立社会主义市场经济秩序过程中，对交易安全的保护具有重要的现实意义，当“本人”利益与相对人利益发生冲突时，法律“牺牲”有过错的“本人”的利益以满足善意相对人基于诚实信用之信赖利益，有利于建立和维护惠及社会经济健康发展的经济秩序。

总结本案抗诉工作，几个优点相当突出：

1. 立场超然，效果突出

抗诉过程中，检察机关能够透过现象看本质，抓住案件争议的核心及其所蕴涵的社会价值，从立法本意出发对法官的自由裁量权发出了法律监督者应有的声音，把公平正义、执法为民、服务大局的检察工作主旨发挥得淋漓尽致，监督的社会效果、法律效果非常突出。

2. 抗点准确，抗诉有力

本案的关键在于新宇新公司能否以自身原因否定表见代理。一审、二审法院在判断上唯“公章”论可谓只见树木，不见森林。检察机关准确地抓住了这一错误，从表见代理构成要件的立法原意上组织抗点，抗诉的针对性、穿透力很强。

3. 说理透彻，论证充分

在论证抗诉理由方面，检察机关立足于立法意图与制度价值，紧紧围绕案件事实分析、论证相对人聚福隆公司和李某其“有理由相信行为人有代理权”，分析相当到位，论证效果比较突出，法院改判乃情理之中。

实例3　自助寄存物品损失，责任应由谁承担？

——贾某某与广西南宁市王府井百货有限公司保管合同纠纷抗诉案评析

案例简介

◇基本案情

申诉人（一审原告、二审上诉人）：贾某某。

被申诉人（一审被告、二审被上诉人）：广西南宁市王府井百货有限责任公司。

2005年12月19日16时许，贾某某与朋友刘某某到广西南宁市王府井百货有限责任公司（以下简称王府井百货公司）开办的超市购物。依照超市关于不准携带提包入场的规定，贾某某在进入超市购物区前，将内有若干物品的手提包存放在超市为顾客设置存放物品的电子保管箱中。此后，在贾某某尚未从购物区出来取包之前，一不知名的男子来到贾某某存放手提包的保管箱前，声称是某存包人的男朋友，要求取包。王府井超市工作人员未履行足够的安保手续就打开保管箱让该男子翻找所谓“女朋友”的包裹，最后将贾某某的提包拿走。贾某某购买了价值20.91元的物品后取包时，发现存包的电子密码条失效。贾某某告知超市工作人员后共同打开保管箱，发现贾某某所存放的手提包已不翼而飞。贾某某即向南宁市公安局新城派出所报案，新城公安派出所对当班的超市工作人员进行了询问，工作人员如实说明了上述情况。此后，贾某某多次到王府井百货公司索赔未果，遂于2006年1月11日将王府井百货公司诉至南宁市青秀区人民法院，要求王府井百货公司赔偿各项损失39177元，赔偿精神损失费1元。

◇诉讼过程

一审情况

南宁市青秀区人民法院审理后认为，贾某某到王府井百货公司的超市购物，按照超市的提示将手提包存在超市的保管箱并取走密码凭条后，双方已形成了有效的保管合同关系。造成贾某某的财产损失，王府井百货公司负有一定的责任。王府井百货公司作了“贵重物品及现金不予存放”的警示标志，但没有履行安全责任，致使贾某某的手提包被盗，应当承担有限违约责任。贾某某主张损失了价值39177元的财物和现金，但没能提供具体证据，属于举证不能，王府井百货公司的违约责任仅限于赔偿贾某某的手提包。由于贾某某并未向法院提供有关手提包的型号、品牌、发票等可以认定其价格的依据，无法确定具体的赔偿数额。对于贾某某提出的精神损失费的赔偿问题，由于造成贾某某精神损失的是盗走手提包的犯罪分子而非王府井百货公司，目前我国并没有任何法律规定寄存物品丢失后保管方要赔偿寄存方的精神损失费。为此，南宁市青秀区人民法院作出一审判决：驳回贾某某的诉讼请求。

二审结果

贾某某不服，上诉至南宁市中级人民法院。南宁市中级人民法院审理后认为，保管合同是实践合同，不仅需要当事人双方对管理寄存物达成一致，而且还需要寄存人向保管人移转寄存物的占有权。王府井百货公司向消费者提供自助密码寄存柜，其性质仅是临时性出借自助密码寄存柜给消费者存放物品，产生的密码条仅是超市借给消费者自助密码寄存柜的凭证，并非超市出具给消费者的保管凭证。因此，双方当事人就免费使用自助密码寄存柜形成的不是保管合同关系，而是借用合同关系。王府井百货公司已经对消费者作出了明确的警示，尽到了告知义务，在本案中不应承担赔偿责任。同时，由于根据现有证据无法认定贾某某丢失的包内究竟有何物品、价值是多少，贾某某对此亦应承担举证不能的法律后果。2006年10月10日，南宁市中级人民法院作出（2006）南市民二终字第165号民事判决：驳回上诉，维持原判。

抗诉意见

贾某某不服，向南宁市人民检察院提出申诉，南宁市人民检察院提请广西壮族自治区人民检察院抗诉。自治区人民检察院审查后认为，消费者进入超市购物前必须将随身包裹交付超市存放，这是超市给消费者强迫附加的义务，并无任何法律依据。超市设置存包设施的目的是为了超市的单方利益，是利己行为，表面上是无偿合同，但实际上是一种并无消费者事前合意的强迫。既然超市给消费者设定附加的交付保管义务，附设义务的一方，当然应当承担给对方提供包裹存放处所并对物品进行妥善保管的义务，即超市因其强迫消费者存包必须承担附随于消费关系的保管义务。因此，双方基于存包行为而发生的法律关系是当然的保管关系而非无偿的借用合同关系。超市所粘贴的关于贵重物品不予保管和拒赔的告示，属于自己给自己免责的格式条款，应为无效条款。本案申诉人贾某某曾经在超市存包及包内有现金、银行卡、手表等物品等事实，有申诉人向警察报案的记录、警察询问事发时超市值班保安与服务员的笔录、电视台拍摄的采访记录及证人证言等证据证实，二审判决以证据不足，认定申诉人举证不能，是认定事实的错误。遂于2007年1月18日向广西壮族自治区高级人民法院提出抗诉。

再审结果

广西壮族自治区高级人民法院受理检察机关抗诉后，指定由南宁市中级人民法院再审。南宁市中级人民法院再审后认为，贾某某只是借助自动寄存柜继续实现对自己物品的控制和占有，贾某某和王府井百货公司之间没有发生保管物转移占有的事实，因而，双方当事人就使用自助寄存柜形成的法律关系不是保管合同关系，而是借用合同关系。贾某某提交的证据不足以证明其确实将其所称的名贵手表、银行卡和现金等物品存入王府井百货公司超市自助密码寄存柜内，贾某某应对此承担举证不能的法律后果。王府井百货公司对消费者作出了明确的警示，已经尽到了经营者的法定义务。至于贾某某主张王府井百货公司将柜子打开让人冒领的事实，由于贾某某没有提供充分有效的证据予以证明，不予支持。2007 年 10 月 16 日，南宁市中级人民法院作出（2007）南市民再抗字第 26 号民事判决：维持本院（2006）南市民二终字第 165 号民事判决。

问题的提出

消费者将物品存放于超市自助寄存柜形成何种法律关系？寄存物品损失超市是否应承担相应的法律责任？

改革开放后，我国商业得到了极大的发展，大型超市如雨后春笋般出现。智能化自助寄存柜作为大型超市常用的管理方式，也随着超市行业的发展得到越来越广泛的运用。智能化自助寄存柜具有方便顾客、有利管理等多方面的积极效果，但使用智能化自助寄存柜引起寄存财物遗失时，如何界定双方的法律关系，谁应当对寄存财物遗失承担相应的法律责任，却是一个颇有争议、困扰各方的难题。近年来，超市存包遗失引发的诉讼经常见诸报端。本案中，贾某某在王府井百货公司超市购物时将手提包存放在电子保管箱中，此举究竟形成了何种法律关系？被盗后超市是否应当承担法律责任？一审、二审、再审法院及抗诉机关意见不一。一审法院、抗诉机关认为双方已经形成保管合同关系，超市应当承担赔偿责任，但二审、再审法院认为，双方形成的是借用合同关系，超市不应承担赔偿责任。对于这个问题，应当说目前理论上和实务上都存在不少的争议和分歧。

如何理解超市警示标志的法律性质？超市警示标志能否成为超市免责的依据？

目前，超市自助密码寄存柜上普遍印制着“操作步骤图示说明”和“特别提醒”警示，如“本超市实行自助寄包，责任自负”、“贵重物品和现金不予存放”等。然而，很多消费者还是本着对自助密码寄存柜的安全、可靠性的高度信任及贪图方便等原因将贵重包裹及钱物寄存在自助密码寄存柜中。这在实践中引发了一个问题，一旦财物丢失，超市往往以已经向消费者明示为由要求免责。本案中，一审法院认为王府井百货公司就其提供的自助寄存柜作出了“贵重物品及现金不予存放”的警示标志，对寄存物品丢失只需承担有限赔偿责任。二审、再审法院认为，王府井百货公司的警示标志说明其已经尽到了告知义务，不应承担赔偿责任。而检察机关的抗诉意见则认为，超市所粘贴的贵重物品不予保管和拒赔的告示，属于自己给自己设定的免责条款，此类免责条款应当无效。争议的焦点很明显：超市警示标志的法律性质如何理解？超市警示标志能否成为超市免责的依据？

自助寄存物品丢失后，举证责任如何分配？

自助寄存物品丢失引起的诉讼中，如果按照民事诉讼“谁主张，谁举证”的基本原则，消费者理应承担丢失物品的举证责任。问题是，消费者在自助存包的时候不可能让超市来确认自己究竟存了什么东西，东西丢失后物证没有了，也很难提供相应的票据和证人来证明。因此，如果按“谁主张，谁举证”原则分配举证责任，即便判令超市承担相应的赔偿责任，消费者也往往因举证不能而承受败诉的后果。本案中，一审、二审、再审法院均认为贾某某提供的证据不足，无法认定其财产损失，因而对于其诉讼请求不予支持。而检察机关则认为，贾某某向警察报案的记录、警察询问事发时超市值班保安及服务员的笔录、电视台的采访笔录、证人证言完全可以证实贾某某曾经在超市存包，包内有现金、银行卡、手表等物品。这样的物品，具备完全行为能力的正常人都应该知道，其价值起码在人民币1元以上。法院以贾某某举证不能，受损价值无法确定为由作出判决，实际上是对手提包以及包内物价值的根本否定。出现以上观点的分歧，归根结底，主要缘于对举证责任分配及举证程度认识不一。

法理分析

1. 消费者将物品存放于超市自助寄存柜的法律性质是保管合同，经营者应当承担相应的法律责任

关于消费者将物品存放于超市自助寄存柜的法律性质的认定，目前有两种主流观点：一是形成保管合同关系。此观点认为，自助寄存柜是超市为消费者提供的，是因购物而派生出来的保管服务，其主要目的是保证其店内货物安全。因此，消费者将物品存放于超市自助寄存柜，就已经形成了保管合同关系，如因超市的过错或者说未尽到管理责任，致使消费者寄存的财产丢失，超市理应承担民事赔偿责任。二是形成借用合同关系。此观点认为，消费者将物品存放在超市的自助寄存柜内，只是表明超市把自助寄存柜无偿提供给消费者使用，由于没有发生超市对消费者物品实际占用，他们之间不存在保管合同成立的必备条件——保管物转移占有，因此，双方不构成保管合同关系，而是无偿的借用合同关系。对无偿借用给消费者使用的自助寄存柜，如果超市已经尽到了经营者应尽的法定义务，对消费者寄存财产的丢失就不应承担赔偿责任。正如本案，一审法院及检察机关均认为贾某某按照超市的提示将手提包存放在超市保管箱并取走密码凭条后，双方就形成了有效的保管合同关系，王府井百货公司负有保管的义务和责任；而二审及再审法院则认为，消费者通过人机对话的方式直接使用自助密码寄存柜，只是借助自助密码寄存柜实现其对自己物品继续控制和占用的方式，保管合同是实践合同，超市没有收到交付的物品，双方形成的是借用合同关系而非保管合同关系。

要厘清这一难题，需要明确以下几个层次的问题：

（1）消费者将随身物品存放于超市自助寄存柜的行为源于超市的经营需要

在超市面市之前，由于超市物品都在经营者的实际控制之下，因此，不存在消费者购物时被要求存放其所随身携带包裹的做法。超市面市之初，由于常常出现个别消费者偷盗超市物品的行为，保证超市物品安全、降低经营风险成为经营者重点要考虑的问题，消费者进入超市购物前必须寄存随身物品的要求也就应运而生。最初，超市提供的大多是人工寄存，但随着顾客的增多及经营场所、经营人手等多种因素的影响，为简化存取手续和节约时间、加强自身管理和提高服务层次，智能化的自助寄存柜逐步取代了人工寄存方式。不可否认，智能化自助寄存柜的使用确实给消费者节约了存取物品的时间，提供了一定的方便，但是，消费者将随身携带的物品予以寄存，其根源在于超市加强自身管理和提高其服务层次的需要，超市提供寄存柜的目的是限制消费者带包进入超市，而非解决消费者自身难以保管之困难（事实上通常也不存在消费者难以保管的情形）。“消费者要想购物就必须存包，在强大的商家面前消费者是没有事实上的选择权的，而且顾客的包都是存放于经营者指定的地方”。[①] 因此，从法理的角度分析，可以认为，消费者进入超市购物前将随身包裹交付给超市存放，是超市给消费者强迫附加的义务，顾客寄存物品是配合经营者的要求。既然超市给消费者设定附加的交付保管的义务，基于《合同法》关于双方当事人法律地位平等及权利义务对等的基本要求，无论双方之间形成何种法律关系，附加义务的一方，负有承担给对方提供包裹存放处所和对物品进行妥善保管的义务。如造成保管物品的损失，超市应该承担相应的责任。

(2) 消费者将随身物品存放于超市自助寄存柜的行为构成诺成性的保管合同

①保管合同以要物合同为原则，以诺成性合同为例外

长期以来，我国民法理论通说认为保管合同是实践性合同，即保管合同的成立，不仅须有当事人双方对保管物品达成一致的意思表示，而且还需要寄存人向保管人转移寄存物品的占有权，“保管物转移占有的事实”是保管合同成立的必要条件。但随着社会主义市场经济的发展，新生事物不断出现，实践中保管合同出现了不少新的方式，为此，《合同法》第365条规定：“保管合同是保管人保管寄存人交付的保管物，并返还该物的合同。”第367条规定：“保管合同自保管物交付时成立，但当事人另有约定的除外。”根据上述规定的但书部分，保管合同得以约定的方式成立。换言之，当事人可以以约定方式来成立保管合同，而排除保管物的交付。据此，可以说在此问题上传统的民法理论已经为现行立法所突破，也就是说“保管物转移占有的事实”并非保管合同成立的必要条件，只要合同当事人意思表示一致，就保管方式达成协议，同样可以成立保管合同，“保管合同的成立，应以要物合同为原则，以诺成性合同为例

① 杨晓：《超市寄存行为法律性质之解析》，载《社会科学论坛》2007年第6期。

外”。①

②自助寄存中消费者和超市达成了保管的合意，属诺成性保管合同

一方面，消费者和超市的行为出发点都是为了实现对随身包裹的寄存和保管，双方都有保管的意思表示。从超市来看，降低经营风险、提高服务层次及自身的竞争能力在任何时候都是其重要的经营方针，要求消费者将随身包裹寄存和保管是其实现这一经营目的的重要手段和方式。正因如此，在法律没有明文规定的情况下，超市就为自己设定了要求消费者存包的权利，将统一寄存保管作为附加义务强加给消费者。从这个角度而言，超市提供寄存服务并允诺保管寄存物的意思表示应该是明确的。至于人工寄存还是自助寄存，只是超市提供寄存方式的不同，并不能否认其提供寄存服务并允诺保管寄存物的意思表示。从消费者来看，在超市提出存包才能进入超市的条件之后，消费者存包的目的首先是满足超市提出的寄存条件，以免丧失进入超市购物的资格。至于选择人工寄存服务还是自助寄存服务，对消费者而言，只是履行附加义务的具体方式不同而已，寄存的内在意思并无区别。而且，人工寄存服务也好，自助寄存柜也好，都是超市提供的，顾客完全有理由相信超市对其提供的寄存服务能够提供安全保障。因此，顾客不管是选择人工保管还是自动寄存，其将包裹交付超市的行为，所蕴涵的“保管”的意思应当也是非常明确的。

另一方面，消费者和超市以特定的默示方式达成了保管的合意。关于消费者和超市在自助寄存过程中是否真正达成了保管的合意，反对者认为，在人工寄存服务中，一旦消费者将包裹交给寄存服务人员，寄存服务人员将保管凭证交给消费者，双方就对保管合同达

---

① 周建伟：《超市寄存的法律关系分析》，载天下论文网。

成了合意。但自助寄存柜面向不特定的消费者，消费者通过人机对话的方式将包裹寄存于自助寄存柜，双方没有一个保管意思合意的过程，因而双方并没有实际达成保管的合意。这种观点是值得商榷的。超市设置自助寄存柜，实质上是向不特定消费者作出的订立保管合同的要约邀请，当消费者选择自助寄存柜寄存物品，就表明消费者已经接受了这一邀请正式提出保管要约，其按照自助寄存柜的操作指示进行存包操作，事实上是以默示的方式表达寄存保管的要约。自助寄存柜接受操作，吐出密码条、自动打开箱门则是超市对寄存保管的承诺。因此，消费者和超市实际上是以特定的默示方式达成保管的合意。

（3）自助寄存中超市对消费者提交保管的物品具有实际控制权

否认自助寄存可成立保管合同的同志认为，自助寄存的消费者通过人机对话方式直接取得寄存柜的使用权，在其存放物品过程中，并未将物品移交给超市，且消费者通过输入密码可以自行取回所存物品，因此，超市对消费者存放于自助寄存柜中的物品并没有实际的控制权。

这样的认识显然是片面的，超市对自助寄存柜有直接控制权，对寄存箱内的物品当然也就有控制权。首先，超市的自助寄存柜在任何时候都处在超市的实际控制之下，消费者一旦将物品放入自助寄存柜，这些物品就当然在超市的管理和控制范围之内，这一法律事实一直延续到消费者输入密码打开箱门并取出包裹为止；其次，无论在理论上还是在事实上，“超市都可以任意处置自助寄存柜，顾客则无法随身带着柜子去购物”；[①] 再次，在密码条遗失或自助寄存柜出现故障时，超市可以在技术处理后以人工的方式返还保管物。

① 龙晟：《如何认定超市自助寄存纠纷的法律关系》，载《检察日报》2008年5月16日。

可以说，超市对寄存保管物的实际控制力是无法否认的，只不过存取物品的“自助”方式使这种控制力并不显现，但不能因此而否认超市对自助寄存柜及存放其内的物品的实际控制力。

综上所述，消费者将随身物品存放于超市自助寄存柜的行为源于超市的经营需要和要求，双方实际上达成了保管的合意，属诺成性保管合同，因超市的过失给保管物造成毁损、灭失时，超市应当承担赔偿责任。本案中，贾某某到王府井百货公司的超市购物，按照超市的指示将手提包存放于超市提供的自助寄存柜，双方实际上已形成了有效的保管合同关系。在保管过程中，王府井百货公司对自助寄存柜及贾某某存放的物品一直都具有控制力，由于其没有妥善履行安全责任，未尽到保管人应尽的保管义务，导致贾某某寄存的物品被盗，应当承担相应的赔偿责任。

2. 超市警示标志属于格式条款，不能成为免除超市责任的依据，但消费者未尽到告知义务的，可减轻超市的责任

合同是当事人之间的协议，体现当事人的真实意思，体现对双方利益的公平保护。任何单方面的要求、任何显失公平的主张，都不符合合同的应有之义。基于合同的这一本质，我国《民法通则》对合同的订立提出了一系列原则性的要求，不允许一方当事人将自己的意愿强加给他方。我国《合同法》第 40 条更是明确规定，格式条款具有《合同法》第 52 条和第 53 条规定情形的，或者提供格式条款一方免除其责任、加重对方责任、排除对方主要权利的，该条款无效。《消费者权益保护法》第 24 条也规定：“经营者不得以格式合同、通知、声明、店堂告示等方式作出对消费者不公平、不合理的规定，或者减轻、免除其损害消费者合法权益应当承担的民事责任。格式合同、通知、声明、店堂告示等含有前款所列内容的，其内容无效。”可以说，合同一方当事人为了己方利益单方设定的免责条款，无论在理论上还是在立法中都得不到肯定与支持。超市所粘贴的“贵重物品不予保管和拒赔告示”，就属于自己给自己免责的格式合同免责条款，此类免责应属无效。因此，超市自助寄存中的这种自我免责的宣称，并不能免除其设置自助寄存柜所产生的保管寄存物的义务，更不能以此为由否认因其过失行为导致消费者损失所应承担的责任。

当然，这里面有一个值得分析的问题。现实生活中确实有些消费者寄存贵重物品却未明确告知，以至于超市以常规保管措施对寄存物品进行保管。在此情形下，一旦保管物品毁损、丢失，要求超市承担全部赔偿责任有失公平。毕竟货币、有价证券及其他贵重物品有其特殊性，其高价值意味着保管危险系数高、保管难度大，保管人需要高度谨慎并采取特殊的保护措施才能妥善履行义务。而消费者未明确告知就私下寄存贵重物品的行为，使超市无法有针对性地采取妥当的保管措施，更无法与消费者就保管与否、保管的权利义务等进行协商。因此，在此情况下，即使寄存的贵重物品毁损、丢失乃保管不当所致，但保管不当在相当程度上并非源于超市的过错，而是基于消费者的不告知，消费者应当对贵重物品毁损、丢失承担一定的责任。《合同法》第375条规定：“寄存人寄存货币、有价证券或者其他贵重物品的，应当向保管人声明，由保管人验收或者封存。寄存人未声明的，该物品损毁、灭失后，保管人可以按照一般物品予以赔偿。”这一规定对超市自助寄存保管合同应当是适用的，超市警示标志虽然不能成为免除超市责任的依据，但寄存人未尽到声明责任的，应当相应减轻超市的责任。

3. 自助寄存物品丢失后超市和消费者均应承担相应的举证责任

在自助寄存物品丢失引起的民事诉讼中，如果严格按照“谁主张，谁举证”的基本原则分配举证责任，几乎可以肯定消费者必然处于败诉的境地，本案一审、二审、再审法院均以举证不能为由否定贾某某的诉讼请求便充分说明了这一点。而这样的机制，与民法公平、公正及保护弱者的基本价值取向显然是相悖的，有必要反思和调整，实现举证责任的合理分摊。从合理性和可操作性的角度分析，超市和消费者的举证责任应作如下分配：

（1）消费者需要提供保管凭证，以证明双方保管关系的存在

消费者主张保管关系存在就必须提供证据。在自助寄存中，最直接、最有力的证据是自助寄存柜的密码条。消费者只要提供自助寄存柜的密码条，就应当推论双方形成保管法律关系。若超市不能证明寄存物品丢失是因为不可抗力的原因或受害人自己的过错，就应当承担相应的法律责任。

（2）消费者应当对自己的损失承担举证责任，但证明标准适当放低

关于所丢失的寄存物品及其价值，由于超市未直接经手保管，由超市承担举证责任显然不合理，也不可能。但如果完全由消费者承担举证责任，在逻辑上、实践上又确实存在难度，毕竟已经消失的东西谁都难以证实其曾在特定时间寄存过，更难以证实其价值。因此，比较可行、合理的办法是由消费者承担提出证据的责任，但将证明标准应适当放低，只要消费者提出的证据具有较高的盖然性，就应当确认寄存对象及其价值。

（3）超市如拒绝赔偿，应当对妥善履行保管义务承担举证责任

在自动寄存纠纷中，超市如果拒绝赔偿，其应当对自身已经妥善履行保管义务承担举证责任。这一举证责任，包括两个方面：一方面，超市应当对自动寄存柜没有瑕疵及其员工正确履行职责承担举证责任。自动寄存柜是超市履行保管义务的手段和载体，超市员工则对自动寄存柜的性能状况、使用方法、使用环境比较熟悉，能够影响自动寄存柜的运行情况。如果自动寄存柜存在瑕疵或者超市员工未正确履行职责，超市对此造成的后果负责是合乎法理的结果。因此，超市如主张免责，就必须举证说明自动寄存柜没有瑕疵，其

员工也已正确履行职责。另一方面，超市应对未非法打开自助寄存柜承担举证责任。由于在技术上超市具有打开自助寄存柜的能力和条件，在寄存物品丢失时，超市应当承担未非法打开自助寄存柜的证明责任，否则就应当推定超市未尽管理之责。

本案中，如严格从证明的角度分析，司法机关对贾某某以自助寄存方式存放的物品及其价值确实无法做到百分之百地肯定，但无法肯定并不意味着无法认定。民事诉讼追求的是法律真实，而不是客观真实，举证责任分配机制就是立法者为解决无法证实的争议而设置的法律路径，只要本着科学、合理、合法的精神分配举证责任，所认定的案件事实就是可接受的。一审、二审、再审法院显然没有真正理解举证责任制度的立法本意，机械看待超市与消费者的举证责任，判决结果的偏向性十分明显。如果按此思路分配超市与消费者的举证责任，消费者进行此类诉讼毫无价值，而这一结果，最终可能导致超市自助寄存保管方式因缺乏必要约束和保障而退出历史舞台。这样的结局，显然并非立法者、司法者所乐见。

检察实务点评

本案检察机关提出抗诉后，法院最终没有采纳抗诉意见，但提出抗诉本身的价值是值得肯定的。近年来，我国已经发生过许多起涉及超市自助寄存纠纷的案例，在理论界和实务界引发了诸多争议。虽然从判决结果看，大多以消费者败诉而告终，但其中反映出的社会冲突不容忽视，如何有效保障消费者应有的权利，促进社会和谐，促进超市业的健康发展更是亟待研究的问题。检察机关的抗诉举动，有利于这些问题得到更多的关注、更快的解决。

抗诉过程中，检察机关就事实认定、证据采信、法律适用及审判程序合法性提出了自己的主张，并进行了比较全面、系统的阐述，尽管法院最后没有采纳，但已经揭示了此类纠纷的深层次法律问题，对今后的立法、司法具有一定的借鉴作用。作为公平正义的维护者，检察机关以避免超市行业形成不当行业标准为出发点，以维护消费者合法权利、促进社会和谐为落脚点，大胆在争议领域实施法律监督，亦有良好的社会效果。

实例 4 根本违约的认定标准及其法律后果

——广西全州湘山酒厂、全州县湘山酒业销售公司与唐某某代理合同纠纷抗诉案评析

案例简介

◇基本案情

申诉人（一审被告、二审上诉人）：广西全州湘山酒厂。

申诉人（一审被告、二审上诉人）：广西全州县湘山酒业销售公司。

被申诉人（一审原告、二审被上诉人）：唐某某。

2002 年 8 月 10 日，桂林市叠彩湘山酒业经营部业主唐某某与广西全州湘山酒厂（以下简称湘山酒厂）签订了一份《关于 35°、42°、55°新包装陈酿湘山酒的总代理合同》，双方约定：(1) 湘山酒厂选择经营部作为四星陈酿湘山酒的总代理，总代理期限为 3 年。(2) 总代理产品定价：35°为 26.90 元/瓶，42°为 28.60 元/瓶，55°为 31.60 元/瓶；厂方公布出厂价：35°为 32 元/瓶，42°为 36 元/瓶，55°为 40 元/瓶。湘山酒厂承诺其他客户要货按厂方公布的出厂价给予提货。(3) 总代理区域：大桂林市行政区。(4) 总代理任务：第一年度为 100 万元，按 3% 的增幅确定下年任务。(5) 产品铺底销售量：35°、42°、55°每个品种各 1000 件。(6) 结算方式：超额铺底量后，全部现款提货，湘山酒厂按实际销量给唐某某享受湘山酒厂的其他销售年终奖励。(7) 产品调价：随着市场变化，产品价格如需变动，双方本着互利互惠的原则协商解决。合同签订后，唐某

某即开展湘山酒促销活动，并于 2002 年 9 月 22 日向湘山酒厂递交了《关于请求开展湘山酒秋季促销活动的请示》，载明：（1）促销时间：9 月 25 日至 12 月 31 日；（2）促销主要品牌：四星陈酿酒(35°、55°)、双礼盒陈酿（35°、55°)、高度湘山酒（55°)；(3）促销方法：集中桂林片业务人员和其经营部人员，采取从二批商、商场、超市、连锁店、饭店、大排档全面陈列铺货的销售方式；(4）样品酒：请厂家提供四星陈酿酒（35°、55°）和双礼盒陈酿(35°、55°）每个品种各 50 件共计 200 件，高度湘山酒（55°）400 件作为样品酒；（5）促销政策：促销期间，四星陈酿酒（35°、55°)、双礼盒陈酿（35°、55°）及高度湘山酒（55°）均采取 10 送 3 促销方式。9 月 25 日，湘山酒厂厂长李某某在该请示上签署“经研究决定：同意按此方案促销”的批示。2002 年 8 月至 2002 年 12 月，唐某某共向湘山酒厂付货款 1986432 元（湘山酒厂开具了相应的销售发票和提货单），但只提取价值 1117368 元的酒，尚有 869064 元的酒未提。2003 年 1 月 6 日，全州市湘山酒业销售公司（以下简称湘山酒业公司）认为促销期已过，不能再按 10 送 3 促销政策发售，便通知成品仓库：“2002 年 12 月 30 日已开桂林销售点票号为 0014774、0014775、0014776、0014777 四单四星五年陈酿（共计产品 7000 件，货款 869064 元)，未经厂领导批准，一概不准提货，否则，责任自负。”后湘山酒厂厂长李某某在唐某某《关于要求给予已开票的四星陈酿提货的请求》函上签署：“以上所开四单共 7000 件是按 10 送 3 单价开出，按照厂家要求这些是上年促销政策，2003 年不能再按 10 送 3 进行。所有上述已开票的产品需要另补 72450 元。”由于双方对另补 72450 元发生争执，唐某某遂诉至桂林市中级人民法院，请求解除双方签订的《关于 35°、42°、55°新包装陈酿湘山酒的总代理合同》，诉求湘山酒厂、湘山酒业公司退回已付货款 869064 元、赔偿利息损失 26919.26 元、赔偿直接经济损失 474950

元、赔偿可获利润损失 1189818 元、返还其自行销售产品利润差 6921.72 元，湘山酒厂、湘山酒业公司承担连带责任。

◇ 诉讼过程

一审情况

桂林市中级人民法院审理后认为，唐某某与湘山酒厂所签订的合同形式上是代理合同，但实际上是买卖合同。唐某某享有湘山酒厂授予的直销批发权，而且在允许的期限内，办理了《广西壮族自治区酒类批发许可证》并进行了工商登记。因此，唐某某与湘山酒厂签订的《关于 35°、42°、55°新包装陈酿湘山酒的总代理合同》，双方意思表示真实，没有违背法律、法规的规定，属于有效合同，双方应按合同约定的内容履行各自的义务。湘山酒厂、湘山酒业公司扣发唐某某 7000 件产品，违反了合同约定，应承担全部民事赔偿责任。原告的损失包括：货款利息损失 26919.26 元、直接经济损失 474950 元及可获利润损失。2003 年 10 月 25 日，桂林市中级人民法院作出（2003）桂市民初字第 122 号民事判决：（一）解除原告唐某某与被告湘山酒厂所签订的《关于 35°、42°、55°新包装陈酿湘山酒的总代理合同》；（二）由被告湘山酒厂、湘山酒业公司返还原告唐某某货款 869064 元，赔偿该货款利息 26919.26 元；（三）由被告湘山酒厂、湘山酒业公司赔偿原告唐某某经济损失 1542618 元（其中，直接经济损失 474950 元，可获利润损失 1067668 元），返还自行销售总代理产品差价 6921.72 元给原告；（四）驳回原告唐某某的其他诉讼请求。

二审情况

湘山酒厂、湘山酒业公司不服一审判决，向广西壮族自治区高级人民法院提起上诉。自治区高级人民法院审理后认为，唐某某与湘山酒厂签订的《关于 35°、42°、55°新包装陈酿湘山酒的总代理合同》，双方主体合格，内容合法，意思表示真实，合法有效。双方在代理业务往来中，唐某某就开展湘山酒促销问题向湘山酒厂递交了《关于请求开展湘山酒秋季促销活动的请示》，湘山酒厂同意了唐某某的促销方案，这是双方对合同的补充约定，双方应严格按促销方案履行。唐某某自湘山酒厂同意其促销方案后，采取先付款后开票提货的方式向湘山酒厂支付了1986432元货款，但湘山酒业公司却违反唐某某与湘山酒厂关于促销方案的约定，不许唐某某继续提取已付款的货物。湘山酒厂不履行供货义务的同时，还自行销售湘山酒，违反了诚实信用原则，造成对合同的根本违约，应承担违约责任。一审判决赔偿唐某某经济损失足以弥补唐某某货款利息，而判决赔偿货款利息给唐某某属重复计算，应予纠正。2003年12月18日，自治区高级人民法院作出（2003）桂民一终字第162号民事判决：（一）维持桂林市中级人民法院（2003）桂市民初字第122号民事判决第一、三、四项；（二）变更桂林市中级人民法院（2003）桂市民初字第122号民事判决第二项为：由湘山酒厂、湘山酒业公司偿还唐某某货款869064元。

抗诉意见

湘山酒厂、湘山酒业公司不服广西壮族自治区高级人民法院的二审判决，于2006年2月25日向广西壮族自治区人民检察院提出申诉。自治区人民检察院审查后认为，自治区高级人民法院（2003）桂民一终字第162号民事判决认定事实有误，据以判决的依据不足：一是判决认定“双方所签订的合同形式上是代理合同，但实际内容上是买卖合同”，是错误的。二是唐某某在促销期过后不能再享受10送3政策。赠品的所有权属赠与人，促销活动结束后，未赠与的产品自然归属于赠与人，湘山酒厂要求唐某某提货时补足赠品价格并不构成违约行为。在代理销售期内唐某某未取得批发酒类产品经营许可，违反了国发（1978）59号文关于酒类特许经营的规定，因此，对该期间所造成的损失亦应由其自行承担。三是判决湘山酒厂赔偿唐某某直接损失、间接损失及可得利益损失显失公平，无辜使湘山酒厂承担巨额财产损失。2006 年 9 月 12 日，自治区人民检察院提请最高人民检察院抗诉。最高人民检察院经审查后认为，二审判决认定事实和适用法律错误，判决结果显失公平，特别是判决中认定的唐某某的可获利润损失 1067668 元，缺乏法律和事实依据，遂于 2007 年 5 月 14 日向最高人民法院提出抗诉。

再审结果

最高人民法院受理检察机关抗诉后，指定广西壮族自治区高级人民法院再审。自治区高级人民法院再审后认为，原判认定事实清楚，但适用法律部分错误，于 2008 年 3 月 13 日作出（2007）桂民再字第 119 号民事判决：（一）由广西全州湘山酒厂、湘山酒业销售公司返还唐某某货款 869064 元；（二）解除唐某某与湘山酒厂所签的《关于 35°、42°、55°新包装陈酿湘山酒的总代理合同》；（三）湘山酒厂、湘山酒业公司赔偿唐某某经济损失 481871.72 元（其中促销方案损失 474950 元；湘山酒厂擅自在唐某某总代理区域销售产品差价 6921.72 元）。

问题的提出

根本违约的标准及法律后果如何？

广西壮族自治区高级人民法院在二审中认为，湘山酒厂一方面不履行供货的义务，另一方面又自行销售湘山酒，违反了诚实信用原则，造成对合同的根本违约，应承担违约责任，并以此为根据确定湘山酒厂的赔偿责任。最高人民检察院则认为，唐某某与湘山酒厂签订的是总代理合同，湘山酒厂并未拒绝履行总代理合同，只是对合同的补充约定——促销方案中的部分内容拒绝履行。湘山酒厂已向唐某某提供了该促销方案的大部分货物，拒发促销方案约定的部分货物的行为应为非根本违约，不应当以根本违约来确定违约赔偿责任。双方分歧的焦点在于，湘山酒厂、湘山酒业公司在收取了唐某某的全部货款后，不履行已开票的7000件四星陈酿酒的交付义务，按我国合同法的相关规定，是否构成根本违约？

合同违约一般分为根本违约和一般违约，其损失计算是不一样的。本案一审法院没有明确认定湘山酒厂、湘山酒业公司是否根本违约，但其计算赔偿额是按照根本违约的损失计算方法来进行计算的。二审中，自治区高级人民法院认为湘山酒厂不履行供货义务，违反了诚实信用原则，造成了对合同的根本违约，唐某某的损失应包括直接经济损失和可获利润的损失，因此判决湘山酒厂、湘山酒业公司赔偿唐某某的经济损失达1542618元。检察机关抗诉之后，自治区高级人民法院再审认为，湘山酒厂和湘山酒业公司确实存在拒绝履行合同的行为，有违约事实发生。但唐某某与湘山酒厂签订的是总代理合同，而湘山酒厂并未拒绝履行总代理合同，只是对合同的补充约定——促销方案中的部分货物拒发，应为非根本违约。一审、二审判决对经济损失的计算显失公平。为此，改判湘山酒厂、湘山酒业公司只赔偿唐某某促销方案损失474950元及湘山酒厂擅自在唐某某总代理区域销售产品差价6921.72元。可见，根本违约的成立与否，意味着法律后果的巨大差别，而对当事人而言，这显然是利益攸关的。

法理分析

1. 根本违约的认定标准

根本违约（Fundamental breach），又称为重大违约，是指一方当事人违反合同的结果，使另一方当事人蒙受损失，以致实际剥夺了受害方根据合同有权期待得到的利益。《联合国国际货物销售合同公约》（以下简称《公约》）第25条规定："一方当事人违反合同的结果，如使另一方当事人蒙受损失，以至于实际上剥夺了他方根据合同规定有权期待得到的东西，即为根本违反合同，除非违反合同一方并不预知，而且一个同等资格、通情达理的人处于相同的情况下也没有理由预知会发生这种结果。”根据该公约的规定，如果违约方存在违约行为，而且违约引起的严重程度“实际剥夺了相对方根据合同规定有权期待得到的东西”，则构成根本违约。[①] 按照《公约》的规定，构成根本违约必须符合以下条件：

第一，必须存在违反合同的事实。这是构成根本违约的前提条件。

第二，违约的后果使受害人蒙受损害，这里的损害应作广义解释，应涵盖商业利益损失、标的物损坏、商业机会损失等各种情况。《公约》所言之“实际上剥夺了他方根据合同规定有权期待得到的东西”，表明了根本违约意味着违反合同会造成相当严重的后果，会剥夺当事人的重大合同利益。至于如何认定“实质上剥夺的利益”则需要具体案件具体分析，除应看合同条款的具体规定，还应考虑合同订立时的具体情况，评估当事人是否把相关合同条款看得很重要。例如，时间是否是合同中的关键因素，如果是，则迟延交货可能会造成根本违约；如果不是，则不构成根本违约。

第三，违约方预知，而且一个同等资格、通情达理的人（以下称合理人）处于相同情况下也预知会发生根本违约的结果。这就是说，如果一个违约人或一个合理人在此情况下不能预见到违约行为的严重后果，便不构成根本违约，并对不能预见的严重后果不负责任。

《公约》虽非国内法，但对我国的相关立法和理论具有重大影

① 钟建华：《国际货物买卖合同中的法律问题》，人民法院出版社 1995 年版，第 204 页。

响。从立法上看，目前我国民事法律并未将违约进行层次上的分类，但民法理论及实务中，一般都立足于法律精神，按违约的严重程度将违约分为根本违约和一般违约。根本违约一般是指严重违反合同以致合同目的难以实现的情形，如《合同法》第94条第（四）项所称“当事人一方迟延履行债务或者有其他违约行为致使不能实现合同目的”，即为根本违约。至于判断违约的严重程度，一般可以考察以下因素：

（1）违约部分的价值或金额与整个合同之间的比例。如果卖方少交或交付与合同不符合的部分货物的价值占全部合同金额的大部分，一般认为构成根本违约。

（2）违约部分对合同目标实现的影响程度。在某些案件中，尽管违约部分的价值并不高，但对合同的实现有着重大影响，这种情况下，一般也可以认为构成根本违约。

（3）当迟延履行时，时间对合同目标实现的影响程度。对于一些具有时间性强的商品，交货迟延往往使买方无法实现商业目标。

（4）分批交货合同中，对一批交货义务的违反对整个合同的影响程度。如果合同是可分的，则对某批交货义务的违反一般不构成根本违约；如果该合同是不可分的，某批交货与合同不符，就可能导致整个合同目标无法实现，一般构成根本违约。我国《合同法》第165条、第166条对此有明确规定。

本案争议的焦点是，唐某某从2002年8月至2002年12月共向湘山酒厂支付货款1986432元，湘山酒厂开具了相应的销售发票和提货单，提供了价值1117368元的酒，但2003年1月6日后，湘山酒业公司认为促销期已过，唐某某尚未提取的869064元的酒不能再按10送3促销政策发售，便通知成品仓库拒绝唐某某提酒。从事实上看，湘山酒厂和湘山酒业公司确实存在拒绝履行合同的行为，有违约事实的发生。但唐某某与湘山酒厂签订的是总代理合同，而湘山酒厂并未拒绝履行总代理合同，只是对合同的补充约定——促销方案所涉及的部分货物拒发。根据上述合同根本违约的分析，湘山酒厂已履行了该促销方案的大部分，拒绝履行的只是合同补充约定的部分内容，所涉及的货物在代理业务总额中所占的比例并不很大，给唐某某造成的实际损害有限，应认定为非根本违约。

2. 根本违约与非根本违约的不同法律后果

根本违约和一般违约的法律后果显然有所区别。根本违约作为严重的违约，其对应的法律后果与一般违约相比，具有相对的严厉性，具体表现在：其一，只有在一方违反合同，构成严重违约，即根本违约的情况下，另一方才有权行使解除权；如果仅构成轻微违约，即一般违约，则另一方无权行使合同解除权（当然，基于违约，双方均同意解除合同的，另当别论）。其二，根本违约和一般违约所应当承担的损害赔偿责任有所不同。《合同法》第113条规定，当事人一方不履行合同义务或者履行合同义务不符合约定，给对方造成损失的，损失赔偿额相当于违约所造成的损失，包括合同履行后可获得的利益，但不得超过其在订立合同时预见或者应当预见到的违约可能造成的损失。根据法定的这一完全赔偿原则，根本违约的情形下，违约者的赔偿数额以合同整体违约之全部损失为限；而一般违约的情形下，违约方应当赔偿的损失，只是部分违约所直接造成的直接损失和间接损失。

本案中，一、二审法院认定湘山酒厂、湘山酒业公司的违约赔偿数额显然未能正确把握上述区别，将双方总代理合同解除后3年间可获的可得利益1067668元列为违约损失更是没有根据。本案湘山酒厂、湘山酒业公司的违约属于一般违约，解除总代理合同是双方当事人合意的结果，并不是湘山酒厂、湘山酒业公司的一般违约所必然导致。而既然不存在湘山酒厂、湘山酒业公司对总代理合同的违约事实，则要求湘山酒厂、湘山酒业公司对双方总代理合同解除后3年间可获的可得利益1067668元进行损害赔偿也就缺乏法律根据。另一方面，湘山酒业公司认为促销期已过，不同意再按10送3促销政策发售价值869064元货物的行为固然违约，但湘山酒业公司怎么可能预见到就此会导致双方总代理合同解除并造成对方1067668元可得利益的损失呢？从可预见性规则而言，将总代理合同解除后3年间唐某某可能获得的利益1067668元列为间接损失显然违反《合同法》第113条的规定。

检察实务点评

本案经广西壮族自治区人民检察院提请抗诉，最高人民检察院向最高人民法院提起抗诉，最终由广西壮族自治区高级人民法院再审，对二审判决作出部分改判，抗诉目的基本实现。

在抗诉过程中，检察机关抓住一审、二审法院在可得利益、直接经济损失和预期经济损失方面的认知错误，分析、论证了非根本违约的情形下非违约方并没有合同解除权，而在双方合意解除合同的情况下，将双方总代理合同解除后3年间可能获得的可得利益1067668元认定为本案违约损失于法无据的观点。抗诉切入点比较准确，论述也比较充分，抗诉意见比较有说服力。但在抗诉过程中，也还存在一些需要改进的问题。一是抗诉观点的提出较为分散。在抗诉的过程中，检察机关对主要问题进行了详尽的论述，也针对案中双方争执的其他问题提出了较多的观点，此举本意当然是为了更好地论证主要问题，但从总体上说，由于提出的抗诉观点过多，给人以分散的感觉。如对合同的形式、赠品的分配以及经营许可等问题的追究，就冲淡了抗诉的主题。二是过多追究细节问题。检察机关提出抗诉，应抓住主要问题进行深度剖析，而本案的抗诉过多地分析了主要问题附带的一些小细节。这样的论证，非但没能很好地烘托出抗点，反而将主要问题——损失额的正确计算平淡化。而且每个观点都进行详细论证，反而在一定程度上影响了论证的深度，削弱了抗诉的说服力。

实例5　旅游中因疾猝死，谁来赔付？

——广西北海商务国际旅行社有限责任公司与彭某鼎、彭某强、彭某生旅游合同纠纷抗诉案评析

案例简介

◇ 基本案情

申诉人（一审被告、二审被上诉人、再审申请人）：广西北海商务国际旅行社有限责任公司。

被申诉人（一审原告、二审上诉人、再审被申请人）：彭某鼎、彭某强、彭某生。

2003年7月26日，傅某某等4人通过朋友介绍，向北海市中国旅行社（以下简称北海中旅）报名参加越南下龙湾3日游，并由朋友代向中旅的工作人员林某某交纳了该次旅游费用2400元（每人600元）。随后，北海中旅综合旅游部即以该部的名义向北海商务国际旅行社有限责任公司（以下简称北海商旅）发送传真，通知北海商旅于7月28日在东兴接客，传真件上附有傅某某等4人的身份证号码及报价2400元等。北海商旅收到传真件后，盖章认可，并将傅某某等4人编入北海商旅该次旅游团名单表。同年7月28日，北海商旅依约定在东兴接收傅某某等4人并办理了出境旅游手续。出境前，傅某某在《赴越南旅游申请书》上签名，保证不进赌场参赌。该旅游团出境后，北海商旅未派领队全程随团，由越南和平国际旅游中心带团按行程安排参观游览。7月30日中午，该旅游团在越南

芒街进入用餐饭店附近的赌场参观。傅某某从赌场出来后与该旅游团的一名游客到原购物的商场兑换商品，乘车途中傅某某感到身体不适，到商场后昏倒，商场老板和同行旅客对傅某某做了简单护理后，将傅某某送往芒街一卫生所输液。随后，导游及傅某某的女儿赶到，并将傅某某转送芒街医疗中心急救，但傅某某被确认在医院外已死亡，死亡时间为2003年7月30日13时30分。越南广宁省法医对傅某某死亡作出鉴定，结论为：死者因急性呼吸衰竭及急性肺水肿致死，造成急性肺水肿的原因有待于毒素检查及细菌性核查结果的证实，但该项检查至今没有定论。各方当事人对越南法医作出的死亡鉴定结论也无异议。7月31日上午，北海商旅组织人员将傅某某的遗体运送回国，协同傅某某的亲属对傅某某的遗体作了善后处理，并支付了善后处理的相关费用。事后，彭某鼎、彭某强、彭某生作为死者傅某某的第一顺序继承人，以北海中旅没有与傅某某等4人签订书面旅游合同、没有为旅客办理旅游意外保险、两旅行社在招揽旅客的过程中存在诸多违法违规现象，构成严重违约，两旅行社的过错直接导致傅某某意外身亡得不到保险赔付为由，向北海市海城区人民法院提起民事诉讼，要求北海中旅、北海商旅赔偿各项费用及损失合计311020元。

◇ 诉讼过程

一审情况

北海市海城区人民法院审理认为，傅某某等4人与北海中旅的口头旅游合同成立，北海中旅招揽游客后转由北海商旅组团履行口头旅游合同的行为属合作经营行为，北海商旅委托越南方依法设立的和平国际旅游中心承担接待工作，没有违反禁止性法律规定。傅某某在出境前签字的《赴越南旅游申请书》已保证“不进赌场参赌”，应当遵守。在没有足够证据证明傅某某进赌场引起急性疾病及发病后导游不履行及时救治义务而负有责任的情况下，根据傅某某的死亡鉴定结论应认定傅某某系自身疾病死亡。根据相关规定，旅行社依法应投保的强制性险种应为旅行社责任保险，个人意外保险为非强制性险种，是否投保应由旅游者选择决定，旅行社没有为旅游者投保的义务。本案中北海中旅、北海商旅均已办理了旅行社责任保险，履行了法定义务，彭某鼎等人的诉讼请求没有事实和法律依据。2004年8月27日，北海市海城区人民法院作出（2004）海民初字第103号民事判决：驳回彭某鼎、彭某强、彭某生的诉讼请求。

二审情况

彭某鼎等人不服一审判决，向北海市中级人民法院提起上诉。北海市中级人民法院审理认为，傅某某与北海商旅形成了事实旅游合同关系，是有效合同。根据相关规定，旅行社应当为旅游者办理旅游意外保险，保险金额不得低于30万元（出境游），投保手续应由组团社负责一次性办理，旅行社的销售价格中应包含旅游意外保险费。北海商旅没有与傅某某签订书面旅游合同，也没有为其办理旅游意外保险，违反了旅游法规的强制性规定，已构成违约。傅某某在旅游过程中因急性疾病死亡没有得到保险理赔，北海商旅应承担主要的过错责任。傅某某没有要求与北海商旅签订书面旅游合同，办理相关保险手续，存在一定过错，亦应承担相应责任。傅某某与北海中旅没有形成旅游合同关系，北海中旅在傅某某的旅游行程中没有享有任何权利，也不应承担责任。2004年12月29日，北海市中级人民法院作出（2004）北民终字第198号民事判决：（一）撤销北海市海城区人民法院（2004）海民初字第103号民事判决；（二）北海商旅赔偿损失18万元给彭某鼎、彭某强、彭某生；（三）驳回彭某鼎、彭某强、彭某生要求北海商旅、北海中旅赔偿其他损失的请求。

再审情况

北海商旅不服二审判决，向北海市中级人民法院申请再审。北海市中级人民法院再审后认为，旅游意外保险是行政法规规定的强制性险种，属于法定保险。北海商旅与傅某某等人的旅游合同成立，北海商旅未按规定为傅某某购买旅游意外保险，属于违约行为，应承担相应责任。虽然原判决具体引用的《旅行社办理旅游意外保险暂行规定》已被废止，但认定旅游意外保险是法定保险是正确的，参照保险金额不得低于30万元的规定，由北海商旅承担责任并无不当。2005年12月23日，北海市中级人民法院作出（2005）北民再终字第16号民事判决：维持该院（2004）北民终字第198号民事判决。

抗诉意见

北海商旅不服，向北海市人民检察院提出申诉，北海市人民检察院提请广西壮族自治区人民检察院抗诉。自治区人民检察院审查后认为，国务院法制办公室《对〈旅行社管理条例〉有关“旅游意外保险”的含义的答复》（以下简称《对“旅游意外保险”的答复》）是依权限和程序作出的有效解释。根据这一答复，旅游者个人意外保险是旅游者的自愿选择，而不是法律规定的旅行社必须为旅游者购买的强制性险种。再审判决关于旅游意外保险是法定强制性保险的观点存在错误，参照已废止的《旅行社办理旅游意外保险暂行规定》关于旅游意外保险金额不低于30万元的规定确定北海商旅的赔偿额于法无据。遂于2006年3月20日向广西壮族自治区高级人民法院提出抗诉。

终审结果

广西壮族自治区高级人民法院受理检察机关抗诉后，经审理认为，傅某某与北海中旅已经达成了口头旅游合同。北海商旅按照北海中旅传真的指示，接收傅某某等4人参团，北海商旅与北海中旅之间已经形成合作经营关系。根据相关规定，旅行社在与旅游者订立旅游合同时，应当向旅游者推荐和为旅游者办理旅游意外保险。

北海中旅作为专业的旅游机构，既未与傅某某等4人签订书面旅游合同，又未履行推荐、提示旅游者购买并为其办理旅游期间个人意外保险的义务，致使傅某某在旅游期间因疾病死亡未获保险赔付，北海中旅应对傅某某因此而造成的经济损失承担45%的赔偿责任；傅某某没有要求与北海中旅签订书面旅游合同，也没有要求办理相关个人保险手续，存在一定过错，应自行承担40%的经济损失；北海商旅作为北海中旅的合作者，未对傅某某等人在报名旅游时是否已经办理个人意外保险进行核实和提示，应对傅某某因此而造成的经济损失承担15%的赔偿责任，并与北海中旅互负连带清偿责任。2006年12月20日，自治区高级人民法院作出（2006）桂民再字第94号民事判决：（一）撤销北海市中级人民法院（2005）北民再终字第16号民事判决、（2004）北民终字第198号民事判决以及北海市海城区人民法院（2004）海民初字第103号民事判决；（二）北海中旅赔偿彭某鼎、彭某强、彭某生等3人经济损失72000元；（三）北海商旅赔偿彭某鼎、彭某强、彭某生等3人经济损失24000元；（四）北海中旅与北海商旅对上述债务互负连带责任；（五）驳回彭某鼎、彭某强、彭某生的其他诉讼请求。

问题的提出

游客发生意外，旅游合同订立者与实际履行者责任如何分担？

近几年来，旅游业已成为我国经济的支柱产业，成为国民经济的重要组成部分。随着旅游业的发展，实践中旅游合同纠纷越来越多。在旅游合同纠纷中，旅游合作经营引起的纠纷是比较常见、比较复杂、争议较多的一种纠纷。实践中，旅游者基于对旅游业者的信任与之签订合同，但受参团人数、参团价格、旅游地点等诸多因素的影响，旅游业者往往委托其他旅游业者提供相关服务，出现旅游合同的订立者与实际履行者不一致的情况。在这种旅游业者合作经营的情形下，一旦出现游客意外受损等各种旅游业者应当承担民事责任的情形，旅游合同的订立者与实际履行者的责任如何分担，往往成为争议问题。

本案中，就傅某某等4人与北海中旅及北海商旅的旅游合同关系，以及北海中旅与北海商旅是否应对傅某某的意外死亡承担责任，各方意见分歧很大：一审法院、终审法院认为，傅某某等4人与北海中旅的口头旅游合同成立，北海中旅招揽游客后转由北海商旅组团履行口头旅游合同的行为属合作经营行为。但对于责任的分担，一审法院认为北海中旅、北海商旅违约与傅某某自身疾病的死亡无因果关系，不承担赔偿责任；而终审法院认为对傅某某意外死亡导致的经济损失，北海中旅应承担45%的赔偿责任，北海商旅作为北海中旅的合作者，应承担15%的赔偿责任，并与北海中旅互负连带清偿责任；二审、再审法院则认为，傅某某与北海商旅形成了事实旅游合同关系，北海商旅应对因傅某某意外死亡而造成的保险损失承担60%的赔偿责任，傅某某与北海中旅没有形成旅游合同关系，北海中旅在傅某某的旅游行程中没有享有任何权利，不应承担责任。

旅行社从事旅游经营活动应该承担哪些保险责任？

旅游者在尽情游山玩水的时候，各种不确定因素随时可能导致意外事故发生。旅游意外事故的发生，既使游客受损，也往往使旅行社损失惨重，有时还带来重大的社会问题。面对旅游意外事故可能引发的种种问题，旅游保险得到越来越多的重视。为了规范旅游市场，加强团队旅游意外事件的防范与解决，近年来国家加强了对旅行社的管理，对旅行社的保险责任提出了多方面的要求。然而，由于市场发展变化快，在旅游保险领域，立法始终处于滞后状态，旅行社从事旅游经营活动应该承担哪些保险责任在法律上还找不到明确、清晰的答案，而这种立法状况，又在理论界和实务界引发了不少争议。

本案中，对于旅行社应当承担的保险责任，一审法院、抗诉机关认为，根据国务院法制办公室作出的《对“旅游意外保险”的答复》，旅行社依法投保的强制性险种应为旅行社责任保险；二审及再审法院认为，《对“旅游意外保险”的答复》仅是国务院法制办给国家旅游局就其具体工作中的含义的内部答复函，为旅游者办理旅游意外保险是行政法规规定的强制性险种，属于法定保险；终审法院则认为，根据相关法律规定，旅行社从事旅游业务经营活动，必须投保旅行社责任险，旅行社在与旅游者订立合同时，应当向旅游者推荐、提示购买相关的旅游者个人保险。由此可见，几个司法机关对此问题的认识差异非常明显。

法理分析

1. 游客发生意外，旅游合同的订立者与实际履行者应承担连带责任

(1) 旅游合同是诺成性合同，双方当事人意思表示一致即可成立

从法律上看，目前我国《合同法》及其他法律、法规均没有明确定义旅游合同的概念及成立要件，关于旅游合同的成立，仅在《旅行社管理条例实施细则》第53条中作出简要规定：“旅行社组织旅游者旅游，应当与旅游者签订合同。”基于这一状况，目前理论通说认为旅游合同属于无名合同，是指“旅游者与旅游业者之间签订的合同”。[①] 虽然实践中游客往往会与旅行社就旅游活动签订书面的格式化合同，但旅游合同是诺成性合同，旅客与旅游业者就旅游的主要条款达成合意，且内容不违反法律的有关规定，旅游合同即

① 此处指理论上狭义的旅游合同。

告成立，当事人可以采用书面形式，也可以采用口头形式。即使实践中旅游业者实行旅游合同格式化之后，旅游业者所交付的旅游合同书也仅具有书面证据的作用，该合同书是否交付并不影响旅游合同的成立。①

本案中，傅某某等4人通过朋友与北海中旅的工作人员联系，报名参加出境旅游。在双方商定旅游行程及费用，傅某某等4人向接受报名的北海中旅工作人员支付旅游费用后，双方已经达成了口头旅游合同。北海中旅向北海商旅发送的传真函上加盖北海中旅综合旅游部的公章，更是对傅某某与北海中旅之间旅游合同关系的确认。二审法院及再审法院以北海中旅在傅某某的旅游行程中没有享有任何权利为由，认定傅某某与北海中旅之间没有形成旅游合同关系，既无法律根据，更无理论基础。

(2) 合同双方达成合意后，旅游业者可以转让旅游业务

为规范旅游市场，防止旅游业者随意转让合同责任，保护旅游者的合法利益，国务院《旅行社管理条例》第18条第（四）项规定：旅行社不得委托非旅行社的单位和个人代理经营旅游业务。根据该规定，虽然国家规定旅行社不得随意转让旅游业务，但从有利于经营的目的考虑，国家并没有禁止旅行社与旅行社之间旅游业务的转让，旅行社委托其他旅游业者经营旅游业务，并不属于法律禁止的范畴。实践中，旅游合同签订后，往往出现某些与预期不符合的状况，导致旅行社难以按时组团或者按实际报名人数组团，旅行社将承担巨大的经营风险。在此情形之下，旅行社采取业务转让的方式，将签约的旅游服务转让给另一家旅行社，既考虑到已经签订旅游合同的既成事实，最大限度地保护旅游者的利益，又有利于旅

① 林诚二：《论旅游契约的法律性质》，载《民法七十年回顾与展望纪念论文集》(一)，（台湾）元照出版公司2000年版，第395页。

行社降价经营风险，应当说是具有一定积极作用的做法。正因法律不禁止，实践上又有一定积极作用，国家旅游局颁布的《旅行社管理条例实施细则》第 54 条规定：“旅行社因不能成团，将已签约的旅游者转让给其他旅行社出团时，须征得旅游者书面同意。未经旅游者书面同意，擅自将旅游者转让给其他旅行社的，转让的旅行社应当承担相应的法律责任。”

本案中，北海中旅收取傅某某等 4 人 2400 元旅游费用后，将旅游业务转让给北海商旅，并没有违反法律的禁止性规定。虽然北海中旅事先没有经傅某某等 4 人书面同意，但傅某某等 4 人在整个旅游过程中并没有就此提出异议，因此可以认定北海中旅将旅游业务转让给北海商旅的行为已经得到傅某某等 4 人的同意，旅游业务转让行为已产生法律效力，北海中旅、北海商旅应共同承担转让产生的法律后果。

(3) 旅游合同的订立者与实际履行者形成合作经营关系，应承担连带责任

连带责任是民事责任的一种承担方式，已被广泛运用于合伙、雇用、担保、合作经营等各种法律关系中。在理论上，一般认为当两个或者两个以上的经济主体基于某种信任关系集合在一起，为了共同的经济目的实施共同的经济行为时，其经济行为在外部上具有一体化的特征，其相应的法律责任也应当具有一体化的特征。集合在一起的经济主体实施共同的经济行为，共享经营利益，相应地，应当共同承担经营所产生的法律责任。在旅游业中，基于旅游业的特殊情况，一家旅行社履行全部合同义务的情况比较少，更多的是多个旅行社合作，共同提供旅游服务。不同旅行社之间转让旅游服务是旅行社合作的一种非常普遍的方式，这种情形表面上看是合同转让，但消费者基于其弱势地位，往往不知转让内情而自然地把合同的订立者与合同的实际履行者视为一体，即便是了解内情也难以

对这一行业的习惯做法提出异议。因此，这种旅游服务的转让并不是典型意义上的合同转让，而是旅行社合作经营的一种方式，合作方应当对共同的经营行为承担连带责任。

本案中，北海中旅与傅某某等4人口头旅游合同成立后，鉴于难以有效履行该合同之原因，为了既不违约，又保全旅行社信誉，北海中旅选择转由北海商旅代为实际履行旅游合同的内容，北海商旅也实际履行了合同约定的内容，北海中旅与北海商旅之间实际上形成了合作经营关系。对作为消费者的傅某某等4人而言，北海中旅与北海商旅是一体的，一个是合同的订立者，一个是合同的实际履行者，共同作为一方履行合同约定的提供旅游服务的义务，而只要两者所提供的旅游服务的内容和水准符合合同的约定，傅某某等4人就不会产生异议，更不会去考究这两者之间的权利和责任分配。对北海中旅与北海商旅而言，两者的共同的目的在于履行旅游合同，从而各自获益。如果仅从表面上看，似乎北海中旅并未在此合同中获利，因其将合同转让于北海商旅履行时，傅某某等人的旅游费用一并交付北海商旅，获利的应该是北海商旅。但实际上，北海中旅若不将合同转交北海商旅履行的话，要么亏损性地履行，要么拒不履行而承担违约责任，因此，从实质上讲，北海中旅通过转让行为减少了损失与风险，也是获益的一方，其与北海商旅属于利益共同体。既然北海中旅与北海商旅为了共同的经济目的合作经营，对消费者而言，两者又是一体的，那么两者应当对其共同的经营活动所产生的法律后果承担连带责任。否则，对傅某某等消费者是不公平的。

2. 旅行社从事旅游经营活动，应当购买旅行社责任险，并负有告知与推荐旅游者购买旅游者个人保险的法定责任

（1）旅行社在从事旅游经营活动中，应当购买旅行社责任险

鉴于旅游活动存在多种不确定因素，为保障旅游者和旅行社的

合法权益，旅游者和旅行社在旅游活动中购买相应的保险，已成为世界各国的通用做法。为此，2001年修订后的《旅行社管理条例》第21条中规定：“旅行社组织旅游，应当为旅游者办理旅游意外保险，并保证所提供的服务符合保障旅游者人身、财物安全的要求”。《旅行社管理条例》施行后，关于“办理旅游意外保险”的具体含义，存在两种分歧意见：一种意见认为是为旅游者购买旅游意外保险，另一种意见则认为是为旅游者办理旅行社责任保险。[①] 鉴于理论上的争议和实际操作中的不便，随后国家旅游局颁布的《旅行社管理条例实施细则》第51条规定：“旅行社从事旅游业务经营活动，必须投保旅行社责任保险。”2002年3月26日，国务院法制办公室又在《对“旅游意外保险”的答复》中明确：《旅行社管理条例》第21条规定的“旅行社组织旅游，应当为旅游者办理旅游意外保险”，含义是“旅行社组织旅游，应当为旅游者办旅行社责任保险”。从保证法律、行政法规正确实施的角度出发，行政法规的合法解释效力应等同于行政法规本身，国务院法制办公室对行政工作中具体应用行政法规问题所作出的解释，应当是目前对旅行社保险责任问题最权威的法律诠释。根据上述各项规定和答复，可以明确，旅行社在旅游经营活动中，必须强制购买的是旅行社责任险。

本案中，一审法院、终审法院及抗诉机关认为旅行社依法投保的强制性险种为旅行社责任险，应该说符合立法本意，而再审法院认为国务院法制办公室作出的《对“旅游意外保险”的答复》是国务院法制办就其具体工作给旅游局的内部答复，效力低于行政法规的观点，于法于理无据，实际上否定了合法行政解释的法律效力。

① 陈月霞、罗剑美：《游客的旅游意外保险谁来买？》，载 http//www. chinacourt. org。

(2) 为旅游者购买旅游个人意外保险非旅行社的强制义务，但旅行社负有推荐及提示的法定责任

①购买旅游者个人意外保险非旅行社的强制义务，应由旅游者自愿选择

我国《保险法》第11条规定："投保人和保险人订立保险合同，应当遵循公平互利、协商一致、自愿订立的原则，不得损害社会公共利益。除法律、行政法规规定必须保险的以外，保险公司和其他单位不得强制他人订立保险合同。"综观目前我国相关法律和国务院及其下属旅游局颁行的法规、规章，并没有哪一部法律、行政法规明确要求旅行社必须为旅游者办理个人意外保险，相反，《旅行社投保旅行社责任保险规定》第24条规定："旅游者参加旅行社组织的团队旅游时，可以根据实际需要，从有保险代理人资格的旅行社或者从保险公司自愿购买旅游者个人保险。"因此，可以认为，购买旅游者个人意外保险就如购买车船保险、航空保险等其他个人人身保险一样，不是旅行社的强制义务，从"自愿、公平"的民法原则出发，这一险种应该由旅游者自愿选择。

②旅行社负有向游客推荐旅游者个人保险的法定责任

虽然旅游者是否购买旅游个人意外保险属于旅游者自愿选择的范畴，但由于游客大多对旅游保险及各种不确定因素认识不足，自愿购买的意愿往往与实际需要不符，从维护旅游业健康发展及保护弱者的角度出发，法律、法规对旅行社就游客购买个人保险方面所承担的责任作了专门规定。《旅行社管理条例实施细则》第51条规定："旅行社与旅游者订立旅游合同时，应当推荐旅游者购买相关的旅游者个人保险。"依此规定，旅行社与旅游者订立合同时，应当向旅游者提示免除或限制旅行社责任的条款，并向游客说明旅游中存在的不确定因素，推荐游客购买旅游期间的个人意外保险。如果旅行社未尽到提示和推荐责任，应承担相应的法律

责任。

本案中，傅某某意外身亡，各方当事人对越南法医作出的死亡鉴定结论均无异议。根据《旅行社投保旅行社责任保险》第 6 条关于“旅游者参加旅行社组织的旅游活动，应保证自身身体条件能够完成旅游活动。旅游者在旅游行程中，由自身疾病引起的各种损失或损害，旅行社不承担赔偿责任”的规定，傅某某的意外身亡不在旅行社的责任保险赔偿范围之内。然而，作为专业的旅行社，北海中旅和北海商旅应当预见旅游过程中人身意外事故发生的可能性，履行提示和推荐游客购买旅游期间个人保险之法定责任，但北海中旅与傅某某等人订立旅游合同时，未尽到提示和推荐责任，北海商旅作为北海中旅的合作经营者，也未对傅某某在报名旅游时是否已办理个人意外保险进行核实和提示，导致傅某某意外死亡却得不到保险赔偿，两旅行社应当对此共同承担相应的法律后果。

检察实务点评

本案经广西壮族自治区人民检察院抗诉，广西壮族自治区高级人民法院再审作出改判，检察机关抗诉的职能和目的基本实现，但从抗诉要点、抗诉理由的组织与选择等方面分析，仍有进一步完善的空间。

◇抗诉经验

1. 抓住了争议焦点

本案争议焦点主要集中于旅行社保险责任的具体含义，几审法院对此问题的看法均不一致。检察机关的抗诉理由中，从《旅行社管理条例》、《旅行社管理条例实施细则》及国务院法制办公室《对“旅游意外保险”的答复》等相关法规与规定出发，阐述了旅行社保险责任的具体含义，主张购买个人意外保险并非旅行社的法定义务，应当由旅游者自愿选择，应该说抓住了争议的主要焦点，抗诉理由是成立的。

2. 指出了判决错误的根本

本案中，各方当事人就案件事实争议不多，但就北海中旅和北海商旅是否应该承担赔偿责任，各方当事人及各审法院的认识差异巨大。二审及再审判决之所以存在错误，根源在于在法律适用上未能正确把握，特别是未能正确看待《旅行社办理旅游意外保险暂行规定》的效力。该规定已于2001年9月1日《旅行社投保旅行社责任保险规定》施行时被同时废止，法院仍以此作为判决的主要依据，显然是错误的。检察机关在抗诉理由中，指出了法院判决适用法律方面的错误，终审法院在判决中也采纳了检察机关的抗诉意见。

◇存在问题

1. 抗点不够准确、全面

从形式上看，检察机关抗诉是成功的。然而，终审法院最后的判决只采纳了抗诉机关的小部分理由，究其原因，主要是检察机关的抗点不够准确、全面。本案的关键点有两个：一是傅某某等4人与北海中旅及北海商旅三者之间的法律关系应当如何认定；二是旅行社保险责任的含义。虽然检察机关主张个人意外保险应当由旅游者自愿选择的抗诉理由是成立的，但由于没有对傅某某等4人与北海中旅及北海商旅三者之间的相互法律关系进行分析，抗诉存在一定的偏颇，未被法院采纳乃情理之中。

2. 抗诉理由的逻辑性不够

检察机关进行民事行政法律监督，应该在准确把握法院判决错误的基础上，经过抽丝剥茧来厘清案情真相，通过逻辑论证来厘清法律纷争。本案最核心的争议是对傅某某的死亡北海中旅和北海商旅是否承担责任，而解决这一问题的关键在于明确三者之间的法律关系，检察机关抗诉的理由应该在此基础上逐层展开。可惜的是，检察机关的抗诉理由回避了这一根本性的问题，导致抗诉理由的逻辑性不够强，而这又进一步影响了抗诉书的说理水平，影响抗诉的质量和效果。

实例 6 婚内非婚生子的抚养权归属

——冯某琳、冯某强解除抚养关系纠纷抗诉案评析

案例简介

◇基本案情

申诉人（一审原告、二审上诉人）：冯某琳。

被申诉人（一审被告、二审被上诉人）：冯某强。

法定代理人：莫某某（申诉人前妻，被申诉人之母）。

冯某琳与冯某强的法定代理人莫某某原为夫妻关系，冯某强系莫某某与冯某琳在婚姻关系存续期间所生的小孩，冯某琳与冯某强一直以父子相称，冯某琳也以父亲的身份和名义照顾、抚养冯某强。2001年7月26日，冯某琳与莫某某经桂林市七星区人民法院判决离婚，冯某强随冯某琳生活，由冯某琳抚养教育，抚养费由冯某琳负担。2001年9月20日，冯某琳以前妻莫某某挑拨其父子关系，致使父子感情疏远为由，以冯某强名义向桂林市七星区人民法院起诉，要求变更抚养关系。在该案审理过程中，莫某某向法庭陈述冯某强是其与他人怀孕所生，并非冯某琳亲生子。莫某某对冯某强身世的陈述，使冯某琳与冯某强之间的父子感情彻底破裂，冯某琳不愿再抚养冯某强。该案经一审、二审及重审，因冯某强诉讼主体资格不符，被驳回起诉。

2002年8月20日，冯某琳给冯某强留下字条，称要去外面治病，要冯某强找莫某某解决吃饭问题。此后，冯某琳再未回过其与

冯某强共同生活的住处。莫某某便到冯某强的住处照顾冯某强的生活、学习。2002 年 11 月，冯某琳以莫某某为被告，向桂林市七星区人民法院起诉，要求解除与冯某强的抚养关系，因被告主体资格不符，被驳回起诉。2003 年 3 月 3 日，冯某琳以冯某强为被告，向桂林市七星区人民法院起诉，要求解除与冯某强的抚养关系，并申请做亲子鉴定。

◇诉讼过程

一审情况

桂林市七星区人民法院审理认为，莫某某与冯某琳在婚姻关系存续期间生育冯某强是事实，冯某琳否认其与冯某强有血缘关系，除了莫某某对如何怀孕生子一事作出的口头陈述外，并无其他相关证据证实。而冯某琳要求做亲子鉴定的申请，因莫某某未同意，强行做亲子鉴定不利于保护妇女儿童的合法权益，因此不能予以支持。鉴于冯某琳的诉讼请求缺乏充分的证据，遂作出（2003）星民初字第 479 号民事判决：驳回起诉。

二审情况

冯某琳不服一审判决，上诉于桂林市中级人民法院。桂林市中级人民法院审理认为，冯某强从出生以后，一直随冯某琳及其亲生母亲莫某某生活，其与冯某琳之间已形成了抚养关系。关于冯某强不是冯某琳与莫某某共同生育之说，虽然冯某琳和莫某某均予以认可，但冯某琳和莫某某未能提供有效证据证实谁是冯某强的亲生父亲。冯某强的亲生父亲究竟是谁尚不能确定，故冯某琳要求变更抚养关系的请求不能成立。在与冯某强已经形成抚养的继父子关系，双方产生了生父子间的权利义务关系，以及莫某某自身生活没有保障的情况下，对冯某琳的请求不予以支持。2003 年 12 月 18 日，桂林市中级人民法院作出（2003）桂市民终字第 1467 号民事判决：驳回上诉，维持原判。

抗诉意见

冯某琳不服桂林市中级人民法院二审判决，向桂林市人民检察院提出申诉，桂林市人民检察院提请广西壮族自治区人民检察院抗诉。自治区人民检察院审查后认为，冯某强是莫某某与冯某琳婚姻关系存续期间所生，冯某琳与冯某强之间不是继父子关系；冯某琳否认冯某强是其亲生子，对冯某琳这一主张，莫某某当庭予以认可，冯某琳与冯某强之间既然没有形成法律保护的父子关系，冯某琳对冯某强就没有抚养的义务；莫某某作为冯某强的生母，有义务履行对冯某强的抚养责任。二审判决在认定、处分冯某琳与冯某强的关系上适用法律错误，并且遗漏案件当事人，严重违反法定程序。遂于2004年10月12日向广西壮族自治区高级人民法院提出抗诉。

再审结果

广西壮族自治区高级人民法院受理检察机关抗诉后，指令桂林市中级人民法院再审。桂林市中级人民法院再审后认为，一审被上诉人冯某强从出生至本案纠纷发生，一直随一审上诉人冯某琳生活，他们之间虽然不属于继父子关系，但形成了事实上的父子抚养关系；虽然冯某琳否认冯某强是其亲生子，对此莫某某也认可，但是在没有做亲子鉴定的情况下，不能对冯某琳否认冯某强是其亲生子这一陈述予以认定；出于对未成年人合法权益的保护，不宜强行做亲子鉴定，对冯某琳的亲子鉴定申请不予支持。2005年5月9日，桂林市中级人民法院作出（2005）桂市民抗字第39号民事判决：维持（2003）桂市民终字第1467号民事判决。

问题的提出

婚姻存续期间女方所生孩子非双方共同所生，离婚后男方是否有权拒绝抚养？

现实生活中，由于婚姻、爱情、家庭观念的变化，未婚先孕或者婚外怀孕的情况越来越多。一些妇女怀孕后与其他男子结婚或在婚外恋中与其他男子共同孕育子女却不如实告知丈夫，受蒙蔽的男方通常以父亲身份抚养照顾非亲生子女。在此情形下，受蒙蔽的男子与孩子到底是什么法律关系？一旦夫妻离婚，丈夫是否仍应对该孩子负抚养责任？本案中，二审法院认为冯某强从出生后一直随冯某琳及其生母莫某某生活，其与冯某琳之间已形成了抚养的继父子关系，双方产生了父子之间的权利义务。再审法院虽然不赞同冯某琳与冯某强是继父子关系，但认为他们之间已形成事实上的父子抚养关系；自治区人民检察院则认为，冯某琳与冯某强之间不是继父子关系，他们之间不存在父子之间的抚养关系。

诉讼中父母一方不同意做亲子鉴定，如何确认亲子关系？

通过DNA鉴定判别孩子与父母之间是否存在血缘关系被认为是当今最有效、最准确的手段。但是如果一方不同意鉴定或拒绝提供样本，能不能强制鉴定？在不能强制鉴定的情况下，如何去判别争议的孩子是不是亲生子？本案中，莫某某不同意对孩子做亲子鉴定，一审、二审和再审法院在不支持亲子鉴定的情况下，以证据不足为由，不同意冯某琳解除与冯某强的抚养关系。而自治区检察院抗诉意见认为，既然冯某琳否认冯某强是其亲生子，莫某某当庭也予以认可，那么双方对冯某强的身世已不存在异议，冯某琳与冯某强之间就不存在父子关系。

法理分析

1. 离婚后受蒙蔽的一方对婚内非婚生子没有抚养义务

根据我国《婚姻法》的规定，父母子女关系可以分为四种类型，即婚生父母子女关系、非婚生父母子女关系、养父母子女关系和继父母子女关系。前两者基于子女出生的事实而发生，被称为自然血亲；后二者基于人为的设定、法律的认可而发生，被称为拟制血亲。不同类型的父母子女关系，其产生于父母子女间的权利义务也有所不同。

第一，继父母子女关系。继父母子女关系的产生是由于子女的生父或生母再婚而形成。继父母与继子女原本是由婚姻关系派生出来的一种姻亲关系，他们之间是否发生父母子女间的权利、义务，应视不同情况而定。我国《婚姻法》第 27 条规定，“继父或继母和受其抚养教育的继子女间的权利和义务，适用本法对父母子女关系的有关规定”。根据这一规定，继父母子女间，只有在一起共同生活，形成抚养教育关系，才产生父母子女间的权利和义务，才具有拟制血亲的法律效力。

第二，养父母子女关系。养父母子女关系是因收养的成立而发生的。因收养而形成的亲属关系是拟制血亲，又称法定血亲。收养关系的成立必须由送养人和领养人双方到民政部门依《收养法》办理相应的法律手续。收养关系成立后，依照我国《婚姻法》和《收养法》的规定，养父母和养子女间形成拟制的父母子女关系，他们之间的权利、义务适用法律关于父母子女关系的规定。

第三，婚生父母子女关系。婚生父母子女关系基于夫妻婚姻关系存续期间生下双方共同的孩子而形成。在传统上，这种关系是基于直系血亲，故又称亲子关系。随着当代生殖科学技术的发展，人工生育技术给父母子女关系带来了新的变化。人工生育技术分为同源人工授精（AIH）和异源人工授精（AID）两类。前者为妻子采用丈夫供精怀孕所生子女，在法律上应认定为双方的婚生子女。后者为妻子采用丈夫以外的他人供精所生子女，这在亲子关系认定上容易发生纠纷。[①] 对此，《最高人民法院关于夫妻离婚后人工授精所生子女的法律地位如何确定的复函》中指出：一致同意进行人工授精，所生子女应视为夫妻双方的婚生子女。根据这一解释，只要在婚姻关系存续期间由双方协议一致采用人工授精方法生育子女的，不论是由丈夫供精还是由丈夫以外的他人供精，其人工生育的子女，都应当认定为夫妻双方的婚生子女。

第四，非婚生父母子女关系。非婚生父母子女关系基于没有合法婚姻关系的男女发生性行为后生下孩子而形成。所生的孩子俗称私生子女，它既包括未婚男女所生的子女，也包括已有配偶者又与他人发生婚外性行为所生的子女。我国《婚姻法》第25条规定："非婚生子女享有与婚生子女同等的权利"，"不直接抚养非婚生子女的生父或生母，应当负担子女的生活费和教育费，直至子女能独立生活为止"。由此可知，非婚生子女的生父母有抚养子女的权利和义务，非婚生子女既可以由生母直接抚养，也可以由生父领回抚养。非婚生子女随生父或生母一方生活，不直接抚养非婚生子女的生父或生母，应当负担子女的生活费和教育费，直至子女能独立生活为止。

本案中，冯某琳与冯某强不存在上述所列的各类父母子女关系。从案情得知，冯某强为冯某琳与莫某某婚姻关系存续期间，由莫某某与他人怀孕所生的非婚生子，这点已得到冯某琳、莫某某的共同认可，应当可以认定。冯某强与冯某琳之间尽管以父子相称并一起共同生活9年之久，但双方没有血缘关系，不可能形成婚生父母子女的关系。至于他们是否能构成养父母子女关系或继父母子女关系，从法律角度而言，养父母子女关系必须以收养关系的成立为前提，并且收养人与送养人之间必须办理有关收养的法律手续，本案冯某

① 杨一万：《新〈婚姻法〉讲话》，广西人民出版社2001年版，第101页。

强出生后，冯某琳以为是自己的亲生儿子，一直以父子相待，根本不存在收养的情况，因此，他们之间不存在收养之说。而继父母子女关系必须是子女的生父或生母再婚才能形成。本案中，冯某强是在冯某琳与莫某某婚姻关系存续期间出生的，并非随其生母再婚到冯某琳家组成新的家庭。所以，冯某琳与冯某强之间不可能形成继父子关系。

由于莫某某承认冯某强是其与他人怀孕所生，因此，冯某强符合非婚生子女的法律特征，即冯某强是莫某某的非婚生子，是冯某琳的婚内非亲生子。就婚内非亲生子而言，最高人民法院 1992 年 4 月 2 日（1991）民他字第 63 号《关于夫妻关系存续期间男方受欺骗抚养非亲生子女离婚后可否向女方追索抚育费的复函》认为："在夫妻关系存续期间，一方与他人通奸生育子女，隐瞒真情，另一方受欺骗而抚养了非亲生子女，其中离婚后给付的抚育费，受欺骗方要求返还的，可酌情返还。"从最高人民法院的批复足以明确，这种因受欺骗而形成的抚养关系，不仅应当解除，还应当由有过错方酌情返还被欺诈方已经支付的抚养费。就本案而言，冯某琳由于受莫某某蒙蔽不知情，一直以父亲身份抚养冯某强，甚至与莫某某离婚后，仍然继续抚养。但他既不是冯某强的生父，也不是冯某强的养父或继父，对于一个与自己不存在任何父子关系的人，冯某琳不需对其承担任何抚养教育的义务或责任。对此，法院应当支持冯某琳的诉讼要求，解除冯某琳与冯某强的抚养关系；同时，对于冯某琳抚养冯某强支出的必要费用，莫某某还应当酌情予以返还。

2. 诉讼中是否做亲子鉴定应当根据实际情况，确实不宜做亲子鉴定的，应当依法适用推定原理确认案件事实

本案争议的焦点和正确处理的关键是冯某琳与冯某强是否存在

直系血缘关系，而证明这一点最直接的证明方式就是做亲子鉴定。[①]随着科学发展，人类已掌握了通过基因分析判断父母与子女是否亲子关系的方法。对此，虽然现行法律规定并不十分明确，但最高人民法院曾在1987年6月15日的《关于人民法院在审判工作中能否采用人类白细胞抗原作亲子鉴定问题的批复》中，对亲子鉴定的适用予以肯定，并强调应当从保护妇女儿童角度出发，慎重对待亲子鉴定："对于双方当事人同意做亲子鉴定的，一般应予准许；一方当事人要求做亲子鉴定的，或者子女已超过三周岁的，应视具体情况，从严掌握，对其中必须做亲子鉴定的，也要做好当事人及有关人员的思想工作。"这一个原则性的规定，明确了亲子鉴定的证据效力，并对亲子鉴定的申请与许可提出了指导性的原则。一审、二审、再审法院基于冯某强的母亲不同意做亲子鉴定和保护妇女儿童合法权益的理由，不支持冯某琳提出的做亲子鉴定的申请，表面上看，确实执行了最高人民法院关于"从严掌握"的原则性要求，但这样的做法使冯某琳在诉讼中处于极其不公平的诉讼地位。如果按这样的方法看待和处理这类案件，意味着只要女方不同意进行亲子鉴定，案件事实就无法查清，受蒙蔽的男方只能屈辱地夜以继日地承担本不该由其承担的义务。这样的处理显然是荒谬的。

(1) 以保护妇女儿童权益为由不支持亲子鉴定申请并作出不利于申请方的判决，既有悖诉讼权利平等原则，也不利于纠纷的解决

根据《民事诉讼法》的规定，人民法院在审理民事案件过程中应当保障当事人平等地享有和行使诉讼权利。在亲子关系纠纷案件中，受蒙蔽的丈夫无疑是受害者，在慎重对待亲子鉴定申请以保护妇女儿童权益的同时，基于诉讼权利平等原则，应当对受蒙蔽的一方给予基本的法律保护。尤其是这类案件涉及个人隐私、个人自尊、

---

① 祝铭山:《婚姻家庭纠纷》，中国法制出版社2004年版，第207页。

社会评价，更不宜一味、简单地保护女方。如果女方不同意进行亲子鉴定就在法律上维持原有的“亲子关系”，受害的男方将得不到基本的保护。本案中，莫某某在冯某琳不知情的情况下向法院承认冯某强不是冯某琳的亲生儿子，而是自己与他人怀孕所生。这种陈述应当具有较高的客观性、真实性，对冯某琳的心理伤害是不言而喻的。如果莫某某不同意进行亲子鉴定就以判决的方式维持这种令冯某琳深受伤害的“亲子关系”并继续承担抚养义务，对冯某琳而言，是极其不公平的。无论是法律还是司法机关，都不应当因莫某某的不配合而将这种痛击强加在一个无辜的人身上。

此外，这类案件能否及时合理地解决，涉及各方在诉讼之后的生活。简单化的处理无助于解决纠纷，争议各方将在相互猜疑中继续、互相地伤害，形成潜在的不安定因素。因此，对是否准许进行亲子鉴定应当具体情况具体分析，应当评估进行亲子鉴定与否的利弊。对于血缘关系存在争议的子女不足3周岁或者女方不承认婚外育子事实又不同意做亲子鉴定的，不能强制进行鉴定；对于血缘关系存在争议的子女已满3周岁不满10周岁，女方承认婚外育子事实但不同意做亲子鉴定的，应当动员女方进行亲子鉴定；对于血缘关系存在争议的子女已满10周岁，女方承认婚外育子事实但不同意做亲子鉴定的，应当要求女方进行亲子鉴定，否则作出不利于其的事实推定。

（2）确实不宜做亲子鉴定的，应当依法适用推定原理确认亲子关系

民事诉讼实行“谁主张，谁举证”原则，原则上，提出诉讼主张的人必须提出证据加以证实。但由于民事诉讼是当事人之间的争议，这一诉讼的本质决定了对案件事实的证明主要还是由当事人承担，国家所应承担的，只是居中公正裁决的义务。在这样的诉讼机制下，“谁主张，谁举证”原则并不要求举证方提出的证据必须达到事实清楚、证据确实充分的程度，在许多情况下，法律允许法院

在证据不充分的情况下推定案件事实。具体体现在：一方面，诉讼中实行“优势证据”规则，在双方均提出证据的情况下采信优势证据方所主张的事实；另一方面，对于当事人均认同的事实，不要求举证证明；此外，在一些情况下，可以根据法律规定或经验规则，以已知的事实为基础，对另一不明事实存在与否作推测的认定。

推定是审判活动经验规则在立法上的科学总结，当民事诉讼中的事实真假不明又无法找出证据加以证明时，运用推定原理认定事实有利于诉讼得到公平解决。例如，具有继承关系的辈分不同的人在同一事件中死亡，在没有任何证据证明死亡先后顺序时，要解决继承问题就发生了困难。在这种情况下，推定长辈先死亡，继承问题就迎刃而解。又如，收集失踪人已经死亡的证据是极其困难的，但根据其失踪满一定期限的事实推定其死亡就可以克服诉讼中的障碍，减少证明对象的范围和证明活动，简化和加快诉讼程序，其有利于及时审理案件，提高诉讼效益。可以说，推定是某些案件审判所必需的，也是民事诉讼所广泛采用的一个法律措施。

在有关亲子关系纠纷的案件中，证明亲子关系的唯一科学途径是亲子鉴定，如果不进行亲子鉴定，从科学的角度而言，要想证明亲子关系几乎不可能，这种情形中申请鉴定一方实际上处于天然的举证不能的不利境地。既然法律不能强求其举出不可能举出的证据，那么，允许根据一定证据作出推定是唯一合理的方式。如果夫妻双方均认同孩子非共同所生育又不同意做亲子鉴定，应当推定孩子非共同所生育之事实。从另一方面看，《最高人民法院关于民事诉讼证据的若干规定》第 75 条规定：“有证据证明一方当事人持有证据无正当理由拒不提供，如果对方当事人主张该证据的内容不利于证据持有人，可以推定该主张成立。”这是立法者为了制衡一方当事人故意隐藏不利证据而设立的对应法律措施。本案中，莫某某曾经承认冯某强不是冯某琳的亲生儿子，冯某琳提出做亲子鉴定是确认这一事实的唯一办法，被申诉人冯某强及其法定代理人莫某某完全可以提供基因样本使这一证明过程得以完成，但冯某强、莫某某拒绝做亲子鉴定，不愿提供基因样本，按上述司法解释的精神完全可以推断冯某琳的主张成立。

可见，本案在莫某某曾经承认冯某强不是冯某琳的亲生儿子又拒绝做亲子鉴定的情形下，应当依法适用推定原理确认亲子关系。法官完全抛开推定原理，仅仅凭莫某某不同意做亲子鉴定就否定冯某琳的诉讼主张，执法生硬、简单化，也不符合民事诉讼法的精神。

检察实务点评

本案由桂林市人民检察院提请自治区人民检察院提出抗诉。应当说，一审、二审、再审法院的判决确实存在错误，检察机关提出抗诉是正确的。遗憾的是，检察机关的抗诉没有成功。抗诉未能达到预期目的的主要原因是：

1. 抗诉没有抓住关键点，抗点较为分散

本案争议的焦点在于，冯某琳与冯某强是否存在父子关系？争议双方都承认是非亲生子但一方不同意做亲子鉴定的，法院能否要求做亲子鉴定或者运用证据规则推定亲子关系？但在抗诉过程中，检察机关除了反驳冯某琳与冯某强不是继父子关系之外，花了较大的篇幅论述本案遗漏案件当事人以及认定“莫某某自身生活没有保障”是适用法律错误等问题。其观点较为分散，火力不够集中，给人抗诉不够坚决之感，有些抗诉理由甚至有牵强附会之嫌。

2. 论理不够深入，说服力不强

检察机关为了论证应当解除冯某琳与冯某强抚养关系，共提出了三点理由，其中两点是通过反驳对方观点来求证的，即“冯某琳与冯某强之间不是继父子关系”、“莫某某自身生活没有保障”不应成为冯某琳继续抚养的理由，另外一点理由是“莫某某作为冯某强的生母，由其抚养孩子是其应履行的法定义务”。上述三点理由，即便都成立，也不能必然得出“应当解除冯某琳与冯某强抚养关系”的结果，可以说论证的方式有些勉强，说服力不强。毕竟，生母具有抚养孩子的义务并不排除父亲的抚养义务，冯某琳是否应当抚养冯某强，问题还是没有说清楚。

实例 7 农村高压变压器致人损害的责任分担

——谢某月与广西岑溪市水利电业有限公司、岑溪市南渡镇都雅村第 4、5、6 村民小组和南渡镇六丰村长流度组人身损害赔偿纠纷抗诉案评析

案例简介

◇基本案情

申诉人（一审原告、二审上诉人）：谢某月（女，4 岁）。

法定代理人：谢某南（申诉人之父）。

被申诉人（一审被告、二审被上诉人）：广西岑溪市水利电业有限公司。

1999 年岑溪市南渡镇都雅村第 4、5、6 组和六丰村长流度组用电户（村民）共同出资 8000 元购买高压变压器并设置于岑溪市南渡镇都雅村雅灶垌，不足资金由岑溪市水利电业有限公司（以下简称岑溪市水电公司）投资购买材料，变压器四周设置围墙及门栏竹条（系用电户按岑溪市水电公司的要求出资出力建造），由岑溪市水电公司和南渡供电所负责技术安装、指导，经岑溪市水电公司验收合格后投入使用。2000 年 12 月 1 日上午 10 时 30 分左右，居住在岑溪市南渡镇都雅村雅灶垌的谢某月在距其房屋左前方 30 米处玩耍，无意中钻入设置在该处的高压变压器竹围栏内，被变压器的电流击伤。

发生事故后，岑溪市水电公司对该事故进行调查并证实：变压器安装时，四周用砖砌成围墙作防护，围墙中设置一门，该门栏用

5条竹条作防护门。设计时固定竹的底座孔径为8cm，孔边沿间距为8.5—9.5cm，如用笔直竹竿，竹竿外径应不小于8cm，此时栏条间距离符合规程中不大于10cm的要求。但安装时围栏门右侧的两条栏条直径约5.5cm，其中一条弯曲使中心线偏离4cm，另一条弯曲使中心线偏离3cm。此时围栏条间净距离最大处可达20.5cm，超出规程要求。小孩身体0.12m（侧面、头颅）可以进入栏条内变压器。另外，该变压器自投入使用至发生事故时，无人对围栏门的竹条进行过检修和更换。该变压器投入使用后，经岑溪市南渡镇都雅村第4、5、6组和六丰村长流度组村民（用电户）推荐，并经岑溪市水电公司下属的南渡供电所同意，由都雅村第6组村民谢太瑞作为管电员负责该变压器的管理工作，并由南渡供电所每月支付6元钱和按每度电收取4分钱作为管电员谢太瑞的管理人工费。

谢某月治愈后，经岑溪市人民检察院法医检验认定：双上肢在肘关节以上功能完全丧失，双前臂接近肘关节部缺失，双上臂肌内萎缩，评定为二级残疾。2001年5月28日，谢某月与岑溪市水电公司就人身损害赔偿问题达成协议：岑溪市水电公司支付60000元给谢某月，作为其受伤治疗的全部费用（包括治疗费、护理费、交通费、住宿费、后续治疗费、住院伙食费、残疾赔偿等与此事有关的全部费用）。协议签订后岑溪市水电公司按约定将款项支付给谢某月。之后，谢某月认为该协议显失公平，于2002年1月15日向岑溪市人民法院起诉，要求判令岑溪市水电公司赔偿被电击伤造成的医药费、住院伙食费、护理费、残疾人生活补助费等费用共计381249元。进入诉讼后，岑溪市人民法院追加岑溪市南渡镇都雅村第4、5、6组和岑溪市南渡镇六丰村长流度组为一审被告。

◇诉讼过程

一审情况

岑溪市人民法院审理认为，谢某月被设置在雅灶垌的变压器电伤，造成身体二级伤残的损害事实存在，应予确认。出事变压器由南渡镇都雅村第4、5、6组及六丰村长流度组村民共同集资购置，变压器四周的防护设施均是村民出资、出力建造，故应认定该变压器的产权属于上述4个村民小组所有。对该变压器的维护管理问题，由于双方未签订供用电合同，致使责任不明确，在责任未明确的情况下，双方均负有维护该供电设施安全、避免发生事故的责任。被告方在变压器投入使用后，对变压器四周的防护一直没有进行定期检修，未履行其法定的维修、管理义务致使门栏的竹条被腐蚀变形，没有起到应有的防护作用，导致谢某月到变压器周围玩耍时能够钻入变压器内被电流击伤，对事故应负主要过错责任。谢某月是年仅4岁的小孩，其被电流击伤与其法定监护人没有尽到监护责任是分不开的，其监护人应负次要责任。为此，2002年7月4日，岑溪市人民法院作出（2002）岑民初字第16号民事判决：（一）被告岑溪市水电公司赔偿原告谢某月因触电造成人身损害的各项经济损失369699元中的36%；（二）被告南渡镇都雅村第4、5、6组及六丰村长流度组共同承担赔偿原告谢某月因触电造成人身损害的各项经济损失369699元中24%的责任。

第一次抗诉意见及结果

谢某月不服一审判决，于2004年2月20日向梧州市人民检察院申诉。2004年6月14日，梧州市人民检察院以设置在南渡镇都雅村雅灶垌的电力设施产权属岑溪市水电公司所有为由，认为原审判决认定事实不清，责任划分不当，向梧州市中级人民法院提出抗诉。2004年6月21日，梧州市中级人民院法院指令岑溪市人民法院进行再审。

岑溪市人民法院再审后于2004年11月26日作出（2004）岑民再字第4号民事判决：维持原判。

二审情况

谢某月不服再审判决，向梧州市中级人民法院提起上诉。梧州市中级人民法院审理认为：谢某月关于变压器产权已由岑溪市水电公司接管之说，由于不能提供有关交接手续的证明予以证实，不予采纳。再审判决对赔偿责任的分担并无不当。2005年3月16日，梧州市中级人民法院作出（2005）梧民终字第70号民事判决：驳回上诉，维持原判。

第二次抗诉意见及结果

谢某月不服二审判决，第二次向梧州市人民检察院提出申诉。梧州市人民检察院提请广西壮族自治区人民检察院抗诉。自治区人民检察院审查后认为：农村的电力设施都是由电力部门统一管理、使用、收益、处分，设置在岑溪市南渡镇都雅村雅灶垌的电力设施产权应属岑溪市水电公司所有。根据我国《电力法》的规定及岑溪市水电公司聘用谢太瑞为管电员的事实，岑溪市水电公司对致害变压器未尽到应有的维护管理，负有不可推卸的完全责任，对事故的发生有重大过失，应当赔偿谢某月因触电所受损害的绝大部分经济损失。法院判决认定事实的主要证据不足，责任划分不当。遂于2006年6月1日向广西壮族自治区高级人民法院提出抗诉。

广西壮族自治区高级人民法院受理检察机关抗诉后，指令梧州市中级人民法院再审。梧州市中级人民法院再审认为：致害变压器应属4个村民小组所有。岑溪市水电公司和4个村民小组均负有维护该供电设施安全、避免发生事故的责任。岑溪市水电公司作为供电的专业技术部门，应该知道电力设施是高度危险的设备，需要专业人员进行监督管理维护，但其在该变压器不具备安全输送电力的情况下仍照常进行电力输送，对造成本案的损害结果，其过错更为明显，应承担比村民小组更大的责任。2006年11月21日，梧州市中级人民法院作出（2006）梧民再字第25号民事判决：（一）撤销梧州市中级人民法院（2005）梧民终字第70号民事判决；（二）维持岑溪市人民法院（2004）岑民再字第4号民事判决第二项；（三）变更岑溪市人民法院（2004）岑民再字第4号民事判决第一项为：岑溪市水电公司赔偿谢某月因触电造成人身损害的各项经济损失369699元中的56%。

问题的提出

如何确定农村高压电设备触电事故的责任主体？

根据民法通则的精神，我国对高压电设备致人损害的侵权案件适用无过错责任原则，行为人对其造成的损害没有过错也应当承担民事责任。据此，在高压电设备致人损害案件中，责任归属的关键在于谁是致害高压电设备的产权人。谁是致害高压电设备的产权人，谁就是法定的责任主体。对于这一点，在城市一般不存在判断上的模糊空间。但在农村，由于电力设施建设、管理、使用的复杂性、多样性，尽管国家经济贸易委员会1999年颁布的《关于加快乡（镇）电管站改革若干问题的指导意见》曾明确规定“农村电力资产由国家用政策性形式按照自愿上交、无偿划拨的方式全部交由电力公司”，但要准确判断并非易事，司法机关的认识更是时有不同。如本案受害人谢某月被高压电设备损害，岑溪市人民法院两次审判、梧州市中级人民法院两次审判都坚持认为致害高压变压器是由南渡镇都雅村第4、5、6组及六丰村长流度组村民共同集资购置，变压器投入使用后他们是受益者，因此应当由这4个生产小组共有。检察机关则认为，致害变压器及电线、线杆的电力设施，由岑溪市水电公司投资和安装，4个村民小组为了解决农田抽水、照明用电，集资8000元交给岑溪市水电公司只是能用上电的附加条件，且用电要按月交足电费，因此不能说4个村民小组对致害变压器拥有产权。

同时，根据农村用电历史及国家相关政策，农村的电力设施都是由电力部门统一管理、使用、收益和处分，本案致害高压变压器产权属于岑溪市水电公司，应当由其承担事故的主要责任。

农村高压电设备触电事故责任应如何分担?

虽然按《民法通则》规定高压电触电案件适用无过错责任原则，但是高压电触电往往由多个因素共同造成，其中经常涉及致害高压电电力设施的管理、维护责任是否到位，未成年受害人的监护人是否尽到监护责任等多方面因素，这就产生了在坚持无过错责任原则的基础上，如何公平、合理地划分各责任主体的责任比例问题。对此，虽然法律上没有明确的标准，如何确定责任分配属于法院自由裁量的范围，但从公正司法的高度分析，此问题的解决应当有一定之规。在本案中，一、二审法院认为4个村民小组是变压器的产权人，对变压器负有当然的管理维护职责，岑溪市水电公司作为法定的对电力设施定期进行检修和维护的企业，依法亦应负责维护管理之责。这两个主体因疏忽大意，没有履行其法定的维修、管理义务，导致发生重大事故，应当对损害共同承担60%的赔偿责任（其中4个村民小组共同承担24%，岑溪市水电公司承担36%）。谢某月是4岁小孩，其法定监护人监护不力，应承担40%的责任。而广西壮族自治区人民检察院则认为，岑溪市水电公司既是致害变压器的产权人，对高压变压器又负有法定的管理维护之责，应当对触电造成的损害承担绝大部分的责任。梧州市中级人民法院再审后，改判4个村民小组与岑溪市水电公司共同承担80%的损害赔偿责任（其中岑溪市水电公司承担56%，4个村民小组承担24%），监护人承担20%的责任。这种司法认识上的巨大差异，客观上需要对农村高压电设备触电事故责任分配问题进行深入研究，明确基本的处理标准，以减少司法的随意性。

法理分析

1. 农村高压电设备触电事故的责任主体：高压电电力设施产权人

关于高压电设备触电事故的责任主体，我国《民法通则》第123条规定："从事高空、高压、易燃、易爆、剧毒、放射性、高速运输工具等对周围环境有高度危险的作业造成他人损害的，应当承担民事责任；如果能够证明损害是由受害人故意造成的，不承担民事责任。"《供电营业规则》第51条规定："在供电设施上发生事故引起的法律责任，按供电设施产权归属确定。产权归属谁，谁就承担其拥有的供电设施上发生事故引起的法律责任。但产权所有者不承担因受害者违反安全或其他规章制度，擅自进入供电设施非安全区域内而发生事故引起的法律责任，以及在委托维护的供电设施上，因代理方维护不当所发生事故引起的法律责任。"2001年1月21日，《最高人民法院关于审理触电人身损害赔偿案件若干问题的解释》进一步明确："因高压电造成人身损害的案件，由电力设施产权人依照民法通则第一百二十三条的规定承担民事责任。"从这些规定来看，立法者的意图非常清楚，高压电供电设施等电力设施属于高度危险的范畴，其存在与运行本身已经给民众造成潜在的威胁，其所有者应当对投资这种高度危险作业承担法律后果。因此，一旦致人损害，其所有者就是事故的责任主体，不能以无过错为由要求免责。

至于农村高压电电力设施的产权人，需要结合我国的电力产业政策和农村电力发展的实际进行分析。我国自20世纪80年代开始实行集资办电政策，允许各种经济主体投资电力行业，导致长期以来国家独家办电的局面迅速改变，出现了电力产权多元化的局面。在投资、产权多元化的新形势下，为明确电力投资主体的法律地位，我国《电力法》明确规定了"谁投资，谁收益"的原则，此后，电力设施所有者按产权享有权利，承担义务的格局逐步形成。但这种电力资产配置状况和发展方向在广大农村却遇到投资效益低、维护管理难、用电费用高等不少难题。为改变农村落后的用电状况，自20世纪90年代末开始，国家决定对农村实行电网改造，实行县乡供电一体化管理。1999年国家经济贸易委员会下发的《关于加快乡（镇）电管站改革若干问题的指导意见》就明确规定："关于农村电力资产，乡镇及以下农村集体电力资产按照自愿上交、无偿划拨的方式全部交由县供电企业管理，供电企业必须接收，并承担其维护管理责任，供电企业通过降低电价作为对农村集体电力资产所有权的补偿。"同年，国务院以通知形式批转了国家经贸委《关于加快农村电力体制改革加强农村电力管理意见》，重申："乡及乡以下农村集体电力资产可采取自愿上交、无偿划拨的方式由县级供电企业管理，并由其承担维护管理责任。"此后，全国各地采取各种措施执行这一政策，如2000年广西壮族自治区制定了《广西壮族自治区加快农村电力体制改革加强农村电力管理的实施方案》，强调规范现行乡（镇）供电管理体制，实现县（市）乡（镇）电力一体化管理，乡（镇）及以下的农村集体供电资产采用自愿上交、无偿划拨的方式全部移交县供电企业管理，并由供电企业承担维护管理责任。至2004年，全自治区897个乡镇450万户农村居民全面完成电网改造，覆盖率超过98%，原来属于农村集体所有的电力设施全面上交县级供电企业，由县级供电企业统一管理。[①] 总的来说，实行电网改造后，农村高压电电力设施产权总体上归电力公司所有和维护（当然，这里面也还存在例外情况，如根据电力行业的相关规定和管理习惯，计量表箱以下套户线、进户线及以下照明、动力线路归农户所有。一些农村电网由政府投资兴建，电力公司只是管理者和维护者，电

① 新华网广西频道：《广西农网改造竣工2000万农村人口受益》，载 http://news.cepee.com。

力设施产权属于投资的政府）。

本案中，4 个村民小组共同出资 8000 元购买致害变压器并由村民出资出力建造变压器四周防护栏是事实，在实行农村电网改造之前，按照“谁投资，谁收益”的原则，该变压器的所有权应当归 4 个村民小组共有。但实行农村电网改造后，为了加入电网以减轻电费负担，该变压器已按规定移交岑溪市水电公司所有，并由岑溪市水电公司统一管理，4 个村民小组已不再享有所有权。从民法的基本原理上分析，财产所有权是指所有人依法对自己的财产享有占有、使用、收益和处分的权利，“占有、使用、收益、处分”是所有权的四个基本要件，本案村民在实行农村电网改造后已经不再占有致害变压器，用电还要有偿使用，更没有利润分成可言，不可能具备该变压器所有权的四个要件。因此，4 个村民小组投资购买的致害变压器产权事实上已归岑溪市水电公司所有，岑溪市水电公司应当作为所有者依法对该变压器引起的触电事故承担法律责任。

2. 农村高压电触电事故的其他责任人及责任分配

高压电触电事故往往是“多因一果”，不仅有电的因素，通常还有其他因素的介入，如存在违章建筑、第三者未尽安全注意义务以及受害人主观上存在过错等。根据民法原理，有过错即要承担责任，在“多因”导致高压电触电事故的情形下，仅以无过错责任原则追究所有权人无疑免除了其他“原因行为”的法律责任，从公平公正的角度看，这难免有失偏颇，也不利于电力事业的正常发展。为此，《最高人民法院关于审理触电人身损害赔偿案件若干问题的解释》第 2 条规定：“因高压电造成人身损害的案件，由电力设施产权人依照民法通则第一百二十三条的规定承担民事责任。但对因高压电引起的人身损害是由多个原因造成的，按照致害人的行为与损害结果之间的原因力确定各自的责任。致害人的行为是损害后果发生的主要原因，应当承担主要责任；致害人的行为是损害后果发生的非主要原因，则承担相应的责任。”这一规定的执法意图非常明确：在高压电损害赔偿案件中，原则上按产权归属归责，若同时存在多个责任方，应按行为与损害结果之间的原因力划分各自的责任。[①] 也就是说，实践中需要根据不同情况适用不同的归责原则，一因一果时，适用无过错责任原则；多因一果时，对电力设施产权人适用无过错责任原则，对其他责任人则适用过错责任原则。

本案事故的发生正是多种原因共同造成的结果。一方面，岑溪市水电公司是本案致害高压变压器的产权人，对变压器本应妥善管理和使用。根据《中华人民共和国电力法》第 19 条关于“电力企业应当对电力设施定期进行检修和维护，保证其正常运行”的规定，其更是致害高压变压器的法定维修管理主体，负维修、管理之责。但作为管理者，岑溪市水电公司长期对致害变压器防护栏失修失检，没有履行其法定的维修、管理义务，以至于谢某月能够钻入变压器围栏内被电流击伤。可见，岑溪市水电公司的不当行为是受害人谢某月被电击致残的主要原因。另一方面，本案受害人谢某月年仅 4 岁，还是无民事行为能力人，其监护人应当严加看护，防止意外伤害事故发生。但谢某月的监护人没有尽到监护职责，致使谢某月钻进变压器围栏内玩耍而触电，其监护不周也是事故发生的原因之一。当然，致害变压器离谢某月家房屋仅 30 米左右，谢某月又年仅 4 岁，不具有民法意义上的主观意识，在此情形之下其误闯入变压器防护区的可能性随时存在，监护不周对谢某月误闯入变压器防护区的原因力不大。鉴于事故的原因力，岑溪市水电公司作为致害高压变压器产权人和管理人，在双重责任之下应当承担事故损害赔偿的绝大部分责任，谢某月的监护人承担次要责任。自治区人民检察院

① 陈文深：《从一起再审案的改判析高压触电人身损害赔偿案件的审理》，载 http：//www. hicourt. gov. cn。

的抗诉意见符合法律的公平要义，终审法院判决谢某月的监护人承担20%的次要赔偿责任也在可接受的范围之内。

检察实务点评

1. 执法为民，赢得尊重

近年来，我国每年都发生一些高压电设备触电损害赔偿案件。由于相关立法不够明确具体，执法标准往往难以统一，各地法院的裁决差异较大。本案案情简单，却先后历经法院4次判决便充分说明了这一点。这种状况，既影响司法的公正与统一，又不利于对被害人合法权益的保护，同时也使这类案件成为检察机关法律监督的难点。本案中，检察机关为了维护受害人的合法权利，两次向法院提起抗诉，充分体现了检察机关依法履行法律监督职责，切实保障公民合法权益，维护法律统一正确实施的坚定信念和不懈追求。在抗诉过程中，检察机关结合法律、政策、国情，明确提出4个村民小组投资的高压变压器已按国家政策转归岑溪市水电公司所有，立论公道，既符合国家法律规定、政策要求，也有充分的法理基础，可惜法院未予以采纳。尽管法院没有全部采纳抗诉意见，但两次抗诉最终促使法院对责任分担问题改判，在更大程度上维护了受害人应有的合法权益。

2. 论证不足，影响效果

在自治区人民检察院抗诉后，法院再审加大了岑溪市水电公司承担责任的份额，减少了受害人谢某月监护人的责任份额，应当说在责任分担方面法院部分采纳了检察机关关于由岑溪市水电公司承担绝大部分责任的抗诉意见。但是，综观全案，法院先后作出4次判决，都没有采纳检察机关关于岑溪市水电公司才是致害高压变压器产权人的抗诉意见。这一结果，当然与法院的执法观念有关，但不得不承认，与检察机关抗诉力度不足不无关系。在抗诉过程中，检察机关虽然以“岑溪市农村用电历史”佐证，也引用了1999年国务院批转的国家经贸委文件中关于农村电力资产按照自愿上交、无偿划拨方式交由县供电企业管理的政策规定，但并没有提供切实的证据进一步说明案中4个村民小组是否已按上述政策自愿上交，更未从理论上、法律上、政策上加以论证。由于没有阐述清楚，论证力度不强，抗诉的效果也就可想而知。

实例 8 有限责任公司股东的清算义务及其法律责任

——郭某某与广西钦州市第一房地产公司、建设银行钦州支行建设工程施工合同纠纷抗诉案评析

案例简介

◇基本案情

申诉人（一审原告、二审被上诉人）：郭某某。

被申诉人（一审被告、二审上诉人）：中国建设银行股份有限公司钦州支行。

被申诉人（一审被告、二审上诉人）：广西钦州市第一房地产公司。

一审原告、二审被上诉人：陈某。

一审、二审第三人：广西钦州青年建筑工程公司。

一审、二审第三人：广西钦州市建筑工程公司。

申诉人郭某某与一审原告陈某系合伙人，1993 年分别挂靠钦州青年建筑工程公司（以下简称青建公司）和钦州市建筑工程公司（以下简称市建公司），与被申诉人钦州市第一房地产公司（以下简称一房公司）签订《建设安装工程承包合同》，承建一房公司位于东兴市东兴开发区的商品房。施工期间，陈某多次向一房公司预支工程进度款共计 81 万余元。工程竣工后，双方未对工程进行结算。一房公司系由原广西壮族自治区钦州地区计委、建委和被申诉人中国建设银行股份有限公司钦州支行（以下简称建行钦州支行）三方于 1992 年 12 月成立的全民所有制房地产开发企业，1994 年根据国

家政策规定，计委、建委退出一房公司。1998年5月一房公司歇业，钦州市建设局与建行钦州支行协商并达成协议，约定一房公司关闭后，该公司的债权债务由建行钦州支行清理、负责。2000年10月，工商部门吊销一房公司的营业执照，并在相关文件中规定："一房公司营业执照吊销后，原企业营业执照正、副本、公章及各种业务章一律作废，其债权、债务由企业主管部门或出资者（股东）负责清理。"2001年建行钦州支行派工作人员代表一房公司与郭某某、陈某协商工程款及收回商品房等事宜，因双方主张的应付工程款数额差距太大，郭某某不同意。2001年6月25日，建行钦州支行向中国信达资产管理公司南宁办事处申报处置由郭某某和陈某承建的一房公司的房地产，获准。2001年10月19日，陈某以其个人名义与一房公司签订《承诺书》，承诺：如一房公司一次性支付陈某现金122000元，陈某自愿放弃基于该工程对一房公司所形成的债权，不再追索。一房公司依约向陈某支付约定款项之后，建行钦州支行以一房公司名义委托拍卖机构拍卖了郭某某、陈某合伙承建的商品房。郭某某知道后提出异议，并于2002年11月11日诉至钦州市钦南区人民法院，经两审终审，法院判决陈某与一房公司签订的《承诺书》无效。2004年7月27日，郭某某再次向钦州市钦南区人民法院起诉，要求被申诉人一房公司和建行钦州支行支付拖欠的工程款。

◇ 诉讼过程

一审情况

钦州市钦南区人民法院审理后认为，郭某某、陈某合伙挂靠市建公司、青建公司共同承建一房公司的商品房，完工后，一房公司应按合同的约定进行结算，并支付尚欠的工程款。2000年10月一房公司被工商部门吊销营业执照后，作为清算主体的建行钦州支行未尽清算责任，致使一房公司将郭某某、陈某承建的商品房委托拍卖给他人，使郭某某、陈某的合法利益受到实际损害，应当承担损害赔偿责任。2005 年 1 月 6 日，钦州市钦南区人民法院作出（2004）钦南民初字第 448 号民事判决：（一）被告一房公司应返还原告郭某某工程押金 23616 元；（二）被告一房公司应支付原告郭某某工程款 394241.27 元及利息；（三）被告一房公司在本院规定的履行期间内，未能清偿债务的，被告建行钦州支行应对被告一房公司不能清偿债务部分承担赔偿责任；（四）驳回原告郭某某要求被告支付本案律师代理费的诉讼请求。

二审情况

一房公司与建行钦州支行不服一审判决，向钦州市中级人民法院提起上诉。钦州市中级人民法院审理后认为，一房公司被吊销营业执照后，建行钦州支行是清算主体，应承担清算责任，但清算主体的责任方式有“清算责任、赔偿责任、补充责任”，且建行钦州支行承担清算责任的时间没有具体的法律规定，也没有经法院判决，从吊销执照的 2000 年 10 月 20 日至 2001 年 12 月只有一年时间，不能认定是长时间不尽清算责任。此外，根据《企业法人登记管理条例》，法人被吊销营业执照后，仍可以起诉、应诉和处理本企业范围内的事务。一房公司自行委托他人出卖本企业的房产偿还债务，就是一种清理行为。因此，一房公司出卖自己商品房的行为与建行钦州支行未尽清算责任并无因果关系，建行钦州支行对一房公司的卖房行为不应承担赔偿责任。一审法院判决一房公司承担偿还欠款本息的责任是正确的，但对建行钦州支行的责任认定，没有事实和法律依据。2005 年 5 月 10 日，钦州市中级人民法院作出（2005）钦民二终字第 10 号民事判决：（一）驳回上诉人一房公司的上诉，维持钦南区人民法院（2004）钦南民初字第 448 号民事判决的第一项、第二项、第四项及诉讼费用的负担部分；（二）撤销钦南区人民法院（2004）钦南民初字第 448 号民事判决的第三项；（三）驳回被上诉人郭某某对上诉人建行钦州支行的诉讼请求。

抗诉意见

郭某某不服二审判决，向钦州市人民检察院提出申诉，钦州市人民检察院提请广西壮族自治区人民检察院抗诉。自治区人民检察院审查后认为，一房公司在1998年歇业后，钦州市建设局与建行钦州支行达成协议，约定由建行钦州支行对一房公司的债权、债务进行清理，并负责债务问题。2000年10月20日钦州市工商局吊销一房公司营业执照的钦州市工商（2000）120号文规定："一房公司营业执照吊销后，原企业营业执照正副本、公章及各种业务章一律作废，其债权、债务由企业主管部门或出资者（股东）负责清理。"建行钦州支行是一房公司的开办者和投资者，又是一房公司投资主体商定的清算主体，不但不尽清算责任，反而在债权人郭某某强烈反对下，强行将商品房转让给中国信达资产管理有限公司南宁办事处处置，给郭某某造成了经济损失，应承担侵权赔偿责任。同时，一房公司违法处置公司财产，又没有用处置财产所得优先清偿建设工程价款，违反合同法的规定。二审判决事实不清，适用法律不当。遂于2006年7月10日向广西壮族自治区高级人民法院提出抗诉。

再审结果

广西壮族自治区高级人民法院受理检察机关抗诉后，经审理认为，建行钦州支行与钦州市建设局投资开办一房公司后，于1998年5月18日达成协议，约定一房公司关闭后该公司的债权债务由建行钦州支行清理，并由建行钦州支行负责债务问题。据此，一房公司被工商部门吊销营业执照后，建行钦州支行对一房公司负有依法清理的责任。根据《公司法》第191条的规定，建行钦州支行应当在15日内成立清算组，对一房公司的债务进行清算。但一房公司被吊销营业执照后，建行钦州支行一直没有履行清算义务，应承担过错责任。建行钦州支行于2001年10月30日派其职员以被吊销营业执照的一房公司名义，并用一房公司已作废的公章委托他人拍卖涉案商品房，用拍卖所得款项偿还一房公司的银行贷款，此行为违反了《合同法》第286条关于承包人对拍卖的工程价款有优先受偿权的规定，构成侵权，应承担赔偿责任。据此，自治区高级人民法院于2006年12月20日作出（2006）桂民再字第164号民事判决：（一）维持钦州市钦南区人民法院（2004）钦南民初字第448号民事判决；（二）撤销钦州市中级人民法院（2005）钦民二终字第10号民事判决。

问题的提出

有限公司股东的清算义务及其法律责任如何?

作为法律拟制的人，公司是重要的市场经济主体，是市场经济社会实现社会经济利益的基本载体。然而，在激烈的市场竞争下，公司解散的情况时有发生。在公司解散时，公司创造经济价值的功能已基本不存在，各相关利益主体之间出于减少损失之目的，冲突尖锐化。为了减少公司解散给社会，特别是各相关利益主体带来的不利影响，维护正常的市场经济秩序，就必须建立公正、规范、科学的公司清算制度。基于这一社会需求，目前市场经济发达的国家普遍建立了完善的公司清算法律机制。我国《公司法》也对公司的解散与清算作出一系列规定，但从实践来看，立法对许多问题仍显简单、原则、凌乱，实务中不一定都能落到实处。

在本案中，一审法院主张，一房公司解散后，负有清理责任的建行钦州支行应当及时组织清算，但建行钦州支行一直没有履行清算义务，导致郭某某、陈某的合法利益受损，应承担过错责任。再审法院进一步主张，建行钦州支行作为一房公司的清算义务人，不但不尽清算责任，反而在债权人强烈反对下强行处置一房公司的资产，给债权人造成经济损失，应承担侵权赔偿责任。但二审法院认为，法律并未对履行清算责任的时间作出明确规定，建行钦州支行在一年多时间里未组织清算不能认定是长时间不尽清算责任。一房公司出卖自己商品房的行为与建行钦州支行未尽清算责任，并无因果关系。而且，清算主体的责任方式有“清算责任、赔偿责任、补充责任”，一房公司被吊销营业执照后，仍可以起诉、应诉和处理本企业范围内的事务，其委托他人出卖本企业的房产偿还债务就是一种清理行为，不应由建行钦州支行承担赔偿责任。以上分歧说明，虽然各方对一房公司解散理应进行清算以及由建行钦州支行负责启动公司清算程序没有任何异议，但就如何启动清算程序，义务人不履行或者怠于履行清算义务应承担什么法律责任，各方的意见与主张差异较大。

法理分析

1. 有限公司的股东应承担清算义务

我国《公司法》规定，清算是公司终止的必经程序，任何公司未经清算，都不能向公司登记机关申请注销。公司依法解散的，应当在解散事由出现之日起15日内成立清算组，开始清算。从法律规定看，公司负有成立清算组的义务，有限责任公司的清算组由股东组成。这一法律机制，应当说立法意图是相当明确的，但对于谁是清算义务人，并未给予清晰界定。在清算基本上意味着公司股东利益受损的实际之下，公司股东往往因此产生这样的思维：公司股东是清算人，而不是清算义务人；参与清算组是股东的权利，而不是股东的义务。在此思想下，一些股东怠于清算，甚至拒绝清算，以致公司财产减少，债权人利益受到损害。

公司清算制度应当明确清算义务人及其法律责任，否则清算制度难以得到全面、真正的贯彻落实。从法理上讲，如果股东不负有组织清算的义务，那么由于公司没有及时清算而致债权人损失的责任也就不能由股东承担，只能由负有组织清算义务的公司承担。这必然产生了一种怪现象：由于公司没有及时组织清算，致使债权人不能得到完全清偿，债权人却不能向公司的股东主张权利，亦即债权人受侵害的权利永远得不到救济。这一违反基本法理的假设，显然不应该是立法者的意旨。至于是否应由公司的股东承担组织清算的义务，在2008年5月《最高人民法院关于适用〈中华人民共和国公司法〉若干问题的规定（二）》（以下简称《公司法司法解释（二）》）出台前，存在不小的争议。不少学者认为有限责任公司的股东人数较多，相当一部分股东并不参与公司管理，让这一部分股东承担责任不符合立法的精神，也是对他们合法权利的侵害。但主流观点认为，应当将有限责任公司的股东作为清算义务人。其一，公司是股东获利的工具，公司成立、存续、终止与股东利益密切相关，公司的自愿解散即是股东行使股东权的结果，清算本身也是实现股东对公司剩余财产的分配权。既然股东对公司享有权利，就应对公司解散所导致的经济责任承担义务。其二，有限责任公司解散进入清算程序后，倘若股东不负清算义务，从逐利本性而言，股东就可能利用有限责任这一挡箭牌，不清算或不适当清算，或者转移公司财产，或者选择性地对债权人清偿，从而损害部分债权人的利益。而债权人因信息不对称，利益受到损害却无法及时得到保护，也没有合适的救济方法。其三，公司股东由于在公司存续期间已经从公司获取了投资收益，或者即使没有收益，也由于其是投资者，在投资之初就做好了投资收不回来的心理准备，为了保护债权人和劳动者的合法利益，在公司解散时，由公司股东承担清算义务及由此产生的法律责任符合公平原则。由于理论上存在争议，在《公司法司法解释（二）》出台之前，法院判决虽然大多将股东认定为公司的清算义务人，但在股东不履行清算义务、公司被注销时，对于公司存续期间的债权、债务，判决股东继续履行清算义务；[①] 至于给债权人利益造成的损失是否应负赔偿责任，则有不同的判决。

《公司法司法解释（二）》第18条规定："有限责任公司的股东……未在法定期限内成立清算组开始清算，导致公司财产贬值、流失、毁损或者灭失，债权人主张其在造成损失范围内对公司债务承担赔偿责任的，人民法院应依法予以支持。"据此，应当说目前在法律上，由有限责任公司股东承担公司清算义务的机制已经正式确立。本案虽然发生在《公司法司法解释（二）》出台之前，但无论从立法本意还是从主流法理而言，一房公司解散后，不再具有从事与清算无关的经营活动的能力，建行钦州支行作为一房公司的唯一股东（原钦州建委、计委已在1994年退出），应负有对公司进行清算的义务。如果说《公司法》在这方面的规定不够明确，但钦州市工商局在吊销一房公司的文件中已明确了建行钦州支行作为出资者的清算义务（在1998年一房公司歇业时，钦州市建设局与建行钦州支行也达成由建行钦州支行作为清算义务人的协议），一审、二审和再审法院认定建行钦州支行的清算主体地位无疑是非常正确的，建行钦州支行怠于履行清算义务应当承担相应的法律责任。

2. 股东清算义务的内容

要明确股东清算义务的内容，应首先明确清算义务人与清算人的区别。清算义务人是指在公司解散过程中，负有义务成立公司清算组织的人，是公司清算程序的启动者。[②] 对于有限责任公司而言，

---

① 王涛、王韧：《论股东的清算义务、清偿责任及其转换》，载《法学》2001年第8期，第77—79页；席建林：《试论有限责任公司股东清算义务与清偿责任及其转换》，载《政治与法律》2003年第2期，第128—132页。

② 对于清算义务人，也有人称之为清算主体。但我们认为，清算主体的外延较大，可能包括了清算义务人、清算人或清算组织，不及清算义务人明确。参见徐飞、任世存：《公司清算阶段的债权人保护》，载《法制与经济》2006年第8期，第33页。

清算义务人即指公司的股东。而清算人则是指由清算义务人选任的负责对公司进行清算的人，也就是公司清算事务的执行人，也称清算组，其既可以是自然人，也可以是非自然人，如律师事务所、会计师事务所等。清算人的主要职责是清理公司财产、编制公司资产负债表和财产清单、制定清算方案、清理公司债权债务、分配公司清偿后的剩余财产等。因此，清算义务人与清算人是两个完全不同的概念。有限责任公司股东作为清算义务人，清算义务主要有以下几个方面：

首先，选任清算人，启动清算程序，并组织清算。公司在清算阶段的执行机构已由常态下的董事会或执行董事转换为清算组，但公司的权力机关仍然是由所有股东组成的股东会。由股东会依法选任清算人，成立清算组，由清算组执行清算事务，这既是股东的权利，更是股东的义务，也是维护债权人等相关者权益、保障交易安全和维护社会经济秩序的必然要求。

其次，组织清算组及时执行清算事务，制定清算方案。根据《公司法司法解释（二)》，清算组执行未经股东会确认的清算方案，给公司、股东或者债权人造成损害的，清算组成员应承担赔偿责任。此规定也意味着，如果清算组执行了经股东会确认的清算方案，给债权人造成损失的，清算组成员不负赔偿责任，而由股东承担赔偿责任。据此，股东作为清算义务人，为维护公司和相关者的利益，应当组织清算组及时执行清算事务，制定清算方案。当发现清算组或清算人不适宜执行清算事务或不再具有从事清算工作的法定资格时，应解除该清算人工作或解除清算组。

最后，公司清算完毕后，应向工商部门申请注销登记，从而最终消灭公司的法律人格。依据《公司法》的规定，公司清算结束后，清算组应当制作清算报告，报股东会或者人民法院确认，并报送公司登记机关，申请注销公司登记，公告公司终止。《公司法司法解释（二）》进一步规定，有限责任公司的股东未经依法清算，以虚假的清算报告骗取公司登记机关办理法人注销登记，债权人可主张其对公司债务承担相应赔偿责任。

本案建行钦州支行作为一房公司的清算义务人，在一房公司被吊销营业执照后长达一年的时间内，根本没有组织清算组，启动清算程序，导致郭某某、陈某等债权人的合法权益得不到应有的保障，明显未履行作为清算义务人应尽的法律义务。

3. 股东不履行清算义务的法律责任

实践中，由于新、旧《公司法》都没有对股东不履行清算义务的法律责任作出明确、具体的规定，以致有些公司解散后，虽未经清算，却在股东向工商部门作出清偿公司存续期间债务的承诺后得以注销，还有些公司长期不进行清算，也没有注销，实际上处于一种名存实亡的状态。这种状况往往给债权人造成实际的经济损害，并且债权人利益受损后，不一定能够通过诉讼手段得到有效救济，因为不同的法院会有不同的判决结果。但如果从法理及司法制度的层面分析，应当说这一问题并不存在模糊空间，股东不履行清算义务应当承担法律责任。

从法理角度而言，既然由于股东不履行或怠于履行清算义务给债权人造成实际损害，就应该由股东承担侵权赔偿责任。因为公司解散后注销前，虽然法律人格依然存在，但行为能力受到限制，不得从事与清算无关的经营活动，如果股东不及时成立清算组，公司执行机关必将缺位，由此给债权人造成实际损失的，其原因并不是公司的行为，而是股东客观上不履行或怠于履行清算义务的行为。既然股东不履行或怠于履行清算义务的行为与债权人的损害存在着因果关系，而且主观上存在着过错，就应承担侵权损害赔偿责任。

从法律的角度而言，虽然目前法律对这一问题并未明确，但为了弥补立法之不足，解决司法实践中的混乱，最高人民法院在《公司法司法解释（二）》中提出了扩张性的司法标准，如：有限公司解散后，股东未及时成立清算组启动清算程序，导致公司财产贬值、流失、毁损或者灭失，或者怠于履行清算义务，导致公司主要财产、账册、重要文件等灭失，无法进行清算的，以及恶意处置公司财产给债权人造成损失，股东均应承担损害赔偿的责任；未经依法清算，以虚假的清算报告骗取公司注销登记的，股东应对公司债务承担相应的赔偿责任；公司的实际控制人存在上述行为，也应承担相应的损害赔偿责任。可以说，在制度层面，股东不履行清算义务就应当承担损害赔偿责任等相应的法律后果。

本案中，一房公司被工商部门吊销营业执照后，其法律人格并未消灭，其与清算有关的活动能否依法正常开展，有赖于清算义务人建行钦州支行是否正确、全面地履行其法定义务。但一房公司被吊销营业执照后，建行钦州支行根本没有成立清算组，启动清算程序，反而指派其职员以一房公司名义委托他人拍卖商品房，并将拍卖所得款项用于偿还银行贷款而非优先偿还工程款，这种行为是否为恶意暂且不论，但该行为确已违背清算义务人的义务内容，严重损害债权人郭某某的合法利益，建行钦州支行理应承担损害赔偿责任。

检察实务点评

在最高人民法院《公司法司法解释（二）》颁布前，新、旧《公司法》都没有明确规定公司解散后股东的清算义务以及法律责任，给司法实践带来诸多不和谐的因素，不同法院对同一类案件时常会出现迥然不同的判决，致使公司债权人的合法权益在公司解散环节得不到有效的保障，本案一审、二审法院判决结果即为最好的例证。

本案中，抗诉机关通过认真审查，牢牢把握住“建行钦州支行作为一房公司股东应承担公司解散后的清算义务”这一关键，并以此为主要抗点，根据钦州市建设局和建行钦州支行达成的一房公司的关闭协议、钦州市工商局吊销一房公司营业执照文件内容等事实和《民法通则》、《公司法》、《企业法》等法律规定，多路径、多视角地论证说明，具有较强的论理性和说服力。在确立了建行钦州支行的清算义务后，又从行为表现、主观过错、客观后果等几方面分析论证了建行钦州支行不履行清算义务的行为构成了对郭某某的侵权，堵住或削弱了建行钦州支行可能的抗辩。此外，抗诉机关还从建设工程拍卖后优先清偿工程款的角度，再次说明建行钦州支行行为的不法性，对主抗点进行补强。可以说，抗诉机关抗诉理由的选择与论证是非常成功的，获得了再审法院的完全支持。

美中不足的是，检察机关在抗诉书中没有注意到清算义务人和清算人之间的差别，对清算主体的界定较为模糊，而这一点后来又为再审法院所采用，实有厘清之必要。

实例9 债务转移与第三人代为履行的差异

——刘某与广西梧州市民安房地产开发有限责任公司、广东廉江市住宅建筑安装工程公司梧州分公司商品房买卖合同纠纷抗诉案评析

案例简介

◇基本案情

申诉人（一审被告、二审上诉人）：刘某。

被申诉人（一审原告、二审被上诉人）：广西梧州市民安房地产开发有限责任公司。

被申诉人（一审第三人、二审被上诉人）：广东廉江市住宅建筑安装工程公司梧州分公司。

1999年5月28日，申诉人刘某与郑某某共同出资，以广东廉江市住宅建筑安装工程公司梧州分公司（以下简称廉江公司）的名义与广西梧州市民安房地产开发有限责任公司（以下简称民安公司）签订民安住宅楼A栋《建设工程施工合同》，约定民安A栋住宅楼由廉江公司承建。合同履行过程中，由于民安公司逾期支付工程款和廉江公司延期交付楼房等原因产生纠纷，双方提交仲裁。2001年11月6日，双方达成仲裁调解协议，约定：民安公司“销售”两套房给廉江公司，购房款在工程结算时在工程款中扣除，多退少补。廉江公司保证在2001年11月25日将工程竣工验收，交付民安公司使用。仲裁期间，刘某向郑某某提出退出该工程并退回投资款，郑

某某同意，因无法归还刘某的投资款，经与民安公司协商，三方同意以仲裁调解协议中约定的民安公司销售给廉江公司的两套商品房直接折抵投资款退还给刘某。2001年11月6日，民安公司与刘某签订民安合字（2001）第29号、民安合字（2001）第30号《商品房买卖合同》，约定由刘某购买民安公司开发的民安B栋二单元201房、民安A栋一单元303房各一套，总房价30.06万元，购房款一次付清。民安公司给刘某出具了收款收据，注明此款从廉江公司的工程款中缴交，等工程结算后多退少补。同日，民安公司、廉江公司签订了《民安A栋施工合同补充协议》，约定："甲方同意以民安A栋一单元303房及民安B栋二单元201房销售给乙方，由乙方刘某购买，两套房款合计30.06万元，以上两套房款在A栋工程款结算中以多退少补的形式予以扣除。"刘某在协议上签上"上述购房合同经办人刘某"。同年11月18日，廉江公司向刘某出具《保证书》，载明："该两套房款共计叁拾万零陆佰元整（¥300600元）。(此款是我公司还给刘某的投资款。）该款由我公司与梧州市民安房地产开发有限责任公司在民安A栋工程款中缴交，在竣工验收一个月内工程结算款扣除。若该工程结算款不够扣除房款，由我公司支付所欠款项目，并负责向梧州市民安房地产开发有限责任公司办理正式购房发票手续给刘某。我公司保证不管与梧州市民安房地产开发有限责任公司发生任何经济纠纷，一切经济责任与刘某无关，由我公司负一切经济责任。"此后，民安公司将房屋交付给刘某使用至今。2004年9月4日，民安公司与廉江公司对民安A栋工程进行结算，确认民安公司应付工程余款共39393.75元给廉江公司，并由廉江公司按协议将余款折抵了房款。同月13日，民安公司向刘某发出欠房款261206.25元的交款通知。刘某认为，债务实际上三方已有约定，应由廉江公司负责支付。民安公司经多次催收无果，遂向梧州市长洲区人民法院提起诉讼。

◇诉讼过程

一审情况

梧州市长洲区人民法院审理后认为，民安公司与刘某签订的两份商品房买卖合同和民安公司与刘某、廉江公司签订的《民安A栋施工合同补充协议》，是在协商一致的基础上签订的，没有违反法律规定，合法有效，对三方当事人均具有约束力。工程结算时，民安公司已扣除廉江公司的工程余款39393.75元，尚有购房余款261206.25元没有支付。刘某在民安公司催告后仍未支付购房余款，已构成违约，民安公司要求解除合同的请求合理合法。本案是商品房买卖合同纠纷，民安公司是债权人，刘某是债务人，由于第三人廉江公司不按约定履行代刘某付款的义务而造成违约，其违约责任应由商品房买卖合同的债务人即刘某承担。据此，梧州市长洲区人民法院作出（2005）长民初字第60号民事判决：（一）解除刘某与民安公司签订的民安合字（2001）第29号和民安合字（2001）第30号商品房买卖合同；（二）民安公司返还工程款39393.75元给刘某；（三）刘某将该两套商品房退回民安公司。

二审情况

刘某不服一审判决，上诉至梧州市中级人民法院。梧州市中级人民法院审理后认为，刘某、民安公司、廉江公司签订的《民安A栋施工合同补充协议》和民安公司出具的购房临时收据，约定了原约定出售给廉江公司的商品房由刘某购买，付款方式是“在工程结算时抵扣”，房款由廉江公司代为支付。但《民安A栋施工合同补充协议》并未对刘某与廉江公司之间关于支付购房款的债务转移法律关系进行约定，廉江公司在2001年11月18日写给刘某的《保证书》，既未送达给民安公司，更未经民安公司事后认可，对民安公司没有约束力。工程结算时，民安公司按约定已扣除了廉江公司的工程余款，其余购房款在催告后刘某仍未支付，其已构成违约。据此，梧州市中级人民法院作出（2005）梧民终字第 175 号民事判决：驳回上诉，维持原判。

抗诉意见

刘某不服二审判决，向梧州市人民检察院提出申诉，梧州市人民检察院提请广西壮族自治区人民检察院抗诉。自治区人民检察院审查后认为：民安公司与廉江公司签订的《民安 A 栋施工合同补充协议》和刘某在该协议上签署的“上述购房合同经办人刘某”字样，以及民安公司出具给刘某的购房收款收据中注明的内容，证明了民安公司已同意购房款由廉江公司支付，交款义务人是廉江公司。房款是否付清，是民安公司与廉江公司之间的债权债务关系，与刘某无关。另外，刘某所购买的商品房，是先由民安公司销售给廉江公司，再由廉江公司销售给刘某以折抵廉江公司退给刘某的投资款，对民安公司的付款义务人理应是廉江公司，二审法院确认民事法律关系主体存在错误。遂于 2007 年 3 月 8 日向广西壮族自治区高级人民法院提出抗诉。

再审结果

广西壮族自治区高级人民法院受理检察机关抗诉后，指定梧州市中级人民法院再审。梧州市中级人民法院再审后认为，民安公司与廉江公司签订的《民安 A 栋施工合同补充协议》及民安公司与刘某签订的两份购房合同均为合法有效。补充协议中，民安公司与廉江公司明确约定了刘某购买的两套商品房房款由廉江公司在其承建的民安公司的 A 栋工程款中扣除，多退少补，说明刘某购买的两套商品房房款的支付义务已转移由廉江公司承担。而刘某未实际付款，但民安公司向刘某出具了全部购房款收据的行为，也充分说明民安公司认可刘某已履行了付款义务。民安公司应与廉江公司妥善处理好在工程款中扣除该两套商品房房款的问题。为此，梧州市中级人民法院于 2008 年 1 月 17 日作出判决：（一）撤销梧州市长洲区人民法院作出（2005）长民初字第60号民事判决；（二）撤销梧州市中级人民法院作出（2005）梧民终字第175号民事判决；（三）驳回民安公司的诉讼请求。

问题的提出

债务转移与第三人替代履行的差异如何？

债务转移与第三人替代履行是合同履行中的常见现象。对此，我国《民法通则》第91条规定："合同一方将合同的权利、义务全部或者部分转让给第三人的，应当取得合同另一方的同意，并不得牟利。依照法律规定应当由国家批准的合同，需经原批准机关批准。但是，法律另有规定或者原合同另有约定的除外。"我国《合同法》第84条也规定："债务人将合同的义务全部或者部分转移给第三人的，应当经债权人同意。"可以说，我国民事法律对合同债务转移持不否定态度，并作出了比较明确的规定。至于第三人替代履行，我国《民法通则》虽未涉及，但《合同法》第65条规定："当事人约定由第三人向债权人履行债务的，第三人不履行债务或者履行债务不符合约定，债务人应当向债权人承担违约责任。"应当说，法律态度也相当明确。在理论上，学界对债务转移与第三人替代履行历来持肯定态度，而且对两者的适用条件、法律后果、追诉主体研究得比较透彻，没有多少模糊空间。然而，从司法实践上看，近年来频繁出现许多涉及债务转移与第三人替代履行之争的诉讼，许多民众对这两者的差异显然并不十分清楚。更值得关注的是，在这类诉讼中，不同法院对同一案件的审判结果也经常出现巨大差异。

本案中，民安公司与刘某签订的商品房买卖合同以及2001年11月6日与廉江公司签订的《民安A栋施工合同补充协议》，都是当事人真实的意思表示，未违反法律的规定，亦不损害第三人和社会公共利益，因此各方对上述合同的合法有效性并无争议。但是，对于刘某在商品房买卖合同中债务的履行方式，即该债务到底是已转移给廉江公司还是由廉江公司作为第三人替代履行，各方的态度迥然不同。一审、二审法院认为本案属于商品房买卖合同纠纷，民安公司是债权人，刘某是债务人，廉江公司是代为履行义务的第三人，廉江公司不按约定履行义务而造成违约，违约责任应由债务人刘某承担。抗诉机关与再审判决则认为，根据三方的明确约定，刘某的付款义务已经转移给了廉江公司，廉江公司才是债务人，刘某并不是本案一审适格的被告，民安公司的诉讼主张没有法律依据。这样的争议看似简单，实则体现了这一问题在司法实践中的操作难度。

法理分析

1. 法律构件不同：债务转移必须取得债权人的同意，且第三人参与债的法律关系

债务转移，也称债务承担，是指债权人或债务人与第三人订立转让债务协议，将债务转移给第三人，由第三人向债权人履行。债务转移不同于债务第三人替代履行。后者是指债权人与债务人约定由第三人代替债务人履行债务或者第三人自愿为债务人履行债务。[①]两者虽然都是由第三人向债权人实际履行债务，但成立的法律要件存在明显区别。

债务转移的成立需要具备两大特征：一是根据《合同法》第84条的规定，债务人与第三人达成转让债务的协议要取得债权人的同意，否则债务转移不发生效力；二是在得到债权人同意后，第三人参与到债权人与债务人的法律关系之中，成为债的主体，即成为新

① 王利民：《合同法研究》（第二卷），中国人民大学出版社2003年版，第59—60页。

的债务人。在债务全部转移的情况下，原债务人退出该法律关系，第三人成为法律关系的主体，取代了原债务人的地位，原债务人与债权人之间的法律关系消灭。如果只是部分转移债务，则第三人与原债务人成为该法律关系的共同债务人，分别在其承担的债务范围内对债权人承担责任。相对而言，第三人替代履行的成立要件有所不同：一方面，在第三人替代履行的情形中，第三人履行是单方法律行为，是否愿意承担该项合同义务，仅需作出同意的意思表示即可，不需要取得债权人的同意。法律之所以鼓励第三人代为履行债务，是因为通常情况下，此种代为履行有利于债权的实现，从而有利于维护交易安全与和谐稳定的社会经济秩序。另一方面，在第三人替代履行的情形中，第三人不参与债权人与债务人的法律关系，不会成为合同的当事人。第三人之所以向债权人作出履行，要么是因为债权人与债务人在合同中为其设定了义务，要么是第三人完全出于自愿。在这两种情况下，第三人均不因为参与了对债权人的履行而成为该法律关系的主体。因为根据合同相对性的特点，合同的当事人不能为他人设定义务。在合同当事人为他人设定义务时，第三人虽然表示接受，但并没有发生债务的转让。①

本案中，纠纷的起因是廉江公司同意为刘某支付其购买的民安公司销售的两套商品房的购房款，作为刘某撤出廉江公司的投资款，争议的焦点是刘某、民安公司、廉江公司达成的《民安A栋施工合同补充协议》到底形成何种法律关系——是债务转移还是第三人替代履行？从法律构件的角度分析，原来刘某与郑某某达成的，关于将经仲裁调解协议确定的、理应由民安公司销售给廉江公司的两套商品房转由刘某购买，由廉江公司向民安公司支付购房款的协议，

---

① 王利民：《合同法研究》（第二卷），中国人民大学出版社2003年版，第62—65页。

本应只约束刘某和廉江公司，形成廉江公司代替刘某向民安公司履行支付义务的法律关系。但随后刘某与廉江公司之间的约定，却得到了债权人民安公司的确认，2001 年 11 月 6 日民安公司、廉江公司签订的《民安 A 栋施工合同补充协议》明确约定："甲方同意以民安 A 栋一单元 303 房及民安 B 栋二单元 201 房销售给乙方，由乙方刘某购买，两套房款合计 30.06 万元，以上两套房款在 A 栋工程款结算中以多退少补的形式予以扣除。"这表明作为商品房买卖合同债权人的民安公司，已经明确同意由廉江公司代替刘某履行该两套商品房的付款义务。对于这一法律关系，刘某在该协议上签上"上述购房合同经办人刘某"，廉江公司又向刘某出具《保证书》，保证"若该工程结算款不够扣除房款，由我公司支付所欠款项目……一切经济责任与刘某无关，由我公司负一切经济责任"。可以说，民安公司、廉江公司和刘某三方就该两套商品房房款的支付问题已作出了明确的约定，即由廉江公司代替刘某履行付款义务。从后来发生的事实看，刘某购房后未付款民安公司就给其开具已经付款的收款收据，这也说明民安公司实际上认可刘某不需承担付款义务或者说同意由廉江公司过后再履行该付款义务。如果说仅从各方达成的协议还不能精确确认刘某的付款义务已经转移给廉江公司的话，那么，刘某与民安公司签订的商品房买卖合同以及民安公司出具给刘某的收款收据，则可以得出非常肯定的结论：本案中，刘某的购房付款义务已经转移给廉江公司。

2. 法律后果不同：债务转移产生债务转移到第三人的法律效果，第三人替代履行不具有这种效果

在债务转移情况下，由于第三人加入到债的法律关系中成为债务人，债的主体发生了变化，第三人作为新的债务人，理应对债权人承担履行债务的义务以及不履行、不正确履行该义务的法律后果。如果第三人不履行或不适当履行，将对债权人承担违约责任。而原债务人如果退出债的法律关系（即债务全部转移给第三人），将不再对债权人负有履行的义务，债权人也自然不能对其主张第三人的违约责任。在第三人替代履行中，由于第三人未加入到债权人与债务人的合同法律关系中，其不是债务主体，而只是债务履行辅助人，自然就不需承担必须履行债务人之债务的法律责任。如果第三人不对债权人履行债务或者不适当履行债务，对债权人并不构成违约，即便与债务人存在协议，也只向债务人承担相应的法律责任，而不需向债权人承担违约责任。换言之，在第三人未履行或履行存在瑕疵的情况下，债权人只能向债务人主张违约责任，即由债务人向债权人承担第三人不履行或不适当履行的法律责任。

这种不同的法律后果，在诉讼中具有双重意义。一方面，对正确认定和区别债务转移和第三人替代履行有帮助。司法机关可以从当事人之间的协议及其相关行为所产生的实际后果界定其法律关系。另一方面，不同的法律后果意味着诉讼主体、诉讼结果的不同。在债务转移中，第三人成为债之法律关系的主体，在其不履行债务或不适当履行债务，债权人诉至法院时，第三人要么是唯一的被告（债务全部转移时），要么和债务人成为共同被告（债务部分转移时）。而在第三人替代履行中，第三人不履行或不适当履行的，债权人起诉的只能是债务人，不能将第三人列为被告。

本案涉及的法律关系错综复杂，正确认定刘某购房产生的付款义务是否已转移给廉江公司，是正确处理纠纷的关键。而要做到这一点，需要从各方行为本身的法律效果等多种角度进行分析。其一，刘某付款义务的产生，是基于廉江公司的权利让与。刘某之所以购买该两套商品房，是因为民安公司与廉江公司发生合同履行纠纷进行仲裁并达成调解协议，约定由民安公司将该两套商品房出卖给廉江公司，购房款则在工程结算时从工程款中扣除，多退少补。这里的“出卖”，应该不同于向一般商品房买受人的出卖，因为这是基于仲裁调解协议的出卖，是民安公司对廉江公司的一种补偿方式（即这两套商品房的买卖价格应低于出售给其他一般交易主体的价格）。换言之，签订商品房买卖合同是对调解协议的履行，是民安公司应该履行的法律义务，也是廉江公司的权利。之后，廉江公司经与民安公司协商，将其权利让于刘某，约定由民安公司直接将该两套商品房出售给刘某。因此，根据《合同法》第79条和第80条第1款的规定，可以认定，廉江公司将其在仲裁调解协议中所获得的优惠购房权利让与给了刘某，并取得了民安公司的同意。其二，廉江公司向刘某让与优惠购房权，是基于对刘某退出廉江公司的补偿。刘某作为廉江公司的投资者之一，退出廉江公司时要求取回投资款合情合理，也得到廉江公司另一投资人郑某某的认可，双方同意以廉江公司拟购买的两套商品房折抵刘某的投资款。其三，各方对民安公司出售两套商品房给刘某，由廉江公司履行给付义务，并从廉江公司的工程款中扣除达成一致意见。《民安A栋施工合同补充协议》、廉江公司向刘某出具《保证书》等书证很清楚地体现了这一点，民安公司、刘某都履行了基于该协议的义务：民安公司将房子交付刘某，刘某退出廉江公司并不另外追偿投资款。

基于以上几方面的事实及其法律效果的分析，应当说各方的行为已经实际产生了将刘某购房付款义务转移给廉江公司的法律效果。首先，刘某为要回投资款，与廉江公司商定以房抵债，并与民安公司签订购房合同，实际占有商定折抵投资款的两套商品房，其不仅在意识层面上明示将支付房款义务转移给廉江公司，而且在实际行为上已经付诸实施。其次，廉江公司为了退回刘某的投资款，同意以房抵债，并保证从工程款中支付购房款，承担因购房产生的各种经济、法律责任，其后也确实从工程结算余款中支付了部分购房款，这些事实表明廉江公司已明确同意接受来自购房的债务，而且实际履行了该债务。至于其后因工程结算余款不足以抵扣购房款引起的纠纷，并不影响其已经接受债务转移之事实，更不能否定其同意债务转移所产生的法律效果。最后，民安公司向刘某出售房屋实际上是履行仲裁调解协议所约定的义务，按照该协议，本来支付约定购房款的主体就是廉江公司，廉江公司出于自身原因要求将房屋直接交付给刘某、购房款由廉江公司支付的行为，对民安公司没有任何损害。民安公司同意廉江公司、刘某提出的这种做法，既合乎情理，也是本案的事实。尤其是民安公司不仅与刘某签订购房合同，将房屋交付刘某，还在未实际收到购房款的情况下给刘某开具收款收据，一系列行为已经表明民安公司不仅了解、同意刘某与廉江公司的债务转移，而且还以实际行为促成这一转移。综上，可以肯定，三方的行为已经产生了刘某退出与民安公司的债权债务关系，廉江公司承担刘某购房债务的法律效果，刘某与廉江公司之间发生了债务转移。廉江公司不履行或者不正确履行债务，民安公司只能依法向廉江公司主张权利，不能起诉刘某。

检察实务点评

本案看似简单，实则蕴涵复杂的法律关系，以至于一审、二审法院虽从多个视角分析、论证仍不能抓住争议的实质和关键。抗诉过程中，检察机关围绕商品房买卖合同、各方达成的补充协议、廉江公司对刘某的《承诺书》、民安公司与刘某房屋交易的实际情况，从多个角度进行剖析，明确并论证了刘某支付购房款之义务已经转移这一核心问题，分析案情层层递进，论证理由步步为营，产生了剥茧抽丝之效果。

当然，检察机关虽然抓住了主要抗点，并从多个视角对抗点进行论证，抗诉主张也多为再审法院采纳，但客观分析可以发现，检察机关对某些抗点的论述尚缺乏足够深度，还有进一步的引申和发挥的空间。如在说明商品房买卖合同的法律关系时，抗诉机关指出，刘某所购买的两套商品房，实际上是先由民安公司销售给廉江公司，再由廉江公司销售给刘某，用以折抵郑某某应退给刘某退出廉江公司时刘某在廉江公司的投资款，并由此得出对民安公司的付款义务人当然就是廉江公司的结论。这样的论证，依据稍有不足，甚至有点牵强。再如，抗诉机关在分析原一、二审法院确认民事法律关系主体错误时，引用了《合同法》第84条和第65条，指出刘某并非是订立仲裁和解协议和补充协议的当事人，不应当由他承担义务，但抗诉机关并没有明确指出刘某诉讼主体不适格的具体原因。可以说，抗诉机关在选择抗点和对抗点进行说理时，全面性、充分性还可以进一步提高。

实例 10 合同成立纠纷案件的举证责任分配

——唐某某与张某某民间借贷纠纷抗诉案评析

案例简介

◇基本案情

申诉人（一审被告、二审被上诉人、再审申请人）：张某某。

被申诉人（一审原告、二审上诉人、再审被申请人）：唐某某。

本案被申诉人唐某某向桂林市象山区人民法院起诉，称2000年11月25日申诉人张某某因炒外汇缺少资金向其借款人民币64000元，并承诺分三次在2001年11月30日前还清。但张某某于2000年12月3日还款10000元时，以改写借条为由将借条原件拿走，拒不归还。唐某某向桂林市110警务大队报警后，公安民警及时赶到进行处理，了解有关情况并作了记录，但张某某仍不归还。2001年11月30日，还款期限届满，唐某某向张某某追索余款，张某某拒不返还。

一审、二审时，张某某一直否认其曾向唐某某借款。再审时，唐某某在庭上陈述，所谓借款实际上是两人进行外汇买卖时张某某未付足的余款。2000年11月13日，唐某某将400万日元卖给张某某，张某某给付其人民币260374元，尚欠人民币54000元。但张某某对此予以否认，并称未与唐某某进行过买卖外汇。

◇诉讼过程

一审情况

桂林市象山区人民法院认为，原告唐某某向被告张某某主张债权却未能提供借据原件，所提供的复印件遭被告否认，又无其他有效证据予以证实，相关证人证言因有利害关系证据效力薄弱，不能证实讼争的借款事实及被告撕毁借条之行为成立。派出所提供的材料只是客观记录了唐某某报案的过程和事由，并不能证实本案争议事实的存在。2002 年 12 月 13 日，桂林市象山区人民法院作出（2002）象民初字第 1241 号民事判决：驳回唐某某的诉讼请求。

二审情况

唐某某不服一审判决，上诉到桂林市中级人民法院。桂林市中级人民法院审理认为，唐某某虽然以借条复印件为依据主张债权，但有相关的报警记录和无利害关系的证人证言佐证，且在二审审理期间，唐某某要求对借条复印件上张某某的指纹做鉴定，张某某拒绝配合以致无法进行科学鉴定，上诉人唐某某的诉讼请求足以采信。2003 年 9 月 30 日，桂林市中级人民法院作出（2003）桂市民终字第 169 号民事判决：撤销象山区人民法院（2002）象民初字第 1241 号民事判决，由被上诉人张某某偿还上诉人唐某某借款 54000 元。

再审情况

张某某不服二审判决，向桂林市中级人民法院提出再审申请。桂林市中级人民法院再审后认为：张某某与唐某某因炒卖外汇而相识。2000 年 11 月 13 日，唐某某将 400 万日元卖给张某某，张某某给付其人民币 260374 元，尚欠人民币 54000 元。唐某某在再审过程中当庭承认讼争的 54000 元是双方买卖外汇时张某某所欠，并非其在原审中所称张某某因炒外汇缺少资金向其借款。本案双方当事人口头协议买卖外汇并已私下交易，已成立买卖合同关系，原审将本案案由定为借款纠纷有误，应予以纠正。根据我国《外汇管理条例》的规定，本案双方外汇买卖合同应为无效，双方因该行为所取得的财产应相互返还。2004年10月18日，桂林市中级人民法院作出（2004）桂市民再字第35号民事判决：（一）撤销本院（2003）桂市民终字第169号民事判决和桂林市象山区人民法院（2002）象民初字第1241号民事判决；（二）由被申请人唐某某返还给申请再审人张某某人民币260374元，再审申请人张某某返还给被申请人唐某某400万日元（按2000年11月13日当时外汇牌价折合人民币返还）。

抗诉意见及终审结果

张某某不服，向桂林市人民检察院提出申诉，桂林市人民检察院提请广西壮族自治区人民检察院抗诉。自治区人民检察院审查后认为，所谓2000年11月13日唐某某将400万日元卖给张某某，张某某给付其人民币260374元，尚欠人民币54000元的事实，仅有唐某某一个人在再审庭审过程中的当庭陈述，申诉人张某某并不承认，唐某某也没有向法庭提供其他相关证据，桂林市中级人民法院对此予以认定，证据不足。而且，再审时唐某某承认讼争的54000元实际上是双方买卖外汇时张某某所欠，这等于向法院提出了新的诉讼请求，法院应告知其另行起诉，而直接更改案由，判决唐某某、张某某双方相互返还财产属超越审判权限，违反法定程序。遂于2005年10月8日向广西壮族自治区高级人民法院提出抗诉。

广西壮族自治区高级人民法院受理检察机关抗诉后，经审理认为，原审判决适用法律有误，实体处理不当，遂作出（2006）桂民再字第62号民事裁定：驳回唐某某的起诉。

问题的提出

合同成立纠纷案件举证责任如何分配？

举证责任是民事诉讼的脊椎，在许多情况下可以决定诉讼的结果。举证责任分配是举证责任的核心，在民事审判实践中具有极其重要的作用。我国《民事诉讼法》第 64 条规定，“当事人对自己提出的主张，有责任提供证据”，明确了“谁主张，谁举证”的基本举证责任分配原则。《最高人民法院关于民事诉讼证据的若干规定》（以下简称《若干规定》）在此基础上对举证责任分配进一步细化，其中第 2 条规定：“当事人对自己提出的诉讼请求所依据的事实或者反驳对方诉讼请求所依据的事实有责任提供证据加以证明。没有证据或者证据不足以证明当事人的事实主张的，由负有举证责任的当事人承担不利后果。”第 5 条规定：“在合同纠纷案件中，主张合同关系成立并生效的一方当事人对合同订立和生效的事实承担举证责任；主张合同关系变更、解除、终止、撤销的一方当事人对引起合同关系变动的事实承担举证责任。”应当说，我国民事诉讼的举证责任分配机制，特别是因合同纠纷引起的民事诉讼的举证责任分配机制是相当明确的。

然而，司法实务中，民事诉讼举证责任分配法律机制的规范性、引导性、操作性却时常受到挑战和质疑，司法人员的理解和把握常常有所不同，司法判例更是花样百出。就如本案，争议的事实非常简单，诉讼过程却一波三折：先是唐某某以借条复印件为依据主张债权，一审法院认为证明力不足不予认定；继而二审法院认为被上诉人张某某否认借款事实亦应负举证责任，无法证明就应承担举证不能的责任；其后再审法院以导致当事人欠款的行为违法为由，判决合同因违法无效，双方相互返还财产；最后广西壮族自治区高级人民法院以新诉讼请求应当另行起诉为由；驳回唐某某的起诉。整个诉讼过程，争议的当事人、不同审级的法院及抗诉的检察机关对争议合同成立与否举证责任分配的理解存在着不小的差异，这样的情形，从某种程度上为举证责任分配成为民事诉讼最根本，也是最老生常谈的问题作出了实践注释，说明这一问题在很长一段时期内，都仍有理论研究与制度完善的必要。

法理分析

1. 合同成立纠纷案件举证责任的理论分析

举证责任分配制度是民事诉讼的核心制度之一，在案件事实真伪不明时，没有规范的举证责任分配制度，必然导致裁判的随意性，有损司法的公正与权威。正因如此，历史上举证责任分配制度一直是民事诉讼制度和理论的核心问题。

举证责任分配制度要解决的问题是案件事实真伪不明时如何实现公正。基于对公正的不同理解和需求，不同时期、不同学者对举证责任分配制度的期望自然有所不同，以至于历史上有关举证责任分配规则的学说众多，成为法学研究的一大奇观。最早的举证责任分配制度源自罗马法，罗马法学家对于举证责任分配问题提出了原告应负有举证义务以及举证义务存在于主张之人、不存在于否认之人两大原则，为后世创立了榜样。19 世纪末，罗马法的上述两原则经不断发展，在西方国家法制中逐渐演变为原告就其诉讼原因事实举证，被告就其抗辩要件事实举证之原则。但这一原则在经济与社会不断发展的趋势下，难以完全适应各种不同情形的审判实践的需要。为此，学者纷纷创立各种不同学说，期待能更圆满、更公正地解决举证责任分配问题。在众多理论中，德国学者罗森伯格（Leo Roseberg）主张将民事实体法条文划分为四个类型，诉讼中当待证事实不明，且双方当事人均不能予以证明时，法官可以据此对待证事实进行归类，以确定应负举证责任的当事人，凡承担举证责任的人无法证明的，就要承担败诉的风险。这一学说克服了其他一些理论的弊端，成为当今世界举证责任分配理论的通说。

我国现代民事诉讼合同纠纷案件举证责任分配制度及其理论，深受罗森伯格法律要件分类说的影响。一般认为，作为证明对象的合同法律事实，依据其引起的法律后果不同，分为产生合同权利义务关系的事实，变更合同权利义务关系的事实，消灭合同权利义务关系的事实，阻碍合同权利义务关系产生、变更、消灭的各种事实四类。凡主张合同权利义务关系成立的当事人，应就合同权利义务关系成立的各要件事实负举证责任，对妨碍合同权利义务关系发生的事实不负举证责任，其由对方当事人承担。凡主张合同权利义务关系变更或消灭的当事人应就合同权利义务关系变更或消灭的各要件事实负举证责任，对于妨碍权利义务关系变更或消灭的事实不负举证责任，而由对方当事人负担举证责任。这些基本的、主流的理论观点，充分吸收了法律要件分类说的精华，又与罗森伯格的思想有所不同。如关于合同生效要件，我国学者大多认为应由主张权利存在者承担举证责任，而罗森伯格将合同有效要件区分为权利成立要件和权利妨碍要件，权利成立要件由主张权利存在者承担，权利妨碍要件由主张权利不存在者承担。

从理论层面而言，应当说我国对合同纠纷举证责任分配机制的研究并未明显落后于世界的步伐，尽管其对立法的影响力、对实务的指引力似乎还略显不足，但对于合同成立纠纷案件，由主张合同成立的当事人负举证责任已经成为理论上的定律。在本案不同的诉讼阶段，唐某某一直主张其与张某某之间存在借贷合同关系，而张某某则一直主张两人之间不存在任何借贷合同关系，无论从哪一个理论角度分析，都应当由唐某某对借贷合同关系的存在承担举证责任，如无法证明，就应当承担举证不能的法律后果。二审法院认为张某某否认借贷合同关系存在应当承担举证责任，这是对“谁主张，谁举证”原则的误读与误用。罗马法学家提出“举证义务存在于主张之人，不存在于否认之人”正针对的是积极事实与消极事实截然对立这种情形，在此情形之下要求双方当事人都承担举证责任不可能得出一个公认的裁决，对否认争议事实存在的当事人更是不公平，毕竟不存在的事实不可能举证。再审法院虽然在认定事实上与二审法院有所不同，但只凭唐某某一人关于借款实为双方买卖外汇时张某某的欠款就认定欠款事实存在，并以合同违法为由作出判决，也存在与二审判决一样的对举证责任分配把握不准的错误。无论唐某某主张的借款理由是什么，无论借款是否合法，唐某某都要对双方借贷关系存在承担举证责任，举证不能是无法认定其主张的事实的。

2. 合同成立纠纷案件举证责任的制度分析

我国确立合同成立纠纷举证责任分配的法律规范主要有四个方面。一是《民事诉讼法》第 64 条规定："当事人对自己提出的主张，有责任提供证据。"二是《若干规定》第 2 条规定："当事人对自己提出的诉讼请求所依据的事实或者反驳对方的诉讼请求所依据的事实有责任提供证据加以证明。没有证据或者证据不足以证明当事人的事实主张的，由负有举证责任的当事人承担不利的后果。"三是《若干规定》第 73 条规定："双方当事人对同一事实分别举出相反的证据，但都没有足够的依据否定对方证据的，人民法院应当结合案件情况，判断一方提供证据的证明力是否明显大于另一方提供证据的证明力，并对证明力较大的证据予以确认。因证据的证明力无法判断导致争议事实难以认定的，人民法院应当依据举证责任分配的规则作出裁判。"四是《若干规定》第 5 条规定："在合同纠纷案件中，主张合同关系成立并生效的一方当事人对合同订立和生效的事实承担举证责任；主张合同关系变更、解除、终止、撤销的一方当事人对引起合同关系变动的事实承担举证责任。"对于这四方面的内容，有些司法人员认为虽然整体上体现了合同成立纠纷举证责任分配制度的基本方面，但各方面内容的衔接性存在一定模糊空间，未能给出一个清晰、明了的分配机制，实务中不好把握。

应当承认，从上述法律规范的具体内容上分析，每项法律要求确实是站在不同的层次上提出，具体内容有一定的差异。但从整体而言，这些法律要求并不存在矛盾，只是体现了逐步具体化的特征。其中，《民事诉讼法》第64条及《若干规定》第2条主要是树立“谁主张，谁举证”的普遍性原则，《若干规定》第73条则为双方当事人都没有足够依据否定对方证据的特殊情形的举证责任提供一个具体的分配准则，《若干规定》第5条则进一步为合同纠纷举证责任分配确立一个基本标准。这种递进的关系实际上是普遍法与特殊法关系的具体体现，只要准确领会就不会产生执法上的偏差。

本案中，唐某某在一审、二审中诉称张某某借款之后拒不归还，实际上是指控张某某拒不履行借贷合同；在再审、终审时，其改称双方炒卖外汇时张某某欠款不还，实际上是指控张某某拒不履行买卖合同。不管是哪一种情况，根据《民事诉讼法》第64条及《若干规定》第2条、第5条、第73条之规定，唐某某都必须对此主张承担举证责任，如不能证明，就必须承担举证不能的法律后果。从实际情况看，唐某某确实也无法提出有力证据对自己的诉讼主张进行证明。因此，依法律规定，其应当承担不利的法律后果。二审、再审法院采信唐某某的诉讼主张明显与我国的证明责任分配制度相背离。在诉讼过程中，张某某一直否认唐某某主张的事实，但也没有提出足够的证据说明。要正确看待张某某诉讼行为的法律后果，就必须明确：其“否认欠款”是不是法律上的“主张”？如果是，张某某是否应当对此承担举证责任？从相关司法解释的规定来看，诉讼意义上的“主张”既包括肯定的主张，也包括否定的主张，张某某否认欠款也是一种法律意义上的“主张”，但对于否定合同关系存在的主张，根据《若干规定》第5条的精神，当事人不需要承担举证责任。因此，即使张某某无充分证据证明其主张，依法也不需承担不利的法律后果。二审判决张某某应承担举证不能的责任，缺乏基本的法律根据。再审判决仅凭唐某某单方主张就认定当事人之间存在炒作外汇事实，实际上也是让张某某承担举证不能的后果，其错误与二审判决并无区别。

检察实务点评

1. 敢于监督，社会效果突出

举证责任分配是民事诉讼最基本的问题。然而，由于理论研究不够深入、法律机制不够完备、司法认识不尽统一，长期以来这一基本问题在许多方面尚未有统一的定论。这种状况加上现实案件的复杂性，使得举证责任分配成为司法实务中困扰司法机关的一大难点。由于法院具有采信证据的裁量权，实践中，法院作出不同的选择常常冠之以“自由裁量”的名义，当事人即使不服也很难实施有效救济，往往难以取得预期效果。本案检察机关敢于在理论和立法存在模糊空间的执法领域实施法律监督，从维护公平正义的高度大胆提出、论证自身观点，抗诉的社会效果突出，彰显了法律监督机关应有的社会功能，具有重要的榜样效果和宣传效果。

2. 立场公道，法律效果明显

本案争议虽然简单，但诉讼过程复杂，法院四次审理的结果都不一样，说明各法院在司法认识上有相当大的差距，这实际上也是相关当事人不服的一个内在根源。现实生活中，确实经常出现一些人抢回欠条赖账不还的情形，基于道德原因，民众对此极其厌恶，但在诉讼中受害人难于举证。因此，唐某某诉称张某某借故要回欠条赖账不还，在诉讼中处于容易得到同情和支持的有利位置，二审、再审法院的处理结果将这种同情转化为实际的支持。但司法工作追求的是公正，司法者在把握事实、运用法律时更应当强调公道之心。检察机关在抗诉过程中显然已经超越道德情绪的困扰，抗诉意见不偏不倚。在事实的把握上，检察机关坚守合同纠纷举证责任分配的基本原则，强调举证责任应有的法律要求；在诉讼程序上，明确指出唐某某提出新的事实主张等于变更诉讼请求，依法不属于再审审理的范围；在实体处理上，论证了认定非法炒卖外汇的权力应当由外汇管理局等相关单位机构行使，再审法院未经外汇主管机构查处和认定就以非法买卖外汇为由作出实体处理，超越审判权限。这些抗诉意见，既紧扣法律规定和司法解释，又切合法理通说和人情伦理，体现了法律监督的浩然正气。

3. 论证充分，抗诉效果斐然

本案争议涉及复杂、深厚的法律问题。在理论不够明确、法律不够完善的大背景下，要全面、有效论证法院判决的错误绝非易事。在抗诉过程中，检察机关把法条与法理结合起来，分析证据入情入理，分配举证责任有根有据，所提出的处理意见建立在多方面充分论证的基础之上，抗诉意见的说服力很强，得到终审法院的全面认可和采纳，为民事行政检察监督树立了一个良好的典范。

实例 11 用电计量装置缺失时用电量的证明责任

——广西大化新生炼钢厂与大化瑶族自治县电业公司拖欠电费纠纷抗诉案评析

案例简介

◇基本案情

申诉人（一审被告、二审上诉人）：广西大化瑶族自治县新生炼钢厂。

被申诉人（一审原告、二审被上诉人）：广西大化瑶族自治县电业公司。

大化瑶族自治县新生炼钢厂（以下简称新生炼钢厂）始建于1993年，属于个人合伙企业，原工商登记为集体企业法人。1996年6月，申诉人覃某之、覃某任、韦某某三人合伙从覃某德手中购买该厂，由覃某之任厂长，但未办理变更登记手续。该厂生产生活用电均由大化瑶族自治县电业公司（以下简称大化电业公司）供给，双方没有签订书面供用电合同。2001年12月，大化县人民政府根据有关政策规定，对五小企业进行清理整顿，新生炼钢厂被停业整顿（营业执照尚未被注销）。2002年3月，大化电业公司未与新生炼钢厂办理任何手续就拆除新生炼钢厂的电表。2003年12月18日，大化电业公司以新生炼钢厂拖欠其电费为由诉至大化瑶族自治县人民法院，请求判令新生炼钢厂偿还拖欠的电费516147.15元。

◇诉讼过程

一审情况

大化瑶族自治县人民法院审理认为，原告大化电业公司与被告新生炼钢厂虽然没有签订书面供用电合同，但双方约定按照电力部门的行业习惯行使各自的权利义务，系双方的真实意思表示，双方之间已形成了口头供用电合同关系。被告覃某之、覃某任、韦某某作为该企业的合伙人，对企业所负债务应承担连带清偿责任。被告辩解其已交清全部电费但未能提供足额的收据来证实，故应承担举证不能的法律后果。被告违约后，原告没有采取停电措施，系对自己合同权利的自由处分，不属于违约行为。被告在欠电费情况下继续用电，原告默许并继续供电，应视为对原合同条款的变更。2004年11月20日，大化瑶族自治县人民法院作出（2004）大民初字第3号民事判决：被告新生炼钢厂支付电费446147.15元（押金70000元已用于抵偿债务）给原告大化电业公司，被告覃某之、覃某任、韦某某对上述债务互负连带清偿责任。

二审情况

新生炼钢厂和覃某之、覃某任、韦某某不服一审判决，向河池市中级人民法院提出上诉。河池市中级人民法院审理认为，被上诉人长期供电给上诉人进行生产经营，在当事人之间已经形成了事实上的供用电合同关系。在供用电过程中，从当事人多年收缴电费的经过来看，当事人之间已经形成了固定的供用电交费习惯，对被上诉人的交费通知，在没有相反证据的情况下，应予确认。从被上诉人提供的交费通知单及上诉人所提供的交费发票统计结果看，上诉人欠电费的事实清楚，一审判决认定事实清楚，适用法律正确。2005年9月1日，河池市中级人民法院作出（2005）河市民一终字第285号民事判决：驳回上诉，维持原判。

抗诉意见

新生炼钢厂和覃某之、覃某任、韦某某不服河池市中级人民法院二审判决，向河池市人民检察院提出申诉，河池市人民检察院提请广西壮族自治区人民检察院抗诉。自治区人民检察院审查后认为，河池市中级人民法院（2006）河市民一终字第285号民事判决依据大化电业公司所提供的59张交费通知单，认定新生炼钢厂尚欠电费516147.15元依据不足。在申诉人欠费的情况下，大化电业公司未采取停电措施，却继续供电，致使欠费行为扩大，其放任行为直接导致了损失，应承担过错责任。遂于2006年7月21日向广西壮族自治区高级人民法院提出抗诉。

再审结果

广西壮族自治区高级人民法院受理检察机关抗诉后，经审理认为，大化电业公司与新生炼钢厂双方之间已经形成了事实上的供用电合同关系。新生炼钢厂申诉提出其在1997年至2001年期间未欠大化电业公司电费的理由成立。原判认定事实部分不清、证据不足，应依法予以纠正。2006年12月21日，自治区高级人民法院作出（2006）桂民再字第184号民事判决：（一）撤销河池市中级人民法院（2005）河市民一终字第285号民事判决和大化瑶族自治县人民法院（2004）大民初字第3号民事判决；（二）驳回大化电业公司对新生炼钢厂、覃某之、覃某任、韦某某的诉讼请求。

问题的提出

用电计量装置缺失时用电量的举证责任由谁承担？

我国《电力法》第33条规定：“供电企业应当按照国家核准的电价和用电计量装置的记录，向用户计收电费。”但当用电计量装置失灵导致所显示的用电量异常或者用电计量装置因某些原因无法提供原始证据时，用电量如何确定就成为一个难题。一旦因此发生诉讼，由哪一方承担举证责任更是值得研究。我国民事诉讼实行“谁主张，谁举证”的证明规则，无论是原告、被告，还是第三人，谁主张一定的事实，包括肯定事实或否定事实，都有责任提供证据加以证实，不能提供证据加以证明的，就要承担不利于自己的法律后果。如果以这一原则对待上述用电量纠纷，实务中极可能出现一种状况：凡提出主张的一方均因无法举证而败诉。本案中，二审法院认为被上诉人大化电业公司与上诉人新生炼钢厂之间已经形成了固定的供用电交费习惯，即每月由被上诉人一方发出电费交费通知，上诉人一方根据该通知缴纳电费，上诉人辩称交费通知单存在虚假内容，但没有提供其他证据证明，应承担举证不能的法律后果，用电量应以被上诉人提交的交费通知单确定。这一判决的逻辑思维十分明显，即争议双方在无用电计量装置证明时对用电量产生纠纷，由诉称交费通知单存在虚假内容的新生炼钢厂承担举证责任。检察机关则认为，大化电业公司擅自拆除电表，对用电计量装置未尽妥善保管义务，在抄录新生炼钢厂使用电量后也未对电表原始记录予以公证，以其所提供的59张交费通知单认定新生炼钢厂尚欠电费516147.15元依据不足。这一主张明显地把举证责任放在大化电业公司身上。可见，用电计量装置缺失时用电量纠纷具有特殊性，承担举证责任的一方往往处于一种天然的举证不能的状况，严格执行“谁主张，谁举证”原则将使诉讼的价值无从体现，而这样的状况应当是不符合民事诉讼举证原则立法初衷的。

法理分析

举证责任在中国司法界早已不是生僻的法律术语，关于证明责任分配的实践更是早已经走到了理论的前头。2001年12月21日发布的《最高人民法院关于民事诉讼法证据的若干规定》（以下简称《若干规定》）中，最重要的内容就是证明责任及其分担，它是对1991年《民事诉讼法》第64条关于“谁主张，谁举证”这一举证责任分配的基本原则所进行的司法解释。然而，通过客观观察和分析就会发现，我国关于举证责任的理论研究还不够深入，关于举证责任分配理论方面的资料确是少之又少，有关举证责任的专著也没有几本。[①] 上述关于举证责任分配准则的司法诠释仍显得笼统，实务中究竟应是原告方举证还是被告方举证，特别是在一些原、被告双方各执一词，客观上又难以举证的状态下，如何分配证明责任才符合公平原则、诚实信用原则，仍需要作进一步的探索与研究。

1. 用电计量装置缺失时用电量举证责任分配的理论分析

在国际上，关于民事证明责任分配主要有两种理论：

一是以罗马法为代表的“待证事实公平说”。它是按照证明对象的性质来分析，主张将待证事实分为积极事实和消极事实，前者为肯定性事实，后者为否定性事实。此说之原则为，主张消极事实者，不负举证责任；主张积极事实者，就该事实负举证责任。其主要论据有二：第一，消极事实不能证明，再不然则证明极为困难；第二，依据因果关系法则，消极事实本身无法引发一定之结果，所以即使对消极事实举证，亦无用处。从事物发生的因果关系考察，积极发生的事实才可能产生结果，消极的事实则一般不产生结果，所以凡属消极事实一般不能成为导致某种结果发生的原因。[②] 如果以此理论观察本案大化电业公司的缴费通知单登记的用电量是否真实这一事实，显然，新生炼钢厂是主张用电量不符的，其性质属于消极的事实；而大化电业公司则主张缴费单中记载的是新生炼钢厂的真实用电量，其性质属于已发生的积极事实。依据“待证事实公平

① 侯利阳：《举证责任分配理论之重构》，载 www. chinalawedu. com。

② ［德］汉斯·普维廷：《现代证明责任问题》，吴越译，法律出版社2000年版，第277页、第309—310页、第326页。

说”，显然应由主张是真实用电量这一积极事实的一方即大化电业公司承担举证责任。如果此说成立，该案中大化电业公司应承担举证不能的责任后果。当然，“待证事实公平说”也存在明显不足之处，从某种角度看，肯定与否定之间的界限有时是难以把握确定的，当事人对同一事实表述不同，其主张事实的归类就有可能改变，而仅仅当事人表述主张的方式不同就导致承担举证责任的不同是不合理的。

二是“法律构成要件分类说”。此说又简称为“规范说”，后来发展成为举证责任分配理论之通说，它是由德国大法学家罗森伯格提出的。罗森伯格认为：“不适用特定的法规范，其诉讼请求就不可能有结果的当事人，必须对法规范要素在真实的事件中得到实现承担主张责任和举证责任。”然后他得出结论——每一方当事人都必须主张和证明对自己有利的法律规范。在此基础上，罗森伯格将法律规范分为四类：第一，权利发生规范，指能够产生一定权利的规范；第二，权利妨害规范，指“从一开始就阻止权利形成规范的效力的产生，以至于后者根本不能发挥其效力，因而其法律效果不发生”；第三，权利消灭规范，指“只是在后来才对抗权利发生规范，以至于相关权利已经产生，但是由于这一相对规范，相关权利又被消灭”；第四，权利排除规范，指“赋予被要求者以形成权，通过该形成权的行使，被要求者排除针对他形成的权利的行使”。罗森伯格用四种法律规范具体阐述他的举证责任分配学说。他认为，主张权利存在的人，应该就权利发生的法律规范所依据的事实承担举证责任，否认权利存在的人应该就权利妨害规范、权利消灭规范和权利排除规范所依据的事实承担举证责任。[①] 罗森伯格的创造性在于，从

① ［德］罗森伯格：《证明责任论》，庄敬华译，中国法制出版社 2002 年版，第 96—103 页。

法律规范相互之间的关系中去发现民事责任分配的原则。他提出，主张权利存在的人，其主张适用于产生权利的规范，因此，应就其权利产生的法律要件事实举证。相应地，否认权利存在的人，应对妨碍该权利的法律要件举证；主张权利消灭的人，应对权利已经消灭的法律要件事实举证；主张权利受制的人，应对权利受制的法律要件事实举证。如果将罗氏“规范说”应用于本案，新生炼钢厂主张的是没有拖欠电费，那么，新生炼钢厂就应对大化电业公司收费权利消灭所依据的事实举证。而大化电业公司关于新生炼钢厂没付完电费的请求在性质上属于权利受制规范，大化电业公司必须就未能实现收费权利所依据的事实承担举证责任，如果不能证明用电缴费通知单上记载的用电量是真实有效的，应当承担举证不能的责任。

以上两种关于民事诉讼证明责任的分配理论学说，尽管有其不完善的、值得进一步探讨的地方，更未成为我国公认的民事诉讼举证责任的理论基础，但“待证事实公平说”作为长久以来得到广泛认可的理念，“法律构成要件分类说”作为当今大陆法系国家和地区的通说，不能说没有任何借鉴之处。事实上，我国提出“谁主张，谁举证”的举证责任分配原则，其理论渊源可追溯到古罗马法学家提出的原告有举证的义务以及提出主张的人有举证的义务、否定的人没有举证的义务两条原则，其现实参照系则是德国法学家罗森伯格的法律要件事实分类说。尽管目前我国关于这一领域的研究尚未形成完整、独特的理论体系，但法学家们的立场，都脱不开这些经实践检验的比较成熟的理论。

举证责任制度的初衷在于最大限度地避免“法官心证”的主观性、随意性，真正实现证据运用的公平、公正。以“待证事实公平说”、“法律构成要件分类说”进行推论的逻辑结果，都是由大化电业公司对真实用电量承担举证责任，这绝不是一种巧合，而是不同理论体系解读公平、公正的自然结果。在用电计量装置缺失不能证明用电量时，如果以“谁主张，谁举证”原则对用电量进行举证责任分配，处于弱者地位的消费者一方必将因举证不能的顾虑而选择忍气吞声，自认倒霉，这种状况会使供电企业变得为所欲为，相应的欺诈行为不能得到有效抵制，这样的结果，绝不是社会经济秩序的福音。

2. 用电计量装置缺失时用电量举证责任分配的法律分析

（1）用电计量装置缺失时用电量的举证责任分配应当根据公平原则、诚实信用原则确定

《若干规定》第 7 条明确规定：“依据法律和司法解释无法确定举证责任承担时，人民法院可以根据公平原则和诚实信用原则，综合当事人综合举证能力等因素确定举证责任的承担。”这一规定是多年实践经验的总结，是针对“谁主张，谁举证”原则消极因素的一个必要补充。现实生活中的争议和诉讼千变万化，一些情况下按“谁主张，谁举证”原则不一定能清楚、准确地划分举证责任，一些情况下按“谁主张，谁举证”原则确定举证责任会产生与公平原则、诚实信用原则相背离的法律后果和社会效果，在这些情形之下，诉讼中的举证责任分配就应当立足于公平原则、诚实信用原则综合考虑。具体而言，应当综合当事人综合举证能力等因素，从公平保护双方权益的目的出发，确定诉讼当事人的举证责任、说服责任以及举证责任的免除和举证不能的救济问题。

我国《电力法》第 31 条规定：“用户应当安装用电计量装置。用户使用的电力电量，以计量检定机构依法认可的用电计量装置的记录为准。”本案中，由于大化电业公司没有与新生炼钢厂办理有关手续就拆除用电计量装置，新生炼钢厂的实际用电量事实上处于无法定证据证明的状况当中。大化电业公司提供的交费通知单虽然有一定的证明作用，但其证明作用更多地体现在已经完成的缴费事实，

对于用户的实际用电量，证明作用并不大。在此情形之下，无论哪一方对实际用电量进行举证都极其困难，如果按“谁主张，谁举证”原则确定举证责任必然有损公平原则与诚实信用原则。鉴于此，这类案件就需要依《若干规定》第7条规定的办法确定举证责任的分配。至于如何分配，必须重点考虑的因素是：（1）造成无法证明的原因。因用户原因致使实际用电量无法证明的（如用户故意损坏用电计量装置），原则上应当以供电企业提供的用电数据为准，用户有异议的，由用户承担举证责任；因供电企业原因致使实际用电量无法证明的（如供电企业单方面拆除用电计量装置），供电企业必须对提出的用电数据承担举证责任。以此确保双方利益的平等保护，促进诚实信用原则在供用电法律关系中的实现。（2）当事人的综合举证能力。在此类纠纷中，供用电双方的综合举证能力不在同一层次。供电企业作为拥有专业技术和设备的公司，举证能力比较强。用电用户大多缺乏专业技术和设备，加上信赖供电企业和用电计量装置的自然习惯，对实际用电量的举证能力较弱。为公平处理，在举证责任分配上，当然应当侧重供电企业的证明责任。因此，即使依第一项原则明确由用户承担举证责任，也不能完全免除供电企业的举证责任。（3）诉讼中双方的实际地位。在此类诉讼中，虽然在法律上双方诉讼地位平等，但双方的实际诉讼地位和能力往往不平等。由于供电企业处于垄断地位，而其追缴电费的行为更是冠之维护国家利益的名义，这就使得其在诉讼中拥有超强的诉讼能力，在诉讼中的优势地位显而易见。在这种双方诉讼能力和地位实际上不均衡的诉讼中，要真正实现公正、公平，需要在一些方面对优势一方提出更严格的要求，举证责任的分配就是其中之一。

依据上述法律原则，本案中，大化电业公司应当依法对用户的用电量进行严格的、法定方式的记载，如因其自身原因导致法定的记载方式不起作用的，应当对提出的用户用电量进行证明，否则就应承担举证不能的责任。大化电业公司与新生炼钢厂之间形成的缴费习惯虽然不违法，但只在大化电业公司发出交费通知书且新生炼钢厂自动按通知交费的情况下，交费通知书所提出的用电量才得到确认，在新生炼钢厂没有按通知交费时，交费通知书所提出的用电量仍处于未确定之中，大化电业公司的证明责任并不能自动免除，更不能将此责任转嫁到用户新生炼钢厂身上。

（2）用电计量装置缺失不能证明时，应当坚持法官依法独立审查判断证据原则

对于用户的实际用电量，电表无疑是最有力的证明材料。当电表无法证明或者电表已经不存在时，客观上用户的实际用电量已经很难做到准确、有力地证明。在此情况下，证明标准需要科学、合理地设定，否则诉讼会陷入一边倒而丧失应有的价值。当然，在此情形之下，无论如何设计证明标准，都难免存在一些不尽如人意的地方。为了减少人为的“不如意”，比较可行的方法是依靠法官的职业素质，允许法官拥有一定的证据自由裁量权。我国《民事诉讼法》第 64 条规定：“人民法院应当依照法定程序，全面客观审查判断证据。”《若干规定》第 64 条规定：“审判人员应当依照法定程序，全面、客观地审核证据，依据法律的规定，遵循法官职业道德，适用逻辑推理和日常生活经验，对证据有无证明力和证明力大小独立进行判断，并公开判断的理由和结果。”这些规定就是法官证据自由裁量权的法律依据，其中，包含了几项基本法律机制：

①法官对举证责任的分配拥有一定的自由裁量权。

②法官对证明标准拥有一定的自由裁量权。

③法官对单个证据的采信拥有一定的自由裁量权。

根据以上机制，在客观上难以证明不宜适用“谁主张，谁举证”原则时，法官拥有一定的证据自由裁量权。但是，这种自由裁量权是有限制的，它必须立足于公平原则和诚实信用原则，必须综

合考虑造成无法证明的原因、当事人的综合举证能力、诉讼中双方的实际地位。

在本案中，到底新生炼钢厂是否还欠大化电业公司电费的问题，由于电表已经拆除，原用电记录未经双方确认或者公证，双方所提供的关于新生炼钢厂实际用电量的证据有多大的证明力，各方应当承担怎样的举证责任，一、二审法院当然拥有一定的证据自由裁量权，但裁量过程应当立足于公平原则和诚实信用原则，不能简单地以“谁主张，谁举证”的思维来思考无过错一方的证明责任，更不应以此为由免除或者减轻大化电业公司的举证责任。

检察实务点评

本案广西壮族自治区人民检察院提出抗诉后，广西壮族自治区高级人民法院再审采纳了抗诉意见，撤销了一审、二审判决，驳回大化电业公司的诉讼请求。可以说抗诉是成功的，其成功的抗诉经验主要表现在：

1. 抗诉切入点准确

本案争议的事实本身很难证明，一审、二审法院按“谁主张，谁举证”原则分配举证责任亦无违法之处。从常理而言，供电企业对用户的用电量最有发言权，其提供的缴费通知书有较强的说服力。因此，许多因素都显示一审、二审法院判决并无不当。但检察机关在重重迷雾中准确地把握了本案的核心：大化电业公司擅自拆除电表导致新生炼钢厂的实际用电量无法证明，对用电量应当承担主要的举证责任，单纯依据59张交费通知单，认定新生轧钢厂尚欠电费516147.15元依据不足。在此基础上，自治区人民检察院能紧紧抓住举证责任分配问题进行剖析，一、二审法院判决的错误层层显现，再审改判成为必然。

2. 抗诉理由充分、透彻

由于民事诉讼以“谁主张，谁举证”为基本证据规则，要论证、说明一审、二审判决的错误并非轻而易举。检察机关在抗诉过程中，能够把证据、事实、法理充分地结合起来，分析思路清晰，论证依据明了，阐述法理透彻。如在分析举证责任分配时，能够突破一般性思维，以公平公正原则为武器说明不能仅仅凭大化电业公司提供的交费通知单认定实际用电量，说服力相当强。对于 2001 年之前新生炼钢厂是否欠电费的问题，明确提出既然双方当事人在 2001 年之前习惯性地按电业公司每月发出的交费通知单所确定的电量、金额交费为准，而大化电业公司提交的新生炼钢厂交纳电费的发票存根记录并无 2001 年之前新生炼钢厂欠电费的内容，那么就应当推论不存在拖欠电费的情况，分析入情入理，令人难以否定。

实例12 保险公司是否尽到告知义务的证明责任

——农某主与中国人民财产保险股份有限公司龙州支公司财产保险合同纠纷案评析

案例简介

◇基本案情

申诉人（一审原告、二审被上诉人）：农某主。

被申诉人（一审被告、二审上诉人）：中国人民财产保险股份有限公司龙州支公司。

1999年9月29日，农某主与中国人民财产保险股份有限公司龙州支公司（以下简称保险公司）订立了一份机动车辆保险合同，由农某主将自有的一辆东风乘龙货车（车牌号为桂F－90105）向保险公司投保。2000年6月15日，农某军（第三人）驾驶桂F－90105东风乘龙货车在湖南长沙市长潭高速公路0公里处由北往南逆向行驶，与河南省豫C－30268东风康平斯货车相撞，造成双方车辆不同程度损坏。事发后，湖南省公安厅交警总队高等级公路管理支队直属二大队及中国人民保险公司长沙分公司运工险理赔中心派员到事故现场进行勘查调查后，认定桂F－90105号车驾驶员农某军在实习期间驾车进入高速公路，且在高速公路上逆行，承担事故全部责任，并赔偿对方损失39550元。

2002年3月28日前，农某主向保险公司申请理赔。保险公司以桂F－90195驾驶员农某军持实习驾驶证在高速公路行驶，违反

《高速公路交通管理办法》关于“无有效驾驶证”的责任免除规定为由拒绝理赔。农某主不服处理决定，向龙州县人民法院提起诉讼。

◇诉讼过程

一审情况

龙州县人民法院审理认为，保险合同专业性较强，保险人必须做到行为规范，履行告知义务，且告知义务应详尽周到，以使投保人能够充分了解保险意义及相关的法律知识和后果，充分体现诚实公平的缔约原则。但在订立保险合同时，保险公司只在印制的投保单上明示告知投保人农某主阅读《机动车辆保险条款解释》，未向农某主提供《机动车辆保险条款解释》，更未向其明确说明“无有效驾驶证”免责条款的有关规定及解释。按照我国《保险法》① 第 17 条“保险合同中规定有关保险人责任免除条款的，保险人在订立保险合同时应当向投保人明确说明，未明确说明的，该条款不产生效力”的规定，保险人对该保险的免责条款无效，保险公司拒赔的理由不成立。2004 年 1 月 9 日，龙州县人民法院作出（2003）龙民初字第 289 号民事判决：被告保险公司依据保险合同的约定，赔偿投保人农某主保险金 39550 元。

二审情况

保险公司不服一审判决，向崇左市中级人民法院提出上诉。崇左市中级人民法院审理认为，从本案的保险单看，保险公司已经采取合理方式列出了提请投保人注意免除其责任的特别约定及明示告知，同时在投保单的背面亦印有《机动车辆保险条款》供投保人阅读，且投保人农某主亦在“本投保人兹声明上述各项填写内容均属

① 本案中所称《保险法》是 1995 年 6 月 30 日第八届全国人民代表大会常务委员会第十四次会议通过的《中华人民共和国保险法》。

事实，同意按投保单所列内容和机动车辆保险条款以及特别约定向贵公司投机动车辆保险，并对责任免除和被保险人义务条款明确无误，以此投保单作为订立保险合同的凭据”下签署其姓名，应认定保险公司对免除条款含义已经尽了明确说明义务，农某主对保险人的责任免除条款和被保险人的义务条款明确无误。2004 年 4 月 20 日，崇左市中级人民法院作出（2004）崇民终字第 84 号民事判决：（一）撤销龙州县人民法院（2003）龙民初字第 289 号民事判决一审判决；（二）驳回投保人农某主的诉讼请求。

抗诉意见

农某主不服二审判决，向崇左市龙州县人民检察院提出申诉，后崇左市人民检察院提请广西壮族自治区人民检察院抗诉。自治区人民检察院审查后认为，保险公司没有对合同免责条款履行“明确说明”义务，合同中的免责条款无效，二审判决认定事实的主要证据不足、适用法律错误。遂于 2006 年 11 月 20 日向广西壮族自治区高级人民法院提出抗诉。

再审结果

广西壮族自治区高级人民法院受理检察机关抗诉后，指定崇左市中级人民法院对该案进行再审。崇左市中级人民法院再审后认为，保险合同是由保险人事先单方面拟订的，专业性强，非从事保险业务的人难以掌握，保险公司应当如实向投保人说明保险合同条款的含义和内容，不能以保险合同背面打印的免责条款作为免除其赔偿责任的合同约定依据。据此，崇左市中级人民法院于 2007 年 10 月 15 日作出（2007）崇民再终字第 15 号判决：（一）判决撤销该院（2004）崇民终字第 84 号民事判决；（二）变更龙州县人民法院（2003）龙民初字第 289 号民事判决为：被告保险公司支付原告农某主保险金 31640 元。

问题的提出

如何证明已经履行保险合同免责条款的"明确说明"义务？

近年来，我国保险事业发展迅猛，投保数量逐年增大。但由于我国保险业起步较晚，大多数民众保险知识不足，在保险合同关系中常处于弱势地位。加上部分保险企业为防止亏损，规避高额索赔，在签订保险合同时，往往增加一些免责条款，一旦发生保险纠纷，投保者的权利往往得不到充分保障。为了确保投保人、保险人双方的利益得到均衡保护，《保险法》第 17 条对保险合同免责条款提出了"明确说明"的法律条件。

这一制度设计的合理性当然是毋庸置疑的，但在实务中又面临一个问题：如何证明保险人是否履行了必要的说明义务？在保险实践中，保险人要证明已经尽到说明义务是一件不易解决的事情。由于法律并未明确合同条款中用黑体标明或者在投保单上投保人、保险人签字就可视为已经履行说明义务，而口头说明又是在只有利益关系相对人双方在场的情况下进行，很难举证证明和认定，实务中一旦就责任免除条款产生争议，投保人往往以未尽说明义务为由要求赔偿。为避免这一情况，有的保险人在保险合同中单独印刷一行字："保险人已将保险合同的内容，包括责任免除部分向我作了说明，我也充分了解，同意该保险合同的内容，同意按该保险合同的内容订立合同。"然后，由投保人签字。但这种做法又有恃强凌弱之嫌，常为各方所质疑。

本案中，一审法院认为保险合同专业性较强，保险人必须做到行为规范，履行告知义务，告知义务应详尽周到，但保险公司未提供《机动车辆保险条款解释》供投保人阅读和说明，也未向投保人明确说明"无有效驾驶证"免责条款的内容，因此，保险人对该保险的免责条款无效。二审法院则强调保险人已经采取合理方式列出了提请投保人注意免除其责任的特别约定及明示告知，同时在投保单的背面亦印有《机动车辆保险条款》供投保人阅读，且投保人农某主亦在“本投保人兹声明上述各项填写内容均属事实，同意按投保单所列内容和机动车辆保险条款以及特别约定向贵公司投机动车辆保险，并对责任免除和被保险人义务条款明确无误，以此投保单作为订立保险合同的凭据”下签署其姓名，应当视为已经履行说明义务，免责条款有效。对于一、二审法院在同一问题上作出的截然不同的结论，我们不得不思考，在实践中该如何认定保险人已经履行保险合同免责条款的“明确说明”义务？

法理分析

1. 机动车辆保险合同免责条款“明确说明”义务的法理解读

(1) 保险合同中的免责条款

免责条款又称约定免责事由，是当事人以协议排除或限制其未来责任的合同条款。就概念分解，其含义有三：其一，免责条款是合同的组成部分，是一种合同条款，具有约定性；其二，免责条款的提出必须是明示的，不允许以默示方式作出，也不允许法官推定免责条款的存在；其三，免责条款旨在排除或限制未来的民事责任，具有免责功能。[①] 现代社会中经济现象变化多端，经营活动存在一定风险，在合同中事先约定免责条款，可以合理分担风险，保证企业合理化经营，平衡合同双方的利益关系。但随着社会发展，当前当事人之间订立的合同多采用格式合同，如制定格式合同一方没有对所提供的合同内容进行解释，特别是没有对合同中免责条款的内容进行解释说明，也容易造成合同相对方因无法全面理解合同内容而受到不应有的损害。

---

① 崔建远主编：《合同法》，法律出版社 2000 年版，第 256 页。

保险合同作为一种民事合同，合同双方对保险合同责任免除条款的合法约定，应为法律所认可。但保险合同作为一种由保险人提出合同主要内容的格式合同、附合合同，投保人往往只能取舍，对合同的内容没有商议变更能力，保险人和投保人的地位实际上并不完全平等。为了平衡保险人与投保人的权利关系，国家对保险合同的内容特别是责任免除条款的制定及行使进行了严格的限制。《保险法》第12条规定："投保人提出保险要求，经保险人同意承保，并就合同的条款达成协议，保险合同成立。保险人应当及时向投保人签发保险单或者其他保险凭证，并在保险单或者其他保险凭证中载明当事人双方约定的合同内容。经投保人和保险人协商同意，也可以采取前款规定以外的其他书面协议形式订立保险合同。"第17条规定："保险合同中规定有关于保险人责任免除条款的，保险人在订立保险合同时应当向投保人明确说明，未明确说明的，该条款不产生效力。"以上规定说明，保险合同免责条款产生效力必须符合三个条件：第一，保险人必须向投保人出具书面的保险条款；第二，保险人必须就条款中的免责条款（即除外责任）向投保人明确说明；第三，保险公司对于以上两点的义务必须有书面证据，证明其已履行明示告知义务。

（2）保险人对免责条款的"明确说明"义务

保险合同一般为格式条款合同，由保险人预先拟定合同内容，保险人对保险合同内容的把握具有明显优势。根据民法平等与诚实信用的基本原则，在与投保人订立保险合同时，保险人理应采取合理的方式提请投保人对保险合同中免除保险人责任或者限制保险人责任的条款予以充分注意，并按照投保人的要求对该合同条款予以说明解释。基于这一考虑，《保险法》第17条明确规定，保险人必须向投保人明确说明责任免除条款。然而，实务中，人们经常对是否"明确说明"作出不同的解读。本案一审、二审法院之所以作出了截然相反的判决，其根源就在于对保险公司的“明确说明”义务认定不一。一审法院认定保险公司没有向投保人农某主提供《机动车辆保险条款解释》的条款，应视为没有履行“明确说明”义务。二审法院则认为投保人农某主在备注栏中签字声明说明其已经阅读了《机动车辆保险条款解释》的内容，知悉免责条款，保险公司已经履行了其“明确说明”义务。

到底何为“明确说明”，应当立足立法本意来把握。从《保险法》第 17 条规定看，立法者的目的是为了保证投保人在订立保险合同时已经准确理解保险合同所规定的真实内容，从而充分保护被保险人和受益人的利益。也就是说，立法者的本意并不在于要求保险人做多少说明解释工作，而在于保证投保人在订立保险合同时已经准确理解合同条款的含义，清楚明白合同双方当事人的权利和义务，以实现投保人和保险人在订立合同环节的法律地位平等。2000 年 1 月 21 日最高人民法院法研［2000］5 号的批复指出：这里所规定的“明确说明”是指保险人在与投保人签订保险合同之前或者签订保险合同之时，对于保险合同中所约定的免责条款，除了在保险单上提示投保人注意外，还应当对有关免责条款的概念、内容及其法律后果等，以书面或者口头形式向投保人或其代理人作出解释，以使投保人明了该条款的真实含义和法律后果。可见，无论保险人怎样反复地向投保人进行说明解释，但在投保人对合同条款已清楚理解之前，保险人所进行的任何说明解释都是不够“明确”的，“明确说明”必须符合两个条件：第一，在保险单上提示投保人注意；第二，对有关免责条款的概念、内容及其法律后果等，以书面或者口头形式向投保人或其代理人作出解释，使投保人明了该条款的真实含义和法律后果。[①]

① 刘觉、刘丽萍：《析保险合同中免责条款的法律效力》，载 http：//jxfy. chinacourt. org/public/detail. php？ id = 16221。

在本案中，保险公司未向投保人农某主提供《机动车辆保险条款解释》的条款，而要农某主自己去理解合同条款的内容，显然不能认定为已履行“明确说明”义务。

2. *是否履行说明义务的证明责任和方式*

当诉讼当事人就保险人是否已经对免责条款履行说明义务产生争议时，由哪一方承担举证责任对诉讼结果影响巨大。《最高人民法院关于民事诉讼证据的若干规定》第5条第2款规定：“对合同是否履行发生争议的，由负有履行义务的当事人承担举证责任。”最高人民法院在《关于审理保险纠纷案件若干问题的解释（征求意见稿)》第11条进一步规定：“保险人对是否履行了明确说明义务承担举证责任。保险合同中免责条款本身，不能证明保险人履行了说明义务。”根据这些规定，保险人对是否履行说明义务负有举证责任。

至于保险人举证的方式，则需要结合保险合同成立的要件来分析。保险实务中，正常的订立保险合同的程序是：投保人向保险人提出保险咨询或者保险人向投保人进行保险推销→保险人提供书面保险条款供投保人阅读并就保险合同的内容（特别是保险人责任免除条款）向投保人进行必要的说明解释→投保人填写投保单→保险人就被保险人或者被保险标的的情况提出询问（投保人应当据实告知）→保险人同意承保并向投保人签发保险单或者其他保险凭证对保险合同的内容予以确认→保险合同成立。这一流程说明，保险人履行“明确说明”义务的时间明显应当在保险合同成立之前而不是在保险合同成立之后。可见，保险人履行“明确说明”义务的方式不应当是在保险单或者其他保险凭证上进行提示，在诉讼过程中，保险人不能仅仅凭保险单或者其他保险凭证上的提示来证明自身已经履行“明确说明”义务。

鉴于“明确说明”义务的立法本意，保险人证明自身履行“明确说明”义务应当达到以下证明效果：（1）清楚证实履行说明义务的时间。虽然《保险法》第17条对此没有明确规定，但依合同订立的原理，免责条款的提供者提请相对人注意的行为必须是在合同订立之前或者订立之时作出。如果在合同成立之后才提示免责条款，则该条款不能成为合同的内容。因此，保险人在举证时，必须以有效的证据清楚证实履行说明义务的时间在合同成立之前。值得特别指出的是，在合同成立之前，免责格式条款的提供者虽然已经提请相对人注意，但其提请注意的时间已经使相对人处于不能拒绝的处境时，该免责格式条款也因欠缺合理性而不能成为合同的内容。(2) 清楚证实采取了明示的合理的提请注意的方式。一般而言，提供免责格式条款的一方应以明示的方式，个别地、直接地将免责格式条款提示给相对人，以提醒相对人注意其中的内容。但是，根据具体的交易情形，如果交易对象广泛、交易数量巨大且交易内容重复，以上述方式明示有困难的，亦可以其他显著方式，如广播、张贴等，公告其条款。(3) 清楚证实提醒注意已经达到合理的程度。在提请注意所应达到的程度方面，存在两种学说：一是客观说，认为提请注意是否具有合理性应以格式条款的相对人为标准，凡是提请注意的程度足以提醒一般相对人注意的，即为尽到了提示义务。如提供文件时，"文件外型须予人以该文件载有足以影响当事人权益之约款之印象，否则相对人收到该文件根本不予阅读，使用人之提请注意即不充分"。[①] 二是折中说，认为原则上提请注意的程度应当以能够提醒该格式条款所准备适用的一般相对人的注意为标准，如果个别消费者客观存在缺陷，如盲人，应不在考虑之列，但该等缺陷是格式条款使用人明知的时候，则应考虑。

本案中，保险公司虽然已经在保险单打印"本保险合同依照背书条款和中国保监会保监发［1999］51号文颁发的条款解释一并执

① 刘荣宗：《定型化契约论文专辑》，（台湾）三民书局1988年版，第8页。

行”的字句提示，并提供投保人农某主在“已明确免责条款内容”的声明条款下的签名，但并没有提供足够证据说明已经给农某主阅读中国保监会保监发［1999］51号文《机动车辆保险条款解释》，更未提供证据证实已经向农某主解释有关免责条款的概念、内容及其法律后果。可以说，保险公司无法举证说明其在合理的时间，以合理的方式以及合理的程度提醒投保人农某主注意合同中的免责条款，应当认定其未履行“明确说明”义务，合同中的免责条款不能发生效力。而且，罗马法早有“有异议应为表意者不利益之解释”之规定，即当双方当事人对合同的免责条款有异议时，应对合同制定者作不利之解释，以避免制定免责条款者利用免责条款损害对方利益。[①] 我国《保险法》也规定：“对于保险合同的条款，保险人与投保人、被保险人或者受益人有争议时，人民法院或者仲裁机关应当作有利于被保险人和受益人的解释。”基于此，也应作出有利于农某主的解释。

检察实务点评

本案经广西壮族自治区人民检察院提出抗诉，自治区高级人民法院采纳了检察机关的抗诉意见。抗诉之所以取得成功，主要基于以下两个方面的经验：

1. 抗诉切入点准确

自治区人民检察院抓住保险公司是否已经履行“明确说明”的告知义务进行分析，明确提出保险公司提供的是格式条款合同，虽然合同（保险单）的背面印有“无有效驾驶证”之免责条款，但并没有添附关于“无有效驾驶证”概念、内容（范围）等解释说明，

① 王利明、崔建远：《合同法新论·总则》，中国政法大学出版社1996年版，第492页。

虽然合同（保险单）的正面印有“特别约定”和“明示告知”，但并没有“明确说明”的内容要求，从而全面论证保险公司并未履行“明确说明”的告知义务，法院判决证据不足，保险公司不能免责。这样的论证方式，既切入了本案的关键，突显了一、二审判决的错误根源，又使抗诉理由非常有逻辑性，论证的效果比较突出。

2. 法理论证充分，法律规定运用得当

检察机关的抗诉观点之所以得到再审法院的认同，还在于法理论证充分，运用法律得当。如在对“明确说明”的告知义务进行论证时，引用了《保险法》关于“保险合同中规定有保险责任免除条款的，保险人应当向投保人明确说明，未明确说明的，该条款不产生效力”的规定和最高人民法院研究室批复（法研［2000］5号）对《保险法》第17条的“明确说明”所作的解释，以准确无误的法条论证了保险人的“明确说明”义务应当包含“除了在保险单上提示投保人注意外，还应当对有关免责条款的概念、内容及其法律后果等，以书面或者口头形式向投保人或其代理人作出解释，以使投保人明了该条款的真实含义和法律后果”之内容。为了强化说服力，还结合案情分析本案保险公司的简单化做法并未使投保人农某主明了相关免责条款的真实含义和法律后果。抗诉意见既有法理支撑，又有法条依据，更有入情入理的案情分析，论证的效果比较好。

实例 13 实施合同自由原则之后，国有土地使用权转让合同未经审批和登记是否有效？

——广西国有三合口农场与冯某某拖欠土地款纠纷抗诉案评析

案例简介

◇基本案情

申诉人（一审被告、二审上诉人、再审申请人）：冯某某。

被申诉人（一审原告、二审被上诉人、再审被申请人）：广西国有三合口农场。

第三人：广西合浦磁化复合肥厂。

1996 年 12 月 28 日，广西国有三合口农场（以下简称三合口农场）与广西合浦磁化复合肥厂（以下简称磁化厂）签订一份《划拨土地协议书》，约定磁化厂经过审批立项后划拨使用三合口农场金鸡岭分场面积为 38.77 亩的土地作为建厂用地，磁化厂支付每亩 8500 元的安置补助费及附着物补偿费，协议自土地管理部门批准之日起生效。协议签订后，磁化厂先后于 1997 年 1 月 30 日、3 月 31 日、4 月 17 日、8 月 18 日共支付 25 万元给三合口农场。1997 年 5 月 8 日，磁化厂取得该幅土地的《建设用地许可证》。1997 年 9 月 25 日，合浦县土地管理局向磁化厂颁发了“合国用（1997）字第 356 号”《国有土地使用权证》，双方签订的《划拨土地协议书》存于合浦县土地管理局备案。

三合口农场与磁化厂签订《划拨土地协议书》的同一天，双方还签订了一份《国有土地使用权转让（内部）合同》（以下简称《土地转让合同》），主要内容为：三合口农场将其位于金鸡岭分场面积为38.77亩的土地使用权转让给磁化厂作建厂用地，转让期限为50年，转让金每亩2.5万元，共计969250元；磁化厂必须在1997年1月30日前支付10万元人民币作为履行合同的定金，1997年4月18日前支付12万元人民币作为土地转让费的第一期付款，1997年8月18日前支付8万元人民币作为土地转让费的第二期付款，1997年10月29日前支付62.079万元人民币作为土地转让费的第三期付款，待三合口农场协助磁化厂办妥该幅土地的使用权手续后，磁化厂付清余下的4.846万元人民币并正式使用土地。

冯某某因与磁化厂有借款纠纷而诉至法院，1999年9月2日，北海市中级人民法院作出（1999）北民初字第54号民事调解书：磁化厂偿还冯某某借款本金及利息共计5063478元。1999年10月8日，冯某某向北海市中级人民法院申请强制执行，北海市中级人民法院作出（1999）北执字第54－3号民事裁定书，将磁化厂名下的位于三合口农场金鸡岭分场面积为38.77亩的土地使用权［国有土地使用证号为：合国用（1997）字第356号］及地上建筑物以评估确认的2437960元价格交付给冯某某以抵偿相应价格的债务，并通知合浦县土地管理局将上述土地过户到冯某某名下。由于冯某某未能顺利将上述土地使用权过户到其名下，2000年8月25日，冯某某、三合口农场及磁化厂签订《补充合同》，约定：三合口农场与磁化厂于1996年12月28日签订的《土地转让合同》，由于各种原因，磁化厂未能按合同付足土地转让费给三合口农场，由冯某某代磁化厂偿还该厂所欠三合口农场的土地款，冯某某向三合口农场付清磁化厂欠款后，磁化厂的土地使用权由冯某某支配，即原磁化厂与三合口农场所签订的《土地转让合同》的权利义务由冯某某与三合口农场履行。但该《补充合同》仅约定冯某某代磁化厂偿还欠三合口农场的土地转让费，未约定冯某某代偿欠款的具体数额。

《补充合同》订立后，冯某某未代磁化厂支付所欠土地转让款，也未开发使用该幅土地。2001年5月16日，冯某某将上述土地使用权办理到其开办的北海某水产实业有限公司名下，《国有土地使用权证》为“合国用（2001）字第618号”，土地使用权类型为“出让”。2003年8月5日，北海某水产实业有限公司将上述土地使用权以178.342万元的价格转让给北海市某绿色生物有限公司。

2003年9月5日，三合口农场依据其与磁化厂于1996年12月28日签订的《土地转让合同》以及冯某某、三合口农场及磁化厂三方签订的《补充合同》向北海市海城区人民法院起诉，请求判令冯某某支付拖欠的土地款719250元。

◇诉讼过程

一审、二审情况

诉讼过程中，冯某某认为按《划拨土地协议书》，磁化厂只拖欠三合口农场土地款79545元，因此其按《补充合同》只需代磁化厂偿还所欠三合口农场土地款79545元即可。三合口农场与磁化厂却认为双方此前实际履行的合同是《土地转让合同》，《划拨土地协议书》是用于到有关部门办证使用的。按《土地转让合同》的约定，磁化厂还欠三合口农场的土地款719250元。因此，根据《补充合同》的约定，冯某某应代磁化厂偿还所欠三合口农场土地款719250元。

北海市海城区人民法院认为，三合口农场、冯某某与磁化厂于2000年8月25日签订的《补充合同》合法有效。该《补充合同》约定三合口农场与磁化厂签订的《土地转让合同》的权利义务由冯某某与三合口农场履行，磁化厂的债务已转移给冯某某承担，三合口农场请求冯某某偿还所欠719250元债务符合法律规定。2003年

12 月 25 日，北海市海城区人民法院作出（2003）海民初字第 644 号民事判决：冯某某偿还磁化厂所欠三合口农场的土地款 719250 元。

冯某某不服一审判决，向北海市中级人民法院提出上诉。2004 年 4 月 12 日，北海市中级人民法院作出（2004）北民终字第 64 号民事判决：驳回上诉，维持原判。

再审情况

冯某某不服二审判决，向北海市中级人民法院提出再审申请。北海市中级人民法院再审后认为，三合口农场与磁化厂签订的《土地转让合同》对双方的权利义务进行了详尽的约定，磁化厂已经按照合同约定的付款时间履行了部分付款义务，三合口农场也将土地使用权办到磁化厂名下，因此双方已实际履行合同，应予以认定。对《划拨土地协议书》的真实性，三合口农场虽未否认，但主张只是办证使用，并未实际履行。冯某某未能提供三合口农场与磁化厂实际履行《划拨土地协议书》的有效证据，因此，对其关于磁化厂只拖欠土地款 79545 元的主张不予支持。冯某某虽然是依据法院生效判决取得土地使用权，但其与三合口农场、磁化厂签订的《补充合同》对土地使用权的约定并未违反法律规定，是各方当事人的真实意思表示，应认定为有效合同。而据此《补充合同》，冯某某已经代替磁化厂成为合同一方当事人，应履行其支付土地款 719520 元的义务。2005 年 3 月 24 日，北海市中级人民法院作出（2005）北民再终字第 29 号再审判决：二审（2004）北民终字第 64 号民事判决正确，维持原判。

抗诉意见

冯某某不服，向北海市人民检察院提出申诉，北海市人民检察院提请广西壮族自治区人民检察院抗诉。自治区人民检察院审查后认为：（1）再审判决认定三合口农场与磁化厂签订的《土地转让合同》合法有效并已实际履行属于适用法律错误。三合口农场使用的是国有划拨土地，依法须补办出让手续、补交土地出让金或以转让后的收益抵交土地使用权出让金方可转让。三合口农场与磁化厂签订的《土地转让合同》自始至终没有办理相关手续，依法应认定为无效。（2）因《土地转让合同》为无效合同，再审认定《补充合同》转让的是《土地转让合同》约定的债务，没有事实和法律依据。根据合同转让的标的必须合法的原则，《补充合同》转让的只能是磁化厂与三合口农场之间合法的债务。再审判决依据《补充合同》和《土地转让合同》，判决冯某某承担《土地转让合同》确定的债务，是适用法律错误。（3）再审判决认定磁化厂与三合口农场签订的《划拨土地协议书》没有实际履行，证据不足。《划拨土地协议书》符合法律规定，且经土地行政管理部门批准和备案，是合法有效的合同。据此，北海市中级人民法院（2005）北民再终字第29号民事判决认定事实的主要证据不足，适用法律错误，遂于2006年7月19日向广西壮族自治区高级人民法院提出抗诉。

终审结果

广西壮族自治区高级人民法院受理检察机关抗诉后，经审理认为，三合口农场与磁化厂签订的《土地转让合同》属于逃避国家法律监管的无效合同，因此，《补充合同》不能成立。三合口农场依据《补充合同》请求冯某某承担磁化厂转移给其的债务没有事实和法律依据，不予支持。三合口农场与磁化厂的土地转让合同纠纷应另案处理。2006年12月20日，自治区高级人民法院作出（2006）桂民再字第145号民事判决：（一）撤销北海市海城区人民法院（2003）海民初字第644号民事判决、北海市中级人民法院（2004）北民终字第64号民事判决、北海市中级人民法院（2005）北民再终字第29号民事判决；（二）驳回三合口农场对冯某某的诉讼请求。

问题的提出

实施合同自由原则之后，国有土地使用权转让合同未经审批和登记是否有效？

随着我国社会主义市场经济的建立与发展，曾经备受批判的合同自由原则逐步进入立法。在《民法通则》及1993年修改《经济合同法》确立合同自由的一些内容之后，《合同法》对合同自由原则采取了更加包容的态度。《合同法》第4条规定："当事人依法享有自愿订立合同的权利，任何单位和个人不得非法干预。"尽管立法语言上仍未使用"合同自由"一语，但已经在很大程度上体现了合同自由原则。

这种立法姿态和社会发展趋势引起了人们对合同自由原则的不同认识。一些同志审视合同时比较关注当事人意思的一致性，认为竞争的市场要求建立自由的原则，以最大限度地调动市场主体的参与意识和竞争意识，促进市场繁荣、社会财富增长。合同自由原则是不断扩大对外开放，逐步与国际接轨的必然要求和结果。而另一些同志主张合同自由原则并不意味着绝对的自由。为维护国家利益、社会公共利益和他人的合法权益，合同自由原则应当受必要限制。如对于某些种类的合同，必须审查先置，只有依据法律、行政法规规定办理批准、登记等手续，合同才能生效。

本案案由是合同转让纠纷，在形式上是三合口农场以三合口农场、磁化厂、冯某某签订的冯某某同意代磁化厂偿还该厂所欠三合口农场土地款的《补充合同》为依据，诉求冯某某支付拖欠的土地款，但基于三合口农场、磁化厂、冯某某签订《补充合同》意思表示真实，本案司法审查的核心实际上是三合口农场与磁化厂签订的《土地转让合同》是否有效。如《土地转让合同》有效，则《补充合同》有效，冯某某应当履行偿还义务。否则，《补充合同》无效，冯某某不需承担偿还责任。在诉讼过程中，一审、二审、再审法院基于合同自由的精神认为《土地转让合同》表示真实，双方已实际履行合同，应予以认定。基于此，《补充合同》对土地使用权的约定并未违反法律规定，应认定为有效合同，冯某某应当履行偿还义务。冯某某也从自愿原则出发认为三合口农场与磁化厂之间转让土地的合同有效，同意按《补充合同》代磁化厂偿还该厂所欠三合口农场的土地转让费，只是对磁化厂所欠三合口农场的土地转让费数额持不同意见。而检察机关则认为，合同自由不是无限的，合同转让的标的必须合法，三合口农场与磁化厂签订的《土地转让合同》未履行必要手续，是无效合同，因此，三合口农场、冯某某与磁化厂以《补充合同》转让《土地转让合同》约定的债务就没有事实和法律依据，《补充合同》不能成立。终审法院也认为，三合口农场与磁化厂签订的《土地转让合同》属于逃避国家法律监管的无效合同，因此，《补充合同》不能成立。经过终审，本案纷争已尘埃落定，但其中争议的核心问题值得深思：在实施合同自由原则之后，国有土地使用权转让合同未经审批和登记是否有效？

法理分析

1. 合同自由原则下国有土地使用权转让合同需要审批的法理基础

国有土地是国家重要的资源，对政府财政、百姓生活乃至国民经济发展具有巨大的影响。为了确保对这一重要资源的控制权，新中国成立后很长的一段时期我国一直对其进行严格的控制，不允许自由流转。但随着改革开放的深入和市场经济体制逐步确立，社会各界普遍认识到，土地的流转是市场经济建立与发展不可或缺的重要方面。为此，1988年《宪法修正案》增加了土地使用权可以依法转让的规定，国务院则通过一系列法规推行土地有偿使用制度改革，相继实行国有土地使用权出让制度、土地收购储备制度、经营性土地使用权招标拍卖和挂牌出让制度，国有土地转让的市场化、自由化程度日益提高。

在公有制的前提下，我国国有土地的所有权权能与所有权人是分离的，国有土地使用权的转让必然涉及众多的社会问题：一是如何确保国有资产不流失？土地既然属于国有，其蕴涵的利益及收益应当属于国家。然而，从实践看，随着国有土地出让面积不断扩大，低价出让土地或者挤占、截留、坐支、挪用土地出让金的现象时有出现，本应属于全体国民的土地资源被通过转让的方式流入少数单位和个人手中，国有资产流失成为不容回避的问题。二是如何确保经济、社会的有序发展？土地是经济建设必不可少的战略资源，一旦使用就必然对经济、社会长远发展产生巨大的影响，因此，对国有土地的转让问题必须从经济、社会长远发展的战略层面考量。不能为了地方政府短期的财政收入或者个别国家机关、企事业单位短期性的、局部性的经济利益而随意转让国有土地，以免国家、地方经济、社会的长远发展将来受到土地资源短缺的种种制约和影响。三是如何实现国有土地的效益最大化？国有土地是全民财产，国有土地的转让必须考虑转让行为给国家、社会带来的经济效益与社会效益，否则，转让就成为个别人、个别组织牟取暴利的工具，国家作为土地所有者，其应有的权能将受到损害。

鉴于国有土地转让的各种社会影响，即使实行合同自由原则，允许国有土地的使用者转让国有土地使用权，但对转让进行适当控制仍显得非常必要。从所有权的角度出发，国有土地的使用者与所有者是分离的，国有土地使用者的意志并不能自然代表土地所有者的意志。因此，国有土地的使用者在本质上就不应当具有转让国有土地的绝对自由。当其意图转让国有土地时，国有土地的所有者以适当的方式表达其意志合乎法理，也符合合同的本质。而国家有关机关（如土地管理部门）以审批等方式代表国家对国有土地使用权土地转让合同进行审查，正是所有权人履行所有权权能的有效手段和形式，不能将此理解为对合同自由原则的限制。

本案中，三合口农场转让给磁化厂的38.77亩土地属于国有土地，虽然按多年来的政策，三合口农场对这一土地拥有充分的用益物权，但并不能代替国家的角色成为这块土地的所有权人，无权擅自将土地转让给磁化厂作建厂用地。因此，从法律逻辑上说，三合口农场与磁化厂于1996年12月28日签订的未经审批的《土地转让合同》并不体现出让土地真正所有者的意志，不符合合同成立的要件。对于这一点，应当说三合口农场与磁化厂也相当清楚，所以才在同一天又签订了一份《划拨土地协议书》，以此向有关部门报批并办理有关手续。这种为小团体利益，以欺骗手段蒙骗有关审批机关，低价转让国有土地，损害国家利益的行为，并不符合合同自由的精神，也正好为国有土地使用权土地转让合同审批程序的必要性提供了一个例证。

2. 合同自由原则下的国有土地使用权转让管理制度及法律规制

虽然《合同法》第4条规定“当事人依法享有自愿订立合同的权利，任何单位和个人不得非法干预”，但我国《民法通则》、《合同法》并不反对对一些特殊的合同进行必要的国家干预。相反，法律以合同无效、可撤销等机制对合同自由原则进行了必要的限制，对一些合同，更是直接提出了必须经过有关国家机关审批方能生效的要求，土地转让合同便是其中的典型代表。

根据我国《土地管理法》和《城镇国有土地使用权出让和转让暂行条例》的相关规定，土地使用者取得国有土地使用权主要有三种方式：出让取得、转让取得和划拨取得。其一是出让取得，即国家以土地所有者的身份将土地使用权转让给土地使用者，土地使用者向国家支付土地使用权出让金而获得一定年限的土地使用权。其二是转让取得，即土地使用者通过出售、交换和赠与等再转移的方式取得土地使用权。其三是划拨取得，即经县级以上人民政府依法批准，在缴纳补偿、安置等费用后无偿取得该幅土地使用权。鉴于国有土地对经济、社会、民生的重要性，为了规范国有土地让与行为，合理开发、利用、经营土地，国务院于1990年5月19日颁布了《城镇国有土地使用权出让和转让暂行条例》，各地方也结合地方特点和需求出台了一系列地方性法规，构建了严密的国有土地使用权出让和转让管理机制。在这一机制中，两方面的法律要求成为整个管理机制的核心：

第一，国有土地使用权的转让必须履行审批程序。《城镇国有土地使用权出让和转让暂行条例》第25条规定："土地使用权和地上建筑物、其他附着物所有权分割转让的，应当经市、县人民政府土地管理部门和房产管理部门批准"。《划拨土地使用权管理暂行办法》第5条也规定，划拨土地"未经市、县人民政府土地管理部门批准并办理土地使用权出让手续，交付土地使用权出让金的土地使用者，不得转让、出租、抵押土地使用权"。

第二，国有土地使用权的转让必须履行土地变更登记手续。《土地管理法》第12条规定："依法改变土地权属和用途的，应当办理土地变更登记手续。"《城镇国有土地使用权出让和转让暂行条例》第25条规定："土地使用权和地上建筑物、其他附着物所有权转让，应当依照规定办理过户登记。"《划拨土地使用权管理暂行办法》第32条更是明确规定："土地使用权转让、出租、抵押，当事人不办理土地登记手续的，其行为无效，不受法律保护。"

本案中，三合口农场是国有农场，其使用的土地是国有划拨土地，根据法律要求，如进行使用权转让，必须经有关政府土地管理部门批准，交付土地使用权出让金并办理土地使用权出让手续。为了规避这些法律要求，转让其金鸡岭分场的38.77亩土地使用权，三合口农场与磁化厂于1996年12月28日签订了两份合同：一份是《土地转让合同》，一份是《划拨土地协议书》。从法律层面分析，磁化厂以《划拨土地协议书》为根据履行立项、规划、申请等法律手续，办理了土地使用权证，并按该协议要求向三合口农场支付了大部分安置补助费、附着物补偿费等费用，虽然该协议书并不完全体现双方的真实意志，但属于双方自愿作出，且经有关部门审批并办理了土地登记手续，已经实际履行。相反，《土地转让合同》虽然体现双方的真实意志，对双方的权利义务也有明确的规定，但纯属双方私下之行为，未得到国家有关部门认可和审批，国家意志在合同订立过程中未得到体现，双方当事人自始至终也没有按此合同办理有关批准手续，更未按《土地转让合同》中约定的土地价款969250元向合浦县人民政府交纳土地出让金，依法应属于无效合同。一审、二审及再审法院认为《土地转让合同》已实际履行、应当予以认可，缺乏法律根据。

检察实务点评

本案是合同转让纠纷案，要确定合同转让是否成立，关键在于需要转让的合同本身是否依法成立。如果需要转让的合同本身依法成立，合同债权、债务双方及受让对象又达成一致，土地转让合同当然是有效的。然而，虽然明确合同转让法律关系的《补充合同》是三方自愿协商，反映了三方一致的意思，但由于《补充合同》约定转让的权利、义务载体《土地转让合同》根本就不成立，《补充合同》约定转让的权利、义务根本不存在，因而欠缺必要条款，《补充合同》是不能成立的。抗诉过程中，检察机关紧紧抓住这一焦点问题进行分析、论证，火力点相当集中，切中了一审、二审、再审判决错误的关键和根源，为广西壮族自治区高级人民法院改判奠定了坚实基础，抗诉是成功的。

当然，认真分析检察机关的抗诉理由，应当承认还存在一定的改进空间：

1. 未能准确、全面说明案件复杂的法律关系

本案纠纷的性质是合同转让纠纷，但审查转让债务的合同——《补充合同》是否成立就必须审查需要转让权利、义务的《土地转让合同》是否成立。因此，检察机关的抗诉工作需要把握好两个层次，既要从合同转让纠纷的特点入手，寻找法院在认定事实和适用法律上的错误，又需要从土地转让合同不能成立的原因上说明法院在认定事实和适用法律方面存在错误的根源。从抗诉理由看，检察机关围绕土地转让合同是否成立来展开论证，以《划拨土地协议书》和《土地转让合同》的效力作为抗点，大的方向是正确的，但没有充分说明这两个土地转让合同与《补充合同》的关系，尤其是在主张《划拨土地协议书》生效的情形下，未能说清楚《划拨土地协议书》生效对《补充合同》是否成立的影响，这容易让人对检察机关的抗诉理由产生讲不清、说不透的印象。

2. 对争议的焦点问题态度不够坚决

本案的核心是《补充合同》是否成立。只要认定《补充合同》不成立，原告的诉求就应当驳回。在抗诉过程中，检察机关虽然证明《土地转让合同》是无效合同，但在抗诉理由上却完全避开《补充合同》的效力问题，这种不坚决的态度，无疑在相当程度上影响了抗诉的力度和效果。

实例14 安置补助费不是对放弃土地承包经营权的补偿

——蔡某某、杨某某与广西平乐县长滩乡裕丰村民委员会第17、18、19、20村民小组安置补助费纠纷抗诉案评析

案例简介

◇基本案情

申诉人（原审被告）：广西桂林市平乐县长滩乡裕丰村民委员会第17、18、19、20村民小组。

被申诉人（原审原告）：蔡某某、杨某某。

1995年2月19日，桂林市平乐县长滩乡裕丰村民委员会第17、18、19、20村民小组（甲方）（以下简称裕丰村第17、18、19、20小组）与原告蔡某某、杨某某（乙方）签订了一份《承包土地经营合同书》，约定甲方将白沙洲土地47.23亩承包给乙方种植寸高竹，承包期为20年（1995年2月起至2015年2月止），承包方式为按总收入三七分成，甲方占三成，乙方占七成。2003年国家决定建设巴江口水电站，蔡某某、杨某某承包的土地中有19.125亩被库区淹没。按照有关国家建设征收土地的补偿规定，被淹的19.125亩土地共获得青苗补偿费6693.75元、土地补偿费71986.5元、安置补助费71986.5元。因裕丰村第17、18、19、20小组未将安置补助费转付蔡某某、杨某某，蔡某某、杨某某遂向平乐县人民法院起诉，主张安置补助费是对丧失土地的承包者的生活补助，其因国家征用丧

失了19.125亩承包土地的承包经营权，因此所产生的71986.5元安置补助费依法应属其所有。

◇诉讼过程

一审情况

平乐县人民法院审理后认为，蔡某某、杨某某承包的土地中有19.125亩被国家征用，为体现等价有偿、公平合理的原则，根据《最高人民法院关于审理农业承包合同纠纷案件若干问题的规定（试行）》（以下简称《农业承包合同纠纷规定（试行）》）第12条"承包方因承包经营的土地被依法征用或者被依法批准使用后，要求发包方按照有关法律、法规的规定给予补偿或者要求发包方对其为改良土地的实际投入给予适当补偿的，人民法院应当予以支持"的规定，发包方裕丰村第17、18、19、20小组应对原告给予适当的补偿。但蔡某某、杨某某要求裕丰村第17、18、19、20小组支付巴江口水电站淹没承包土地19.125亩的安置补助费71986.5元作为补偿不符合法律规定。根据本案的实际情况，由裕丰村第17、18、19、20小组补偿人民币40000元给蔡某某、杨某某较为合适。2005年4月29日，平乐县人民法院作出（2005）平民初字第170号民事判决：（一）被告裕丰村第17、18、19、20小组补偿原告蔡某某、杨某某人民币40000元；（二）双方争执的19.125亩土地的安置补助费人民币71986.5元归被告裕丰村第17、18、19、20小组所有。

抗诉意见

裕丰村第17、18、19、20小组不服一审判决，向平乐县人民检察院申诉，平乐县人民检察院提请桂林市人民检察院抗诉。桂林市人民检察院审查后认为：（1）本案争议的是安置补助费，对此，我国《土地管理法》和《土地管理法实施条例》均作了明确规定，法院适用《农业承包合同纠纷规定（试行）》第12条规定判决裕丰村第17、18、19、20小组补偿蔡某某、杨某某人民币40000元，属适用法律错误；（2）安置补助费的权利主体是因土地被征收而需要安置的人员，蔡某某、杨某某不具备要求给付安置补助费的主体资格，他们不是本案的适格主体，依照我国《民事诉讼法》第108条的规定，应从程序上裁定驳回其起诉；（3）法院判决变更了诉讼标的范围。原告蔡某某、杨某某起诉时的请求事项是：请求法院依法判令给付安置补助费71986.5元。而法院判决却认为土地承包者因承包经营的土地被依法征用后，有权要求发包方依法给予补偿或者要求发包方对其为改良土地的实际投入给予适当补偿，并判决裕丰村第17、18、19、20小组补偿蔡某某、杨某某人民币40000元。法院判决范围超越了原告的诉求范围。遂于2005年11月7日向桂林市中级人民法院提出抗诉。

再审结果

桂林市中级人民法院受理检察机关的抗诉后，指令平乐县人民法院再审。平乐县人民法院再审后认为，本案的案由应是征用土地安置补助费纠纷，原审认定为土地补偿款纠纷属认定有误，应依法予以纠正。原审原告蔡某某、杨某某既不是以土地为主要生产资料并取得生活来源的农业人口，也不是需要安置的人员，其请求判令裕丰村第17、18、19、20小组给付安置补助费的诉讼请求，不符合法律、法规的规定。原判认为，土地承包者因承包经营的土地被依法征用后有权要求发包方依法给予补偿或者要求发包方对其为改良土地的实际投入给予适当补偿，但蔡某某、杨某某在原审中并没有提出要求发包方给予补偿的诉讼请求，原审判决裕丰村第17、18、19、20小组补偿蔡某某、杨某某人民币40000元超出了诉讼请求范围，违反法定程序，应依法予以撤销。2006年4月18日，平乐县人民法院作出（2006）平民再字第01号民事判决：（一）维持本院（2005）平民初字第170号民事判决第二项；（二）撤销本院（2005）平民初字第170号民事判决第一项。

问题的提出

安置补助费是不是对放弃土地承包经营权的补偿？

近年来，随着经济建设的快速发展，国家建设征地引起的土地承包及其补偿费用分配纠纷日益增多。这一类纠纷政策性强、涉及面广、敏感度高、容易激化矛盾，由于目前法律不尽完善，理论未成体系，群众认识不一，处理难度极大。其中，安置补助费的分配就是难点问题之一。对此问题，虽然《土地管理法实施条例》及《最高人民法院关于审理涉及农村土地承包经营纠纷案件适用法律问题的解释》明确了安置补助费的性质，并规定“放弃统一安置的家庭承包方，可以请求发包方给付已收到的安置补助费”，但在实践中仍有不小争议。本案中，蔡某某、杨某某认为安置补助费是属于丧失土地承包者的生活补助，其因被征用土地丧失了承包权，安置补助费依法应属其所有。平乐县人民法院虽然认为安置补助费应当归裕丰村第17、18、19、20小组所有，但主张为体现等价有偿、公平合理的原则，对承包方应当给予适当的补偿，判决支付的补偿费达40000元，占安置补助费总额的55.6%。这就引发一个值得探讨的问题，安置补助费是否具有补偿性质？是不是对放弃土地承包经营权的补偿？

法院超出原告诉讼请求的范围直接判决被告补偿原告40000元是否具有法律依据？

“不告不理”是民事诉讼的一个基本原则，据此原则，法院审理民事案件应以当事人起诉范围为限，对超出当事人诉讼主张的部分不应主动审理，这就是俗称的“告谁审谁，告什么审什么”。在本案中，蔡某某、杨某某在诉讼中只要求得到安置补助费，并没有要求发包方对其农业承包合同的部分不能履行所造成的损失进行补偿。在这种情况下，法院对承包合同的损失进行审理并直接判决被告补偿原告40000元似乎有越权审理之嫌。但从实体而言，承包经营的土地被依法征用后，发包方按照有关法律、法规的规定给予承包方适当补偿或者对其为改良土地的实际投入给予适当补偿确实是公平原则的体现，也得到法律的认可。在当事人并未提出此诉求的情况下，诉讼中法院能否直接就此审理并判决值得研究。

法理分析

1. 安置补助费不是对放弃土地承包经营权的补偿

从宏观而言，我国土地属于国家所有或者集体所有，农村的土地除依法属于国家所有的以外，属于集体所有。土地征收是国家通过一定的程序将农民集体土地所有权变更为国家的土地所有权，实质是土地所有权的变更。基于这一根本性质，国家为征收集体土地而支付的经济代价在本质上都属于对土地原拥有者的经济补偿。这种经济补偿，从社会经济活动的有序开展和社会利益的公平保护角度出发，可分为三大类：一是对原土地所有权的补偿。土地是重要的生产和生活资料，土地所有权是重要的财产权，在市场经济体制下，不论出于何种理由予以征用，都应当给予补偿，以体现权利的法定性、权威性、不可非法剥夺性。二是对土地经营权的补偿。由于我国实行土地承包责任制，虽然法律上土地的原有者是集体经济组织，但农户作为承包经营者，拥有集体土地的承包经营权，土地征收之后，农户的土地承包经营权也被实际“征收”了。因此，土地征收的补偿，还不能局限于集体经济组织，必须兼顾拥有土地承包经营权的农户的合理利益。三是对征用土地上已投入资产及其孳息的补偿。土地上的附着物只要属于合法投入及其孳息，都受法律保护。为保障其所有者的合法利益，征用时当然应给予适当补偿。基于法理基础，我国《土地管理法》第47条规定：“征收耕地的补偿费用包括土地补偿费、安置补助费以及地上附着物和青苗的补偿费。”

从微观而言，土地是农村经济发展的基础，是农民生活的基本依靠，因此，对征用土地补偿费用的分配和使用必须充分考虑农村集体经济的可持续发展和“失地”农民生活上的“相应程度保障”，实现国有、集体、个人利益的均衡和所征用土地整体使用效益的扩展。为避免出现顾此失彼现象，对征用土地补偿费用的分配和使用应当建立科学、合理的机制。鉴于此，我国在法律上设置了基本的征用土地补偿费用的分配和使用制度：（1）土地补偿费归农村集体经济组织所有。《最高人民法院关于审理涉及农村土地承包经营纠纷案件适用法律问题的解释》第 24 条规定：“农村集体经济组织或者村民委员会、村民小组，可以依照法律规定的民主议定程序，决定在本集体经济组织内部分配已经收到的土地补偿费。征地补偿安置方案确定时已经具有本集体经济组织成员资格的人，请求支付相应份额的，应予支持。”据此，土地补偿费系对集体土地所有权丧失的补偿，其分配主体应当是征地补偿安置方案确定时所有具有本集体经济组织成员资格的人。（2）地上附着物及青苗补偿费归地上附着物及青苗的所有者所有，其是对被征地农户财产损失的补偿，应支付给承包方。（3）征收土地的安置补助费归农村集体经济组织所有，用于安置因土地被征用需安置的人员。《土地管理法实施条例》第 26 条规定：“需要安置的人员由农村集体经济组织安置的，安置补助费支付给农村集体经济组织，由农村集体经济组织管理和使用；由其他单位安置的，安置补助费支付给安置单位；不需要安置的，安置补助费发放给被安置人员个人或者征得被安置人员同意后用于被安置人员的保险费。”

在上述机制中，安置补助费显然并不是对放弃土地承包经营权的补偿费用，而是“失地”的集体经济组织成员就业、后继生活的支持资金，它是国家征收集体土地后安置被征收单位因征地造成的多余劳动力的补助费用，其根本目的在于保障以土地为主要生产资料和生活来源的失地农户的基本生活。出于这一根本性质，在政策上、实务上，一般认为所谓的“因土地被征用需安置”的，只能是集体经济组织成员，非集体经济组织成员只存在补偿问题而不存在安置问题。在法律上，相关法律、法规及司法解释也都强调安置补助费以被安置人员的安置为前提，由国家支付给安置单位并且专款专用，集体经济组织成员只有在不需要安置的情形之下，才具有分配、获得安置补助费的请求权。

本案中，蔡某某、杨某某因国家征用而失去对19.125亩土地的承包经营权，要求对此土地承包经营权进行适当补偿并无不当，但将安置补助费视为对土地承包经营权的补偿费用则明显缺乏法理根据，不符合现行征用土地补偿费用分配、使用制度。而且，按照现行的征用土地补偿费用分配机制，蔡某某、杨某某并非以农村集体经济组织成员的身份承包土地，不属于需要安置的对象，根本无权对安置补助费提出诉求。

2. 在原告没有起诉要求补偿损失的情况下，法院直接判决被告补偿原告40000元不符合民事诉讼基本原理

农业承包合同一般分为内部承包合同与外部承包合同两种，集体经济组织成员作为承包方的合同称为内部承包合同，集体经济组织成员以外的人员作为承包方的合同称为外部承包合同。不管是内部承包还是外部承包，合同双方都是平等的民事主体，其合法权利应当得到平等的保护和尊重。承包方承包土地之后，通常都会对土地进行开发与投入并期待一定的收益，承包的土地被国家建设征用后，承包方必然面临投入的损失和可得利益的减少，对这些损失不给予适当补偿既不符合公平原则，也必然导致承包方对征用的抵制。正因如此，《农业承包合同纠纷规定（试行）》第12条规定：“承包方因承包经营的土地被依法征用或者被依法批准使用后，要求发包方按照有关法律、法规的规定给予补偿或者要求发包方对其为改良土地的实际投入给予适当补偿的，人民法院应当予以支持。”可以说，从实体而言，土地承包方因征用而要求对土地承包权丧失进行补偿合理合法，并无不当。

问题是，对土地承包权丧失的补偿要求涉及复杂的法律关系，不能在处理安置补助费分配纠纷时简单地“一并处理”。我国公民个人没有土地所有权，在法理上，对征用土地的补偿都是针对土地所有者——集体经济组织进行补偿，集体经济组织获得补偿后，再根据法律要求和实际情况对所获补偿进行分配、管理和使用。在此大机制下，承包方因承包经营的土地被依法征用需要进行补偿的，首先应当向发包的集体经济组织提出明确请求，未获同意再与发包的集体经济组织协商，协商不成再向法院起诉。本案蔡某某、杨某某承包的部分土地被国家建设征用是事实，其利益因此受到一定损失也不难想象，但其并没有诉求发包方对土地承包权丧失依法给予补偿，而是诉求得到安置补助费作为生活补助。这固然可能有蔡某某、杨某某因不熟悉法律导致诉求不准的原因，但从法律层面而言，法院直接判决裕丰村第 17、18、19、20 小组因土地征用补偿蔡某某、杨某某 40000 元，与民事诉讼法基本原理存在诸多背离之处：一是本案无承包方蔡某某、杨某某要求发包方裕丰村第 17、18、19、20 小组对土地承包权丧失依法补偿的诉讼请求，法院直接对此作出判决侵犯了蔡某某、杨某某的诉权，违背了民事诉讼当事人主义的诉讼精神；二是由于要求裕丰村第 17、18、19、20 小组对土地承包权丧失依法补偿并不是蔡某某、杨某某的诉讼请求，诉讼中双方显然未就此进行充分协商，裕丰村第 17、18、19、20 小组更未对此全面行使辩护权，法院直接判决裕丰村第 17、18、19、20 小组补偿蔡某某、杨某某 40000 元意味着双方的诉讼权利都未得到充分保障；

三是在此情形之下法院在审理中也不可能进行有针对性的调解，法院自身的调解职能受到了压抑。

“不告不理”是民事诉讼的基本准则，法院审理民事案件应当充分维护当事人的意思自治，始终保持被动性和中立性，不能擅自变更、撤销当事人的诉讼请求。对超过当事人诉讼主张的部分，不应主动审理、径自判决。征地安置补助费分配纠纷和土地承包权丧失补偿费纠纷是两种不同性质的法律关系，两者虽然有千丝万缕的联系，但法律性质和处理原则是不同的，不能等同看待。既然本案原告蔡某某、杨某某诉求巴江口水电站淹没的承包土地 19.125 亩的安置补助费 71986.5 元归其所有，法院审理的具体内容应当以安置补助费的归属为限。如认为原告主体不合格、诉求不符合法律规定不予支持，应当驳回原告的诉求，至于如何对土地承包权丧失进行补偿，应当由蔡某某、杨某某自行决定是否另行起诉。

检察实务点评

本案原审法院在实体问题上的看法有值得肯定之处，但在程序上有明显的违法现象，而程序上的违法使实体上的处理不具有合法性。检察机关在抗诉过程中非常准确地抓住了原审判决的不当之处，促使原审法院再审之后采纳了抗诉意见。应当说，抗诉非常成功。综观本案抗诉意见，突出的优点是：

1. 对案件性质和争议焦点的把握非常准确

本案是安置补助费纠纷，诉讼双方对安置补助费的性质和归属产生矛盾。由于蔡某某、杨某某的诉求缺乏法理基础和法律依据，其诉讼请求显然不应予以支持。在此问题上，原审法院虽然也认为蔡某某、杨某某的诉讼请求不合法，但却认为其请求的利益——对放弃土地承包经营权进行补偿符合公平原则，并立足于此作出判决，其看似实体公正，实则蕴涵了对民事诉讼以程序公正实现实体公正基本价值取向的破坏。检察机关对案件的分析就事论事，紧紧抓住争议的焦点——安置补助费的性质和归属进行论证，抗诉意见极具说服力。

2. 对原审判决的错误分析比较到位

本案原审判决的错误在于对法定诉讼程序的不严格执行。原告蔡某某、杨某某并没有要求被告裕丰村第17、18、19、20小组补偿丧失土地承包经营权的损失，法院在此情况下直接判决被告补偿原告40000元违反了民事诉讼“不告不理”的诉讼原则，侵犯了当事人的诉讼权利。检察机关在抗诉过程中对这一点的分析相当透彻，这为再审法院采纳抗诉意见奠定了坚实基础。

当然，在本案中，检察机关的工作也并非尽善尽美。如对于蔡某某、杨某某丧失土地承包经营权是否可以获得补偿的问题，虽然不在诉讼请求之列，但既然原审法院已对此作出判决，并且是判决的核心内容，检察机关在抗诉中就应当对此作出明确、有力的回应。然而，检察机关只是以适用法律错误来回答，立场不够明确，说服力也不强。此外，蔡某某、杨某某诉求安置补助费虽然缺乏法律依据，但就此认为其诉讼请求不在法院审理范围之内未免过于武断，检察机关提出他们不是本案适格主体的抗诉理由还需要进一步论证。

实例 15　承包土地性质改变后被征用，产生的增值部分如何分配？

——广西国营高峰林场与谢某某农业承包合同纠纷抗诉案评析

案例简介

◇基本案情

申诉人（一审原告、二审上诉人、再审被申请人）：谢某某。

被申诉人（一审被告、二审被上诉人、再审申请人）：广西壮族自治区国营高峰林场。

1995 年 1 月 1 日，谢某某（乙方）与广西壮族自治区国营高峰林场（以下简称高峰林场）二塘分场（甲方）签订《承包鱼塘协议书》（高峰林场二塘分场是高峰林场未领取营业执照的职能部门，其对外民事活动由主管单位高峰林场承担），双方约定："由乙方承包甲方权属管理范围内的第七林班八、十小林班沟边地推筑鱼塘，承包期限 25 年，甲方免收乙方 5 年承包金。承包期间，如遇国家建设需要用地，双方无条件服从。如其他单位征用，由双方与用地单位协商赔偿，属于土地赔偿费的归甲方，属于乙方损失的归乙方。"协议签订后，谢某某依约自筹资金在其承包的土地上推筑了面积为 20.4 亩的鱼塘。1998 年 7 月 2 日，南宁市人民政府根据建设需要，征用了高峰林场部分国有土地，谢某某推筑的 20.4 亩鱼塘包括在高峰林场被征用的土地范围之内。之后，南宁市人民政府根据有关法律法规，付给高峰林场土地补偿费、青苗补偿费。高峰林场得到被征用土地补偿款后，按照其与拆迁单位约定的补偿标准和谢某某承包鱼塘的实际面积，付给谢某某青苗补偿费81600元。谢某某认为其承包的鱼塘被征用后应得的补偿款为422600元，减去高峰林场应得的林地补偿款104804.80元后，其应得补偿款为317795.20元，高峰林场只发给其81600元，尚有236195.20元没有给付，遂向南宁市兴宁区人民法院提起诉讼。

◇诉讼过程

一审情况

南宁市兴宁区人民法院审理认为，谢某某与高峰林场二塘分场签订的合同属有效合同，双方已经在合同中约定“如遇国家建设需要用地或其他单位征用时，属于土地赔偿费的归甲方，属于乙方损失的归乙方”，因此，谢某某应得的补偿是被征用土地上属其个人的附着物和青苗补偿费。由于谢某某所承包的鱼塘未涉及附着物，谢某某请求高峰林场再支付的236195.20元实质上属于土地补偿费，根据双方合同约定，应归高峰林场。遂作出（2004）兴民二初字第11号民事判决：驳回谢某某的诉讼请求。

二审情况

谢某某不服一审判决，上诉至南宁市中级人民法院。南宁市中级人民法院审理认为，土地补偿费是按征用时被征用土地现状确定的，林地的补偿标准低于鱼塘的补偿标准。南宁市人民政府对征用鱼塘补偿的增值部分是由谢某某投资而形成的，高峰林场从征用人处取得后不转付给谢某某没有依据。谢某某投资推筑成的鱼塘仅经营3年多就被征用，尽管造成谢某某投资损失的原因是政府行为而非合同双方当事人的原因，但不对谢某某进行补偿有违公平、等价有偿的民法精神，故高峰林场应将已领取的由谢某某投资推筑鱼塘而使林地产生的增值部分付给谢某某。2004年8月25日，南宁市中级人民法院作出（2004）南市民二终字第201号民事判决：（一）撤销南宁市兴宁区人民法院（2004）兴民二初字第11号民事判决；（二）高峰林场支付增值的补偿费214771.2元给谢某某。

再审情况

高峰林场不服二审判决，申请南宁市中级人民法院再审。南宁市中级人民法院再审后认为，谢某某请求的是其承包鱼塘的土地补偿费的一部分，虽然鱼塘的土地补偿费与林地的补偿费有差额，但双方在《承包鱼塘协议书》中已经明确了在林地上推筑鱼塘，故在合同中约定的“土地赔偿费”是属于鱼塘的土地补偿费而非林地补偿费，因此，谢某某要求高峰林场支付其鱼塘补偿费与林地补偿费的差额款没有依据。2005年6月26日，南宁市中级人民法院作出（2005）南市民再字第38号民事判决：（一）撤销本院（2004）南市民二终字第201号民事判决；（二）维持南宁市兴宁区人民法院（2004）兴民二初字第11号民事判决。

抗诉意见

谢某某不服，向南宁市人民检察院提出申诉，南宁市人民检察院提请广西壮族自治区人民检察院抗诉。自治区人民检察院审查后认为，争议双方在《承包鱼塘协议书》中已约定，“属于土地赔偿费的归甲方，属于乙方损失的归乙方”。而高峰林场发包给谢某某的是沟边地、旱地、林地，谢某某投资后提高了土地价值，且协议承包期本来为25年，现仅经营3年多就被征用，依照协议约定，谢某某的损失理应得到补偿。因此，对于政府给予原沟边地和鱼塘之间的补偿差价，应当将因政府征用给谢某某投资推筑鱼塘带来的损失补偿给谢某某。遂于2006年3月27日向广西壮族自治区高级人民法院提出抗诉。

终审结果

广西壮族自治区高级人民法院受理检察机关抗诉后，经审理认为，谢某某承包土地后的投入确实提高了土地价值，但双方签订的协议中已约定将沟边地、旱地、林地改造成鱼塘，双方也已经预见到承包期间可能遇到国家建设需征用土地的情况，并约定土地被征用后土地赔偿费归高峰林场。因此，谢某某损失的是鱼塘塘基及设施，不是鱼塘，其主张将因其投资产生的差价部分归其所有缺乏根据。2006 年 10 月 28 日，自治区高级人民法院作出（2006）桂民再字第 135 号民事判决：（一）撤销南宁市中级人民法院（2005）南市民再字第 38 号民事判决和该院（2004）南市民二终字第 201 号民事判决及南宁市兴宁区人民法院（2004）兴民二初字第 11 号民事判决；（二）高峰林场应付给谢某某 20.40 亩鱼塘地上附着物（含鱼塘塘基及设施）补偿费 11866.21 元；（三）驳回谢某某的其他诉讼请求。

问题的提出

承包土地性质改变后被征用，产生的增值部分如何分配？

随着我国城市化进程的加快，土地征用日益频繁，由此引发的土地征用纠纷日益增多。这类纠纷实践性极强、牵涉面极广，对经济发展和社会稳定影响极大，目前已经成为备受人们关注的社会问题。

在土地征用纠纷中，土地征用补偿，尤其是承包土地被征用后的土地补偿费如何分配是一个非常敏感和复杂的问题。由于土地承包期限都比较长，承包人为了生产经营的需要，一般要对承包土地进行一定的先期投入，进行相应的改造，以提高土地的生产力和利用价值。在承包期间内，一旦政府基于城市建设、工业发展或其他原因征用土地，土地补偿费如何确定、如何分配、承包人投资如何补偿就容易成为争议的问题。近年来，就出现了大量因承包土地被征用后发包方与承包方对征用补偿费的分配问题无法达成一致意见而引发的纠纷。

本案是典型的承包土地征用补偿费纠纷，案件历经四审，判决结果跌宕起伏，判决理由众说纷纭，甚至同一法院对此案的两审判决也截然相反。争议的焦点和根源在于：由于政府对不同土地的征用补偿费标准不同，谢某某按照承包合同将沟边地、旱地、林地投资改造成鱼塘后，出现了沟边地、旱地、林地补偿费与鱼塘补偿费之间的价差，对于这部分价差，应否支付给谢某某？之所以产生这样的争议，归根结底，是因为我国现行土地征用补偿机制并未完全商业化，征用补偿费用不是由相关利益方共同协商，而是由政府按照土地被征用时的状况和国家规定的不同种类土地的征用补偿标准综合确定。这一机制在总体上虽然是比较明确的，但却没有对一个常见问题作出回答，即土地承包后，承包方按照合同约定对土地进行了投入和改造，导致承包前后土地征用补偿计算标准不同，产生了补偿费用的价差，这部分价差属于何种法律性质？在发包方和承包方之间应该如何分配？由于目前法律、政策还没有明确界定，司法实践中对此问题的认识和把握极不统一。

法理分析

1. 土地征用补偿机制的目的在于补偿土地所有者或者使用者因土地征用所遭受的利益损失

设立土地征用补偿机制的目的，在于弥补土地被征用人因征用所遭受的财产损失，实现各种合法利益的均衡保护。我国《土地管理法》第47条规定："征用土地的，按照被征用土地原用途给予补偿。"其中蕴涵的立法宗旨非常明显，即通过补偿对被征用土地的所有者和使用者进行必要救济，确保被征用土地上原来已经形成的劳动关系和各种社会利益不因征用而受损，实现国家、集体、个人利益的公平保护及和谐发展。基于以上立法意图，立法者将征用土地补偿费用划分为土地补偿费、安置补助费以及地上附着物和青苗补偿费三个方面。其中，土地补偿费是对土地所有者和土地使用者因对土地的投入及收益造成损失的补偿；安置补助费是安置以土地为主要生产资料并取得生活来源的农业人口的生活补助费用；地上附着物和青苗补偿费是对被征地个人财产损失的补偿。

上述各项补偿中，安置补助费、地上附着物和青苗补偿费的归属比较明确，一般不会产生太大的争议，但对土地补偿费的归属却往往产生纷争。由于我国《土地管理法》曾规定，“国家建设征用的各项补偿费和安置补助费，除被征用土地上属于个人的附着物和青苗的补偿费付给本人外，由被征用单位用于发展生产和安排因土地被征用而造成的多余劳动力的就业和未能就业人员的生活补助，不得移作他用，任何单位和个人不得占用”，实践中，不少人认为土地补偿费具有法定专属权性，只能由土地所有者和使用者集体统筹使用，而作为个人，仅能就被征用土地上属于个人的附着物和青苗补偿费获得补偿。本案中，一审、再审及终审法院均认为，尽管谢某某承包土地后，投入资金将沟边地、旱地、林地改造成鱼塘，提高了土地价值，但并不能改变政府对鱼塘的补偿仍属于土地补偿费的性质，也不能突破土地补偿费应当专属于土地所有人或土地使用人集体所有的基本原则。因此，尽管谢某某个人存在投资损失，但只能就鱼塘地上附着物及青苗补偿费得到补偿。

这种机械理解法律条文的观点，误读了立法宗旨，也与当前土地征用补偿制度的发展方向不符。表面上，立法者虽然将土地补偿费划归被征用土地的所有者或使用者，但实质上并不排除对为此土地价值形成作出贡献的主体进行适当补偿，“被征用土地上属于个人的附着物和青苗的补偿费付给本人”的法律表述就充分体现了这一精神。从公平保护、平等保护的原则出发，立法者也不可能对征用土地价值的形成视而不见，对不同用途的土地给予不同标准补偿的制度设置正体现了立法者的良苦用心！而从土地征用补偿制度的发展来看，国际上大多推行“公正、公平”的补偿精神，力求合理分配征用补偿费用，以保障各利益主体特别是弱势群体的合法权益。顺应国际发展的潮流，我国2007年颁布施行的《物权法》对征收、征用问题进行了专门的规定，而其中第121条规定：“因不动产或者动产被征收、征用致使用益物权消灭或者影响用益物权行使的，用益物权人有权依照本法第四十二条、第四十四条的规定获得相应补偿。”该条款将征收、征用补偿费的受益主体范围由传统的所有人扩张至用益物权人，首次明确了用益物权人的补偿请求权，无疑是立法的进步，也进一步彰显出征收、征用补偿中的公平、公正精神。

因此，对土地补偿费的归属绝不能机械教条化，而应在宏观上立足于保护社会关系稳定和社会平稳发展，在微观上立足于切实维护各方当事人的合法权益。本案二审法院及检察机关主张，土地补偿费是按照征用时被征用土地现状确定的，如果不是谢某某投资将林地推筑成鱼塘，那么政府支付补偿费的标准是林地而不是鱼塘，因此，政府对鱼塘补偿的增值部分是由谢某某投资而形成的，应当将因其征用给谢某某投资推筑鱼塘带来的损失补偿给谢某某。这样的见解，应当说拨云见日，更符合立法的精神实质。

2. 承包人有权就投资损失获得相应补偿

我国《土地管理法》第15条规定：“国有土地可以由单位和个人承包经营，从事种植业、林业、畜牧业、渔业生产。”《农村土地承包法》第26条规定：“承包期内，承包方交回承包地或者发包方依法收回承包地时，承包方对其在承包地上投入而提高土地生产能力的，有权获得相应的补偿。”《最高人民法院关于审理农业承包合同纠纷案件若干问题的规定（试行）》第12条进一步规定：“承包方因承包经营的土地被依法征用或者被依法批准使用后，要求发包方按照有关法律、法规的规定给予补偿或者要求发包方对其为改良土地的实际投入给予适当补偿的，人民法院应当予以支持。”本案中，谢某某与高峰林场签订了《承包鱼塘协议》，约定在高峰林场权属的沟边地上推筑鱼塘，合同双方意思表示真实，合同内容符合法律规定，属有效合同。合同签订后，谢某某按照合同的约定推筑了鱼塘，履行了合同义务，按照权利与义务对等的原则，应该享受基于鱼塘投入和提高土地生产能力所衍生的相应权利。该土地被征用后，虽然造成谢某某投资损失的是政府行为而非双方当事人的原因，但谢某某投资将林地、沟边地改建成鱼塘是不容否认的事实，而土地增值导致土地补偿费增值也是显而易见的，这种增值看似无形，但已经切切实实地依附在其所承包的土地上。对于增值部分，如果全部归属于土地所有者，则发包方无异于享受不当得利而让作为投资者的谢某某蒙受不合理的损害，不符合“谁投资，谁受益”的法律原则。此外，由于承包土地被征用，协议承包期为 25 年的合同仅履行了 3 年多，谢某某的投资损失无法收回。从公平、等价、有偿的民法精神出发，依据法律和司法解释的有关规定，高峰林场也有义务对谢某某的投资损失进行适当的补偿。

3. 对合同条款的理解应遵循公平原则

公平原则是民法的基本原则，更是合同法的精髓，贯穿于合同法制定、适用的全过程。“公平原则强调在合同的订立和履行过程当中，要以公平观念来调整合同当事人的权利义务关系，即以利益是否均衡作为价值判断标准来确定当事人之间的利益关系，追求公正和合理的目标。”① 根据这一原则，“在合同纠纷案件中，当具体规则的机械适用会带来不公正的结果时，公平原则就成为法官解释合同和裁判案件的基本依据”。② 尤其是当对合同条款的内容产生争议

① 江平主编：《中华人民共和国合同法精解》，中国政法大学出版社 1999 年版，第 6 页。

② 唐柏树主编：《合同纠纷 58 案》，中国法制出版社 2008 年版，第 2 页。

时，司法者应当本着公平原则对当事人之间的意思表示进行合理审视和适当限制，对处于不平等地位上的合同一方进行合理救济，从而在确保合同自由的同时，促进合同法维护公平正义的根本目的能够在法律实施过程中得到充分实现。

本案中，对双方签订的鱼塘承包协议内容的解读和适用显然也是争议的焦点和解决问题的关键。从字面上看，该协议书约定："承包期间，如遇国家建设需要用地，双方无条件服从。如其他单位征用，由双方与用地单位协商赔偿，属于土地赔偿费的归甲方，属于乙方损失的归乙方。"对于这一约定，各方观点不一。一审法院、再审法院及终审法院均主张从字面上把握双方意思表示的内涵，既然合同约定"土地赔偿费"归甲方，鱼塘的土地赔偿费理应归属于高峰林场。但这样的理解显然并未符合双方当事人签订合同时的真实意思，更不符合公平、公正的法律精神。

从当事人的意思表示角度分析，尽管双方都预料到土地有可能被征用并约定了"属于土地赔偿费的归甲方，属乙方损失的归乙方"的处理办法，但从谢某某的角度而言，他显然并未准确理解"土地赔偿费"这一法律概念的内涵和外延。作为非法律专业人员，他所能理解和预料的是，如国家建设需要征用土地，承包合同就无法继续履行，不仅他的投资将受到损失，其对鱼塘未来25年的收益预期也会落空，正因为如此，才在合同中约定"属乙方损失的归乙方"。就此，完全可以合理推论，谢某某不可能在签订合同时就同意承受投资鱼塘的直接损失和间接损失，只不过由于法律素质不高无法在合同条款上准确反映其真实意思表示而已。

从公平、公正维护当事人利益的角度分析，当合同条款的文字表述不够明确导致歧义时，司法机关应当本着公平原则对当事人的真实意思进行推论。在土地征用补偿费纠纷案件中，由于法律对土地补偿费的制度设置立足于征用土地的现状，未考虑土地价值的形成过程，当双方当事人因对此机制缺乏足够了解、在合同中使用的文字与法律概念未能完全吻合或者表述的意思不清时，司法机关只能从公平、公正的立法精神出发把握合同双方当事人的真实意思，绝不能望文生义，就条文议条文，机械地从字面上把握合同的内容。而如前所述，如果简单地把合同条款中的“土地补偿费”理解为政府按照鱼塘标准支付的土地补偿费，谢某某的投资损失、可预期利益都将排除在法律保护范围之外，这样的结果显然是不公平的。

检察实务点评

本案经广西壮族自治区人民检察院抗诉，广西壮族自治区高级人民法院依法进行了部分改判。虽然终审法院最后的判决没有完全采纳检察机关的抗诉意见，只是在终审判决上相应作了一些调整，但是，终审法院判决高峰林场除赔偿谢某某青苗补偿费外还应就鱼塘的地上附着物部分损失进行补偿，事实上已经在一定程度上认可了检察机关的抗诉意见，进一步维护了弱者的合法权益，检察机关抗诉的目的基本实现。

◇抗诉经验

1. 注重法律原则在具体案件中的运用

相对于具体的法律规则而言，法律原则有着更为广泛的司法适用性。法律原则除了对具体案例选择具体的法律规则起着指导作用之外，还起着纠正具体规则僵化导致的救济不力和补充具体规则缺失导致的救济缺位之作用。本案中，一审、再审及终审法院都从条文本身出发，认定不管是林地补偿费还是因谢某某投资增值而产生的鱼塘补偿费，其性质都是土地补偿费，且双方已经在合同中明确约定土地赔偿费归高峰农场，因此，都作出了明显有利于高峰林场的判决。检察机关没有片面理解和适用法律条文，而是本着“公平、公正”及“谁投资，谁受益”的法律原则，主张案件的处理不能忽略谢某某投资而导致土地补偿费增值之事实。应该说，相对于一审、再审及终审法院，检察机关更善于应用法律的基本原则去阐释和适用法律，站在更高的高度去理解问题、处理问题，这样的执法思路，值得在今后的民事行政检察工作中借鉴和推广。

2. 注意法律、政策的衔接

本案争议集中在“承包人是否有权获得土地增值部分的补偿”，而在这一领域，应当说目前我国相关法律规定并不是很完备，法律之间、法律与政策之间还存在不少不衔接甚至是相冲突的地方。本案中，法院的裁判大多建立在《土地管理法》和相关土地管理法规之上，对于判决所涉及的法律矛盾与冲突并没有给予合理的解释。抗诉过程中，检察机关从法理、法律、事实相结合的高度主张，论证“土地补偿费归高峰林场”的约定并不摒弃对谢某某合法权益的保护，应该说比较合理地解决了本案中法律、政策规定的衔接问题，指出了本案矛盾的解决方法和方向。

◇存在问题

论证的深度有待进一步提高

在抗诉意见中，检察机关的抗诉意见立足于“政府给予原沟边地和鱼塘之间的补偿差价，应当补偿投资人的投资损失”，抗诉的立论应当是准确的。但是对于法院裁决所提出的观点——“土地补偿费具有专属性，即便因谢某某投资而增值，但增值部分属于土地补偿费的性质没有改变，只能归高峰林场所有”，检察机关并没有提出充足的理由予以说明和反驳，而更多的是从“谁投资，谁受益”的角度去论述自己的抗诉意见，论证的说服力受到一定程度的影响，而这恐怕正是终审判决只作相应调整，没有完全采纳检察机关抗诉意见的关键所在。

实例16 过失相抵原则的司法运用

——葛某发、翁某某与搜品廊商贸有限公司人身损害赔偿纠纷抗诉案评析

案例简介

◇基本案情

申诉人（一审原告、二审上诉人）：葛某发、翁某某。

被申诉人（一审被告、二审被上诉人）：广西南宁市搜品廊商贸有限公司。

2005年7月17日21时许，葛某发、翁某某（系夫妻关系）6岁女儿葛某利在南宁市搜品廊商场内失踪。当晚22时许，商场工作人员发现葛某利掉在该商场电梯底部，便迅速向南宁市解放派出所报案，并将葛某利的尸体抬出一楼电梯底部的缓冲层。同年7月22日，南宁市公安局兴宁分局对葛某利进行尸体解剖后作出《法医病理学鉴定书》，结论为：死者系胸腹部被挤压、高坠及溺水联合致机械性窒息导致死亡，属意外事故。同年7月27日，广西壮族自治区特种设备监督检验院出具的《关于广西金一里物业管理有限责任公司（搜品廊商厦）使用的观光电梯检查情况》注明：该电梯专业资质维修合同至2005年5月到期，尚未续签，现自行保养，亦未进行注册登记，已申请年度检验合格期至2005年12月。经检查，电梯底坑有杂物，轿厢内通话对讲已拔掉，电梯门的安全触板已失效，维保状况不好。检查结论为：（1）电梯层门、轿门闭合的电气装置

是有效的，电梯在正常运行时不可能出现在开门状态下电梯能运行的情况。(2) 电梯的电气安全回路有效。(3) 电梯只有在专业人员短接门锁电气回路情况下才可能开门运行电梯。(4) 电梯在停止运行的情况下只有专业人员用钥匙通过层门紧急开锁装置才能打开层门，而在轿厢内需经一定力度才能打开轿门。(5) 电梯正常运行后，与南宁市公安局刑事科学技术研究所共同做了一个试验，结果为：①电梯运行突然停电，轿厢在两层之间，模拟人需相当力量才能强迫打开轿厢门，在轿厢门打开情况下，电梯通电轿门不能自动关闭，电梯不能运行。②电梯正常运行到非开门区时，模拟强迫打开轿门未能成功。

南宁市公安局刑事科学技术研究所作出的《"2005.7.17"搜品廊事件性质分析》认为，葛某利系电梯停机在一至三层的错层时被困在厢内，葛某利用手阔门缝，并将身体挤入门缝，由于电梯防夹安全触板失效，葛某利身体被夹住，挣扎中在身体正、背面形成轿厢门立缘的对称性擦痕。葛某利左脚踏空，左腿跟部撞到门框下缘，挣扎中将整个身体挤入电梯轿厢与井道南壁的缝隙中，并坠落至一楼电梯井道底部。综合现场勘查、法医尸体检验、电梯检测、微量物证检验，女孩葛某利之死可排除他杀，属意外事故。事故发生后，葛某发、翁某某向南宁市兴宁区人民法院提起诉讼，要求南宁市搜品廊商贸有限公司（以下简称搜品廊公司）赔偿死亡赔偿金173800元，丧葬费6789.48元，尸体解剖费500元，误工费216.24元，交通费300元，精神损失费60000元。

◇诉讼过程

一审情况

南宁市兴宁区人民法院审理后认为，搜品廊公司作为搜品廊商场的经营管理者，对其商场内的观光电梯负有管理和维护保养的义务，应当保障电梯的正常运行及电梯乘坐人的安全。该观光电梯虽仍在年度检验合格期内，但由于搜品廊公司疏于保养，导致电梯的维修保养状况不好，存在电梯门安全触板失效并多次出现停机故障等问题。虽然电梯发生停机与葛某利死亡后果之间没有直接的因果关系，但电梯防夹安全触板失效所形成的安全隐患是葛某利死亡的直接原因。故搜品廊公司对葛某利死亡后果的发生具有过错，应当对葛某利的死亡承担60%的赔偿责任。葛某利系无民事行为能力人的未成年人，葛某发、翁某某作为葛某利的法定监护人，应当履行法定的监护职责，保护葛某利的人身安全。但葛某发、翁某某放任葛某利多次、独自乘坐电梯玩耍，以致葛某利在独自乘坐电梯过程中，在电梯出现停机故障时，因缺乏判断力和认知能力未能采取妥善合理的求助方式或自救措施而产生死亡结果，应当对葛某利的死亡结果承担40%的责任。2005年11月21日，南宁市兴宁区人民法院作出（2005）兴民一初字第608号民事判决：（一）搜品廊公司赔偿葛某发、翁某某死亡赔偿金、丧葬费、尸体解剖、误工费、精神损害抚慰金共计106646.43元；（二）驳回葛某发、翁某某其他的诉讼请求。

二审情况

葛某发、翁某某不服一审判决，向南宁市中级人民法院上诉。南宁市中级人民法院审理后认为，一审判决认定事实基本清楚，适用法律基本正确，实体处理基本正确，葛某发、翁某某的上诉理由不成立，遂于2006年3月16日作出（2006）南市民一终字第75号民事判决：（一）维持南宁市兴宁区人民法院（2005）兴民一初字第608号民事判决主文第二项；（二）变更南宁市兴宁区人民法院（2005）兴民一初字第608号民事判决主文第一项为：被上诉人搜品廊公司赔偿葛某发、翁某某死亡赔偿金、丧葬费、尸体解剖、误工费、精神损害抚慰金共计109446.43元。

抗诉意见

葛某发、翁某某不服二审判决，向南宁市人民检察院提出申诉。南宁市人民检察院审查后提请广西壮族自治区人民检察院抗诉。自治区人民检察院审查后认为，南宁市中级人民法院（2006）南市民一终字第 75 号民事判决认定事实的主要证据不足，责任划分错误。葛某利的死亡系电梯故障导致，葛某发、翁某某的监护责任不至于导致葛某利的死亡后果。因此，搜品廊公司应承担事故的全部责任。遂于 2007 年 4 月 30 日向广西壮族自治区高级人民法院提出抗诉。

再审结果

广西壮族自治区高级人民法院受理检察机关抗诉后，裁定将该案发回南宁市中级人民法院重审。南宁市中级人民法院再审后认为，原审认定事实清楚，但对双方过错责任比例划分不当，将责任承担的比例确定为 8∶2 更能体现对死者家属的救济和安抚。2007 年 11 月 1 日，南宁市中级人民法院作出（2007）南市再抗字第 34 号民事判决：（一）维持本院（2006）南市民一终字第 75 号民事判决主文的第一项（即驳回葛某发、翁某某的其他诉讼请求）；（二）变更本院（2006）南市民一终字第 75 号民事判决主文的第二项为：搜品廊公司赔偿葛某发、翁某某死亡赔偿金、丧葬费、尸体解剖、误工费、精神损害抚慰金共计 149977.57 元。

问题的提出

混合过失的责任如何相抵？

过失相抵原则是处理侵权损害赔偿的世界性司法原则。我国《民法通则》第 131 条规定：“受害人对于损害的发生也有过错的，可以减轻侵害人的民事责任。”1991 年 8 月 9 日，最高人民法院曾以

(1991)民他字第1号复函，针对赵正诉尹发惠侵权赔偿案对过失相抵原则作出过司法解释。在该案例中，受害人赵正系3岁男孩，加害人尹发惠（40岁，女）系云南省某县职员。赵、尹两家居在同一宿舍区，相距不远。1989年11月26日下午，尹到开水房提开水回家准备给她的孩子洗澡，当提到赵家门口通道与公共通道会合处，因提不动，遂将两只装满开水的水桶放下，另去找扁担。这时候，赵正从外面玩耍回家，倒退着行至水桶旁，被水桶的耳子刮着毛线裤，跌入开水桶中，致使赵正左背部、臀部及双下肢烫伤，面积为28%，深度为Ⅱ—Ⅲ度。该批复性司法解释认为："尹发惠的疏忽大意行为致使幼童赵正被烫伤，应当承担侵权的民事责任；赵正的父母对赵正监护不周，亦有过失，应适当减轻尹发惠的民事责任。"2003年12月26日，最高人民法院颁布的《关于审理人身损害赔偿案件适用法律若干问题的解释》对过失相抵原则的具体适用作了更为详尽明确的规定。可以说，在立法上、制度上，过失相抵原则并不存在太多的争议和模糊空间。然而，在司法实践中，对过失相抵原则的运用却常常面临认识问题和实务操作问题，法官不恰当地运用该原则的现象时有发生，一些法官在不易决断时，往往各打五十大板或者在6∶4的责任比例中自由选择。

本案中，搜品廊公司管理不善导致其营业场所内的电梯产生故障致人死亡显然是一种侵权行为，其过错是显而易见的。与此同时，葛某发、翁某某作为受害人葛某利的法定监护人，未正确履行法定的监护职责，以致葛某利面对电梯停机故障时未能采取妥善合理的求助方式或自救措施而死亡，其过失亦不容否认。问题是，在混合过失的情况下，如何正确、合理划分责任的大小？一审、二审法院均认为，搜品廊公司与葛某发、翁某某之间的责任应以6∶4的比例划分。自治区人民检察院认为，葛某利的死亡是因电梯故障而导致的，葛某发、翁某某的监护责任不至于导致葛某利的死亡后果。因此，搜品廊公司应承担事故的全部责任。再审法院则认为，6∶4比例的划分属于法院自由裁量的范围，但将责任承担的比例划分确定为8∶2更能体现对死者家属的救济和安抚。可见，在过失如何相抵问题上，各执法部门并未形成一致意见。

法理分析

1. 过失相抵的理论依据

过失相抵制度在不同国家和地区的民法理论中有着不同的称谓，《德国民法典》称为"mitverschulden"，英美国家通常称为"contributory negligence"，日本民法中称为"过失相杀"，我国台湾地区则称为"过失相抵"。但就本质内涵而言，过失相抵在各国家和地区中一般都是指损害的发生或者扩大受害人也有过失，法院可依其职权，按一定标准减轻或者免除加害人的赔偿责任，从而公平合理地分配损害的一种制度。

关于过失相抵原则的理论基础，理论界存在惩罚说、损害控制说、因果关系说、保护加害人说、过错责任说等不同解释。我国包括台湾地区一些学者习惯从衡平原则和诚信原则出发进行分析："凡及于自己之故意或过失所生之损害，非可转嫁于他人，此为自明之理。"[①]"盖人只应对自己之行为负责。对于他人之过失行为所生之损害，自不负赔偿责任，否则为衡平原则所不许。且依诚信原则，为使债务完全履行，债权人亦有协助之义务，若债权人因故意或过失使损害扩大，亦为诚信原则所不许。故过失相抵原则，为衡平观念与诚信原则法文化之具体表现。"[②]有些学者则认为，过失相抵原则的根本价值在于法律的公平精神与侵权行为法的责任自负，"过失

① 龙显铭编著：《私法上人格权之保护》，（台湾）中华书局1958年版，第117页。

② 曾隆兴：《现代损害赔偿法论》，中国政法大学出版社2001年版，第560—561页。

相抵制度存在的理论基础归根结底在于法律的公平精神与侵权行为法的责任自负原则。因为当受害人的过错与加害人的过错共同导致损害的发生，或者受害人的过错导致了损害的进一步扩大时，如果要求加害人就并非自己行为所导致的损害承担赔偿责任，不仅违背了公平的精神而且不符合责任自负的原则”。①

关于减免赔偿额的标准，理论上有三种学说：（1）原因力说。此说以《德国民法典》为代表。根据原因力说，如果损害主要是由于受害人的行为造成的，则可大部分减轻乃至免除加害人的责任；反之，则应较少减轻加害人的责任。（2）过失轻重比较说，即以比较过失之轻重确定加害人的责任。此说认为应以双方过失轻重来确定加害人的责任，如果加害人一方为故意或重大过失，受害人一方为一般过失，则较少减轻加害人的责任；相反，则大部分减轻乃至免除加害人的责任。（3）折中说，即比较原因力的强弱及过失轻重合并确定。我国民法处理这一问题主要考虑双方当事人行为的原因力，适当兼顾过失程度。因为“决定损害大小的，乃损害原因力之强弱，非过失程度之轻重，因此法院决定减免赔偿金额之标准，在于损害原因力之强弱，过失程度如何，仅为判断原因力之参考”。②至于如何在司法实践中具体量化损害赔偿民事责任，梁慧星先生曾撰文：在特殊侵权行为中“法官在使用过失相抵归责时，要在受害人的过错比例上再打一个40%—50%的折扣。结合我国情况，其操作概要为：如受害人被认定负全部责任，加害人、受害人各负50%赔偿责任；如受害人为主要责任，可减轻加害人30%的赔偿责任；如受害人与加害人为同等责任，可减轻加害人责任10%；如受害人为次要责任，则过失相抵规则无使用余地，受害人得到全额赔偿”。

① 程啸：《论侵权行为法上的过失相抵制度》，载《清华法学》（总第6辑），清华大学出版社2005年版。

② 曾世雄：《损害赔偿法原理》，中国政法大学出版社2001年版，第269页。

应当说，不同的学者从不同的侧面说明了过失相抵制度存在的合理性，并对过失相抵的实际操作程序和标准进行了一些理论上的探讨，这就为实务运作的规范奠定了一定的理论基础。

2. 过失相抵原则的法律规则

在我国，过失相抵原则的法律规则始于《民法通则》第131条，并在《最高人民法院关于审理人身损害赔偿案件适用法律若干问题的解释》中得到了极大的发展。归纳起来，过失相抵原则的法律规则主要包括下几个方面：

（1）过错责任原则是适用过失相抵原则的一般性基础

《民法通则》第106条规定："公民、法人由于过错侵害国家的、集体的财产，侵害他人财产、人身的，应当承担民事责任。"这一规定把过错责任原则以法律的形式固定下来。根据这一精神，在不属于法律规定的特殊情形下，判断行为人对其造成的损害应否承担侵权责任，以是否存在过错作为标准。只有当公民、法人出于过错实施应当承担民事责任之行为，才相应产生受害人是否也存在过失，是否应当对损害后果也分担一定责任的问题。基于过错责任原则是我国民事责任的一般性归责原则，过失相抵原则主要适用于以过错责任为归责原则的侵权行为领域。

（2）过失相抵原则也适用于法定的特殊侵权之情形

在以无过错责任为归责原则的特殊侵权行为领域，对受害人的损害赔偿是否可以适用过失相抵规则，在理论和实务中长期存在激烈的争论。从法律的角度作实证分析，应当说在某些特殊侵权行为领域，立法者并不反对适用过失相抵规则。如我国《道路交通安全法》第76条规定："机动车与非机动车驾驶人、行人之间发生交通事故，非机动车驾驶人、行人没有过错的，由机动车一方承担责任；有证据证明非机动车驾驶人、行人有过错，根据过错程度适当减轻机动车一方的赔偿责任。"这实际就是对特殊侵权行为领域适用过失相抵原则的肯定。《最高人民法院关于审理人身损害赔偿案件适用法律若干问题的解释》第2条规定："适用民法通则第一百零六条第三款规定确定赔偿义务人的赔偿责任时，受害人有重大过失的，可以减轻赔偿义务人的赔偿责任。"这一司法解释，为过失相抵规则在以无过错责任为归责原则的特殊侵权行为领域的适用作出了明确的法律诠释。

(3) 一般侵权行为中适用过失相抵原则的法律限制

一般侵权行为中，当侵权人因故意或者重大过失致人损害，而受害人只有一般过失时，加害人的过错及对义务的违反，与受害人疏于注意自身安全的一般过失不具有可比较性。实践中，此情形下损害结果的发生往往是加害人追求或放任的结果，如果适用过失相抵原则，则对侵权人过于宽宥，对受害人明显不公。为此，《最高人民法院关于审理人身损害赔偿案件适用法律若干问题的解释》明确规定，在此情形下不减轻赔偿义务人的赔偿责任。

(4) 特殊侵权行为中适用过失相抵原则的法律限制

立法者对特殊侵权行为设立无过错责任原则，本意在于对受害人进行特殊保护。因为在此情形之下，行为人负有法律上不得侵害他人权益的一般性义务，只要行为人违反这一义务，无论主观状态如何都应承担强制性侵权赔偿责任的法律后果。从这样的立法本意出发，即使受害人有一般性的过失，也不应当减轻侵权方的法律责任，以免与法律特别保护受害人利益的目的相冲突。为此，《最高人民法院关于审理人身损害赔偿案件适用法律若干问题的解释》明确规定，在特殊侵权行为领域适用过失相抵原则，仅限于受害人有重大过失的情形。

3. 一般侵权行为的过失相抵减免标准

（1）受害人一方遭受损害的情形下，可根据加害人与受害人过失的比例确定责任分摊

如前所述，受害人的过错与加害人的过错共同导致损害发生时如何进行过失相抵，在理论上存在比较原因力说、比较过失说、折中说三种学说。这三种理论均有合理之处，但应当说因果关系的作用主要体现在严格责任中。在过错责任原则中，鉴于受害人的过错与加害人的过错相混合才导致损害的发生，过多地探究原因力的作用既难以作令人完全接受的逻辑解释，也不符合过错责任原则的本意，因此，应当主要按照加害人与受害人过失的比例确定各方的责任。当然，法律不同于科学，不可能精确到一分一厘的地步，期望制定一个精确的过失与责任比例对应标准是不现实的。但实务中可以确立一个基本的指导原则。例如，加害人与受害人的过失程度相当，可减免加害人40%的赔偿责任；受害人的过失较小的，可在此基础上确定加害人相应的赔偿责任，但是，如果受害人过失在整个导致损害的过失中所占的比例低于10%时，就不应考虑加害人赔偿责任的减免问题。

（2）受害人与加害人双方都遭受损害的情形下，加害人与受害人按照过失程度对损害总额承担相应比例的责任

在受害人与加害人均存在过错互致损害时，每一方都处于既是受害方又是加害方的法律地位。在此情形之下，每一方均需要对损害后果承担双方过失的法律责任。至于如何计算各方的责任，可以有两种方法：一是先单独计算每一法律角色应当承担的责任，然后再综合抵消，即按前述第（1）点所述的原则和标准分别计算作为受害方和作为加害方应当承担的责任，再进行综合抵消；二是将加害人与受害人的损害相加，然后以该损害总额乘以加害人与受害人各自的过失比率，计算出他们分别应当分摊的损害赔偿责任。无论

以何种方法计算，只要秉承公平与责任自负的精神，其结果都是基本一致的。

(3) 对加害人、受害人过错行为之外的其他因素所造成的损害，亦应由加害人、受害人按过错比例分摊

实务中存在一种情形，加害人的过错行为、受害人的过错行为与其他因素结合才共同造成损害。在这种情形下，其他因素与损害结果也具有因果关系，如果不考虑这一因素，只按受害人与加害人的过错比例确定损害后果总额的责任分担，则意味着其他因素本应对应的损害后果由受害人与加害人共同承担；如果考虑这一因素，就存在着这一因素所对应的损害后果由哪一方承担的问题。理论界有人认为，在进行过失相抵时，只应当根据受害人的过失轻重决定减轻或者免除加害人的赔偿责任，加害人不仅要对由自己过失造成的损害承担赔偿责任，还要对由于天气恶劣、道路状况不佳等因素造成的损害承担赔偿责任。这种观点值得商榷，因为过失相抵的本质并非侵权行为责任的成立要件，而是决定损害赔偿数额的手段，其遵循的基本原则是公平性和安抚性，为了实现“损害的公平分担”，其他因素本应对应的损害后果应当由加害人与受害人按照各自过失的比例共同承担。

(4) 受害人的过错造成损害结果扩大的，扩大的损失应当从损害赔偿数额中加以扣除

在受害人的过错造成损害结果扩大的情形下，扩大的损失当然应按责任自负原则由受害人承担。因此，如果加害人能证明受害人的过错导致损害结果扩大，应当将该扩大的损失从损害赔偿数额中加以扣除。当然，如果加害人不能证明该被扩大的损害结果，则仍应按过失相抵原则确定损害赔偿责任。

检察实务点评

本案检察机关以法院一、二审认定事实的主要证据不足、责任划分错误为由提出抗诉，要求搜品廊公司承担事故的全部责任。终审法院再审后没有采纳抗诉理由，但对原判结果作出了一定的调整，抗诉的诉求得到部分满足。分析抗诉意见，可以肯定的是抗诉是正确的，符合维护公平正义的法律精神，但在组织抗诉意见上，有两个方面仍需要考究：

1. 抗诉理由的切入点不够准确

本案一、二审法院均按过失相抵原则确定双方当事人应当承担的责任。检察机关如认为所划分的责任分担有误，无非有两个可选择的抗诉切入点：一是不应当适用过失相抵原则，二是适用过失相抵原则不准确、不公正。从抗诉书上看，检察机关在选择上似乎不够坚决与明确。一方面，抗诉意见明确提出法院在责任划分上有错误，葛某发、翁某某的监护责任不至于导致葛某利的死亡后果，搜品廊公司应承担事故的全部责任。这一意见给人的感觉是，检察机关并不反对适用过失相抵原则，只是认为葛某发、翁某某的过失不至于导致葛某利的死亡后果，因此在责任划分上，应当由搜品廊公司承担事故的全部责任。另一方面，抗诉意见又提出法院认定事实的证据存在矛盾，不能证实受害方存在过失，葛某利的死亡是电梯故障导致。这一意见给人的感觉是，检察机关认为受害方不存在过失，不应适用过失相抵原则。这种抗诉方向上的模糊，影响论证的力度，更影响论证的效果。事实上，现行的有关规定并不允许儿童独自乘坐电梯，葛某发、翁某某作为6岁儿童葛某利的监护人，放任葛某利多次独自乘坐电梯玩耍，其过失是显而易见的，但应属于一般过失。否认这一点既不符合事实，也给抗诉工作增加了不小的难度。

2. 抗诉理由的论证不够充分有力

本案检察机关抗诉意见的核心是法院认定事实的证据存在矛盾，不能证实受害方存在过失，应当由搜品廊公司承担事故的全部责任。但这一理由在论证上明显缺乏应有的力度：一方面，抗诉意见以证据矛盾来证明法院认定事实有误，受害方不存在过失，证明的效果不佳。在民事诉讼中，证明的标准并不需要达到事实清楚、证据确实充分的程度，而且法官拥有证据的采信权。因此，即便法院采信的证据存在反证，也不能就必然推论法院认定事实有误，更不能必然推论受害方不存在过失。另一方面，抗诉意见以葛某发、翁某某的监护责任不至于导致葛某利的死亡后果为由推断应当由搜品廊公司承担事故的全部责任，存在逻辑上的困境。在共同过失的情况下，每一方的过失都是损害结果产生的原因，如果以一方的过失不可能单独导致损害结果产生为论据，论证其应当免除责任会在逻辑上不能自拔。因为另一方也可进行相同的证明，即搜品廊商贸有限公司也可以单凭其过失不至于导致葛某利的死亡后果为由推论由受害方承担所有事故责任。

本案中，搜品廊公司对其电梯疏于保养和管理，对未成年人葛某利的死亡具有重大过失；葛某发、翁某某作为葛某利的监护人，也负有监护不周的责任。但由于法律注重未成年人保护，《关于审理人身损害赔偿案件适用法律若干问题的解释》对未成年人的一般监护不周的过失并不实行过失相抵。而葛某利父母监护不周的过失属于一般过失，搜品廊公司的过失属于重大过失，依法不应实行过失相抵。因此，如果检察机关以本案属于过失相抵原则的限制适用为基点组织论证，抗诉效果可能更佳。

实例 17 合同解释的原则与规则

——广西华业建筑工程有限公司与广西南宁岸丰电子实业有限公司承揽合同纠纷抗诉案评析

案例简介

◇基本案情

申诉人（一审被告、反诉原告、二审上诉人）：广西华业建筑工程有限公司。

被申诉人（一审原告、反诉被告、二审被上诉人）：广西南宁岸丰电子实业有限公司。

2004 年 4 月 27 日，广西南宁岸丰电子实业有限公司（以下简称岸丰公司）与广西华业建筑工程有限公司（以下简称华业公司）、广西玉力房地产有限责任公司（以下简称玉力公司）签订了《玫瑰园小区四期商品楼可视对讲报警门铃系统工程合同》，合同约定：(1) 岸丰公司为华业公司的商品楼安装可视对讲报警门铃系统，玉力公司为华业公司的履约担保单位。(2) 该系统应具备可视、对讲、开锁、报警功能，岸丰公司负责工程所需的设计、材料、配件、布线及施工。(3) 工程范围为玫瑰园小区新建四期商品楼 74 个单元 1476 户终端机、总控室设备及全部线路设备安装工程。(4) 系统造价为平均每户 360 元，共约 54 万元，以工程最终安装户数结算。(5) 1—5 号楼完工交付使用时间为 2004 年 6 月 30 日前，其他时间另行确定，收尾工程不超过 2005 年 3 月。(6) 按单元施工、安装，按单元分别验收，华业公司收到岸丰公司竣工验收通知后3天内，由双方共同组织验收，华业公司确认具备可视、对讲、开锁、报警功能的，应及时签字验收。如华业公司不按合同规定的时间向岸丰公司支付工程款，按每天万分之三计算、支付违约金；如岸丰公司不能按时完工，向华业公司支付每天万分之五的违约金。合同签订后，华业公司按约定向岸丰公司预付了54000元工程款（即工程款总额的10%）。岸丰公司完成1—5号楼410户的安装后，于2004年6月4日向华业公司和玉力公司发出1—5号楼工程验收通知，并在验收通知上注明："有关的报警功能，各单元都已安装好，只等贵单位建设的终端机总控制室交付使用后再调试联网。"2004年6月7日，玉力公司工作人员对工程进行了验收，在验收通知上签字并签署验收意见，认为该系统的可视功能与有线电视共用线路，无独立线路且无可视机。华业公司则未收到该验收通知。由于在工程质量问题上产生纠纷，合同约定的其他工程，华业公司另请他人施工。2005年1月18日，岸丰公司向华业公司发出通知，要求华业公司支付工程款。2005年4月11日，玉力公司向岸丰公司发出通知，要求其在2005年4月30日前将1—5号楼的可视对讲报警系统工程完工并开通，保证实现可视、对讲、开锁、报警功能，若岸丰公司无能力完工，则原合同至该通知发出之日中止执行，岸丰公司应按工程款每天万分之五支付违约金。2005年5月12日，华业公司向岸丰公司发出律师函，解除合同。合同解除后，双方没有结算。岸丰公司诉至广西壮族自治区南宁市江南区人民法院，要求华业公司支付1—5号楼安装工程余款，玉力公司承担连带责任。华业公司反诉，要求岸丰公司支付违约金。

◇诉讼过程

一审情况

南宁市江南区人民法院审理后认为，岸丰公司完成1—5号楼安装工程后，向华业公司、玉力公司发出验收通知，玉力公司的员工在验收通知上的签名及验收意见，并不能证明华业公司、玉力公司认可工程质量合格。合同中明确约定的“可视”功能，按正常理解，是指该系统本身要具有“可视”功能，而不是通过有线电视线路来实现“可视”功能。因此，岸丰公司完成的1—5号楼安装工程不符合约定的质量要求，应当承担违约责任。由于在系统的“可视”功能上产生争议，合同约定的其他工程华业公司已请他人完成，岸丰公司也已同意，合同已无履行必要。为此，于2006年2月15日作出（2006）江民二初字第13号民事判决：（一）解除岸丰公司与华业公司、玉力公司签订的《玫瑰园小区四期商品楼可视对讲报警门铃系统工程合同》；（二）华业公司向岸丰公司支付1—5号楼安装工程尚欠的工程款93600元；（三）玉力公司对华业公司的上述债务承担连带责任；（四）驳回岸丰公司的其他诉讼请求；（五）岸丰公司应向华业公司偿付违约金，违约金以147600元工程款为基数，按每天万分之五计算，期间为2004年6月8日起至2005年12月6日止。

二审情况

华业公司不服，上诉至南宁市中级人民法院。南宁市中级人民法院审理后认为，双方合同中只提到系统应当具备可视功能，但对于该功能如何实现并没有明确的约定。合同所附的《可视对讲系统工程报价单》注明，每户应当具有的设备为室内数码分机（其余设备均为每单元或每楼应当具备的设备），据此不能确定双方的约定中具有“必须具备独立可视机”之内容。至于报警功能，岸丰公司在出具给华业公司和玉力公司的验收通知上已经注明，“有关的报警功能，各单元都已安装好，只等贵单位建设的终端机总控室交付使用后再调试联网”，而华业公司和玉力公司对该通知上所称的有关报警功能的说明并未提出异议，应视为验收时报警功能已经安装好，报警功能最终未能实现的责任在于华业公司和玉力公司，与岸丰公司无关。岸丰公司施工的1—5号楼工程在合同约定的时间内完成，剩下的工程，双方发生争议后华业公司请他人完成，已经实际中止了与岸丰公司的合同，也就不存在岸丰公司不按期完成剩余工程的问题，华业公司请求由岸丰公司支付违约金没有事实和法律依据。但由于岸丰公司没有对该项判决上诉，视为服从一审判决。2006年8月10日，南宁市中级人民法院作出（2006）南市民二终字第171号民事判决：驳回上诉，维持原判。

抗诉意见

华业公司不服二审判决，向南宁市人民检察院申诉，南宁市人民检察院提请广西壮族自治区人民检察院抗诉。自治区人民检察院审查后认为，华业公司与岸丰公司签订的合同约定，由岸丰公司安装的门铃系统应具备可视、对讲、开锁、报警功能。按常理，所谓系统，应当是独立的，不搭载、借助别的系统即可独立完成的体系。岸丰公司安装的门铃系统，作为独立系统仅具备对讲、开锁功能，不具备可视功能，应认定为不具备独立的可视功能。至于报警功能，需通过对讲机向控制室报警，该功能属对讲功能，应认定为不具有报警功能。此外，玉力公司不是合同的甲方，其工作人员在验收单上的签字不具有法律效力。而发包方华业公司至今未收到验收通知，未参加验收，更无法提出验收异议，二审判决关于“华业公司和玉力公司未在验收通知单上提出异议，视为验收时报警功能已安装好”的认定，无事实和法律依据。遂于2007年5月8日向广西壮族自治区高级人民法院提出抗诉。

再审结果

广西壮族自治区高级人民法院受理检察机关抗诉后，指定南宁市中级人民法院再审。南宁市中级人民法院审理后认为，岸丰公司安装的门铃系统不符合合同约定的“可视”和“报警”质量要求，岸丰公司构成违约，而且岸丰公司的违约行为应视为对整个合同的违反，而不仅是对已完成的安装工程部分违约。2007 年 10 月 18 日，南宁市中级人民法院作出（2007）南市民再抗字第 35 号民事判决：（一）撤销南宁市中级人民法院（2006）南市民二终字第 171 号民事判决；（二）维持南宁市江南区人民法院（2006）江民二初字第 13 号民事判决的第一、二项，变更第三项为岸丰公司向华业公司偿付违约金，从 2004 年 6 月 8 日起至 2007 年 10 月 18 日止，以合同总额 54 万元为基数，按每日万分之五计算。

问题的提出

合同解释的原则与规则是什么？

合同是当事人之间设立、变更、终止民事权利义务关系的协议，其本质是当事人为了各自的利益就未来事项进行安排所达成的合意。因此，只有合同得到全面、正确履行，当事人预期的利益才能得到实现。然而，合同的全面、正确履行需要以合同内容明确、具体为前提。但实践中，由于语言文字的多义性、当事人思考的不周延性等主、客观原因，合同的内容未必总是清晰明了，在此情形下，就产生合同的解释问题。关于合同的解释，大陆法系和英美法系存在着意思主义与表示主义、主观主义与客观主义等多种不同的做法。我国民法理论对这一问题的研究起步较晚，目前各种民法、合同法书籍中论及合同解释的也不多，对于合同解释的原则、标准及其具体操作等问题还未形成完整的理论体系。在立法上，关于合同解释的立法长期处于空白状态，《民法通则》第 88 条虽然对“合同中有关质量、期限、地点或者价款约定不明确，按照合同有关条款内容不能确定，当事人又不能通过协商达成协议的”情形作出了一些处理性的安排，但只解决了这些特殊情形下的法律处置问题，并未涉及合同的解释。1999年颁行的《合同法》第125条规定："当事人对合同条款的理解有争议的，应当按照合同所使用的词句、合同的有关条款、合同的目的、交易习惯以及诚实信用原则，确定该条款的真实意思。"应当说这是目前立法上关于合同解释最完整的立法态度，但这一规定也只明确了基本的原则，并未提供具体的操作标准，实务中纷争仍比较多。

本案中，华业公司与岸丰公司在合同中约定，岸丰公司安装的门铃系统应具有"可视"、"报警"功能。通常情况下，人们应当不会对该两个词语的含义产生歧义，但在该合同的履行过程中，合同双方当事人还是对"可视"、"报警"功能的含义及其所蕴涵的质量要求产生了巨大的分歧。在诉讼过程中，不同审级的审判机关及提出抗诉的检察机关之间，对合同争议内容的解释与认定的方法、思路、结果也截然不同。如关于合同中明确约定的"可视"功能，一审法院和抗诉机关认为按正常思维进行理解，应当是指该系统本身要具有这些功能，而不是借助其他的设备来实现这些功能。因此，岸丰公司完成的1—5号楼安装工程不符合约定的质量要求。二审判决则认为，双方合同中只提到系统应当具备可视功能，但对于该功能如何实现并没有明确的约定，合同所附的《可视对讲系统工程报价单》也没有明确"必须具备独立可视机"，因此岸丰公司安装的系统不具备独立"可视"功能并不违反合同约定的质量标准。一个简单的词语却产生如此巨大的理解偏差，这一现象引出了一个老生常谈却又值得关注的问题——对合同的解释到底应遵循哪些原则和规则？

法理分析

合同签订后，正常情况下，当事人基于自己对合同的理解来履行合同义务。也就是说，当事人是根据自己的认识对合同内容进行解释的。如果合同相对方对此没有异议，或者在有异议的情况下，通过双方协商达成合意，则合同得以顺利履行。此时，合同当事人对合同的理解或解释称为广义的合同解释。① 如果合同相对方对此有异议，且无法通过协商达成一致，则需诉诸法院或提交仲裁，由法官或仲裁员根据一定的原则和规则对合同内容予以阐明，以明确当事人的权利义务，决断是非。法官和仲裁员依据一定的原则和规则，对合同内容或条款的含义进行阐明的活动，学理上称为狭义的合同解释。本文所述，以狭义的合同解释为视角。

1. 合同解释的原则

合同解释就是要明确合同条款的含义，确定当事人之间的权利义务，从而合理解决当事人之间的纠纷。法官和仲裁员对合同的解释必须遵循一定的原则，而不能无限地使用自由裁量权对合同作出任意解释。

大陆法系国家主要存在两种合同解释的原则，即意思主义和表示主义。② 意思主义强调，合同的解释应探求当事人内心的真实意思，因为合同即当事人的合意。如当事人对合同内容存在完全不同的理解，则当事人之间不存在合意，订立合同的意思基础已不复存在，合同无效。表示主义则要求对合同的解释应以当事人的外部表示为准，以相对人足以合理客观了解的表示内容为准。也就是说，经过解释的合同内容，可能并非是当事人真实的意思，只是当事人的外在行为的表现。与大陆法系相对应，英美法系先后出现了主观主义、客观主义和修正的客观主义几种合同解释的学说。主观主义

① 广义的合同解释是指除了法官和仲裁员之外，还包括合同当事人、鉴定人、公证人等所有其他主体对合同的解释。参见廖兴存：《合同的解释原则》，载《江苏警官学院学报》第20卷第2期，第93页。

② 王利民：《合同法研究》（第一卷），中国人民大学出版社2002年版，第420—425页。

认为合同的解释要特别关注当事人的合意，没有合意就没有合同。客观主义则强调对合同的解释应依据当事人表示于外部的语言和行为，无须考虑当事人的内心意思。对这两种原则的折中即是修正的客观主义，即在合同解释中，既要考虑各种客观因素，也要考虑到主观因素，对合同的解释不能完全背离当事人的意图。

诚然，对合同的解释，无论是采取绝对的意思主义或主观主义，还是绝对的表示主义或客观主义，都存在不可克服的弊端。过分强调对当事人真实意思的追求，由于当事人的内心世界不易为他人所发现，很难说作出的解释就一定是当事人的真实意思，而这不一定有利于维护交易安全和社会经济秩序，与各国司法实践体现出来的“与其使之无效，不如使其有效”的合同解释原则也颇为相悖。如仅强调当事人的外部表示，虽然便于对合同进行解释，有利于维护交易安全和社会经济秩序，但这样解释出来的合同内容不符合当事人真实意思的可能性却很大。因此，对合同的解释，应结合当事人的外部表示，尽可能地探寻当事人的真实意思，这是一种次佳的选择。实践中，法官和仲裁员通过运用各种解释规则所确立的合同条款的含义，有时未必就是当事人真实的内心意思，但却有利于双方权益的保护、交易安全和社会经济秩序的维护，当事人也乐于接受这样的解释。易言之，法官和仲裁员对合同的解释有时并不是合同条款或者说当事人的“真实意思”。

我国《合同法》第125条规定：“当事人对合同条款的理解有争议的，应当按照合同所使用的词句、合同的有关条款、合同的目的、交易习惯以及诚实信用原则，确定该条款的真实意思。”“确定该条款的真实意思”，即要求探求当事人的真实意思，这似乎表明我国合同法采取了意思主义。但该条同时又要求对合同的解释应当按照“合同所使用的词句、合同的有关条款、合同的目的、交易习惯以及诚实信用原则”，这似乎又表明对合同的解释也不全是探索当事人的内心意思，还需要考虑当事人意思的外部表示行为。依照该条确定的规则对合同的解释，可能并不完全是当事人的真实的内心意思。因此，可以说，我国合同法的解释原则不是单纯的意思主义或者表示主义，事实上是一种折中的原则，即在努力探求当事人真实意思的同时，也要根据表现于外部的行为来确定合同的含义。

2. 合同解释的规则

《合同法》第125条确立了合同解释的一般原则和规则。根据该条规定，合同解释应遵循下列规则：

(1) 语义解释

语义解释，即对合同所使用的词语进行分析、解释，以此确定当事人的真实意思。《合同法》第125条未明确如何对合同"词句"进行解释，但《合同法》第41条规定："对格式条款的理解发生争议的，应当按照通常理解予以解释。"按此精神，对合同所用词句，应按照通常理解进行解释。这一法律要求虽然针对的是格式合同，但应当可以作为合同解释的普遍性参考。事实上，在国际条约的解释中，语义解释通常被当做首要方法加以使用。如《维也纳条约法公约》第31条第1款规定："条约应依其用语按照上下文并参照条约之目的及宗旨所具有之通常意义，善意解释之。"

至于所谓的按照通常理解进行解释，一般是指按词语的通常意义进行解释。而多数情况下，通常意义应该是指权威词典对该词语所赋予的意义，或者是根据该含义所作的合理延伸。如在WTO争端解决机构的司法实践中，专家组和上诉机构在解决成员国的争端时，时常求助于权威法律词典，探求相关词语的含义。当然，对于权威词典中的含义，仍然应当以一个正常的合情合理的人处于相同的缔约环境中对该词语的认识标准来理解。如果合同双方当事人都是某一领域从事某种特殊交易的人员，则应按专业人士的标准理解。如果双方均为社会的一般人，则应按一般人的标准理解。如果一方为一般人，另一方为专业人士，在合同未对用语作出特别定义的情况下，应当按有利于一般人的原则解释，即根据一般人对该词语的理解标准来解释。因为这时，法律不可能强求一般人也按专业的标准理解和运用合同用语。

（2）体系解释

相同的词句放在不同的语境中可能产生不同的含义，合同用语也不例外。为了明确合同所用词语的含义，必须将其放在整个合同中，结合其他条款、合同目的及当事人之间或行业间的交易习惯等进行综合分析。唯有如此，才能准确把握当事人的合意。否则，有可能得出与当事人合意完全相反的结论，致使合同成立的基础不复存在。因此，司法实践中确定合同用语的通常含义，还应结合该用语的上下文、合同的目的、交易习惯，亦即将该词语放在合同整体中作出合理的体系性的解释。

（3）诚信解释

作为民法的“帝王原则”，诚实信用原则在合同解释中也应当发挥重要作用。事实上，上述这几种解释规则存在着递进与互补关系：依语义解释得出的结论不合理，应进行体系解释；还不合理，则进行诚信解释。这就要求，对合同用语的解释应以一个诚实守信的人对于合同的理解为标准，对合同双方当事人的利益进行衡平，尽可能避免合同的解释产生双方当事人利益失衡的结果。因为若出现此种结果，恐怕再没有人愿意通过缔结合同进行经济行为，整个社会的经济活动也将退回到自给自足的原始经济状态。

本案中，合同中约定的“可视”、“报警”的含义可以说是确定岸丰公司是否违约的关键，不同的理解将导致不同的处理结果。按照前述解释规则，首先应当以词语的通常含义进行解释。在这一层面上，应当说一审法院及抗诉机关的意见比较符合逻辑，因为所谓的某个装置具有“可视”、“报警”功能，正常人合乎逻辑的理解都是指这个装置本身具有这些功能，而不是指一旦这些装置配合其他装置就可以产生“可视”、“报警”的功用。而二审法院的解释与词语的通常含义则存在较大的差距，当业主安装这一装置后仍需通过对讲机才能向控制室报警，仍需通过电视线路和设备才能产生“可视”效果时，把这种装置认定为已具备可视、报警功能，说服力明显不足。

当然，本案岸丰公司主张其理解的“可视”、“报警”的语义是清晰、明确、不变的，签订合同时其意思表示就已经明白无误，那么就需要结合双方缔约的目的来解释。在住宅小区安装具备“可视”、“报警”功能的门铃系统，目的在于让业主随时可了解、监控来访人员并在遇到紧急情况时随时可以报警，以提高业主的安全保障能力。如果通过有线电视系统可实现可视功能也算具有“可视”功能，那么业主如欲享受具有“可视”功能的门铃系统带来的高效、便捷、安全的生活，就一定要安装有线电视，且应始终让电视机保持在开启的状态，即使是深夜也应如此（否则，就不能实现“可视”功能，不能识别来访者的面貌，与普通的对讲门铃并无二致），如果访客恰好在业主一家人观看喜爱的电视节目时来到，业主也只能暂停节目，借助电视机察看访客为何人。这种状况显然与安装具备“可视”、“报警”功能的门铃系统之目的不符合。尤其是，有线电视系统并非政府或房地产开发商强制安装的系统，业主有选择是否安装、何时安装的完全自由，如果业主不愿意安装，则无法享受该门铃系统的“可视”功能。此等门铃系统，非但没有给业主的生活带来便捷、安全，反而引起诸多的麻烦，这显然不是合同当事人追求的，不符合缔约的目的。同理，对于“报警”的含义，通常人们遇有险情，如失火、盗贼，甚至有人突患重病等，都可直接向警方求救，最直接的方式就是拨打“110”。如果业主遇有前述危险还通过门铃系统与总控室值班人员对讲，请求值班人员向警方通报该危情，报警求救过程反而多了一个环节，这无疑使得业主陷入更为严重的危险境况，这样的情形显然与安装具有“报警”功能的门铃系统的目的相悖。因此，从双方缔约的目的来看，合同所约定的“报警”功能也只能理解为门铃系统本身具有“报警”功能。

诚然，岸丰公司可以以附录设备清单未列明提供独立的“可视”、“报警”设备为抗辩理由，但岸丰公司为电子领域的专业公司，而对方华业公司为非电子领域专业公司，从诚实信用的原则出发，岸丰公司应当对所提供的设备的功能进行清楚的说明，当合同对“可视”、“报警”功能缺乏特别定义时，应按有利于华业公司的理解来解释。

总之，基于对合同内容的合理、合法解释，岸丰公司安装的门铃系统不符合合同约定的质量要求，并且未能在约定的时间内完成其他单元门铃系统的安装，其行为构成对整个合同的违反，应按合同的约定，承担违约责任。

检察实务点评

本案检察机关首先根据“常理”，对“系统”进行解释，认为合同约定的具备“可视”、“报警”功能的门铃系统应该是不依赖于有线电视系统的独立的系统，进而说明岸丰公司安装的门铃系统不符合合同的约定，构成违约。这种以合同解释为切入点、以语义解释为基本方法论证合同争议内容的监督方式，既选准了抗诉的突破口，又符合《合同法》规定和理论通说，再审法院完全采纳抗诉意见的主要原因，似乎源于此。在论证抗诉理由的过程中，面对语义解释中人们把握“最通常的意义”的主观性以及由此所产生的法官自由裁量权，为了加强抗诉说服力，检察机关还从多方面补强抗诉理由，驳斥二审法院的错误观点，抗诉的方向、论理的逻辑是正确的，抗诉效果是明显的。

在抗诉过程中，检察机关立足于语句的通常含义对合同进行解释，监督的效果当然毋庸置疑。但是，以此方法对合同进行解释具有较大的主观性，法官也自然而然地拥有较大的自由裁量权。在此情形下，要充分证明抗诉的合理性，检察机关应当从更多的角度进行论述。比如，在进行语义解释之后，尚可以从缔约目的以及诚实信用原则的角度对合同进行解释，以验证之前解释的正确性；对抗诉观点的说理，不仅可以从正面进行，还可以从反面进行，以证明其他种解释的荒谬性。然而，本案中抗诉机关只是在论证“报警”功能不符合合同约定时从反面进行了论证，说明如果业主与主控室值班人员的对讲就是门铃系统的“报警”功能的话，那么业主就无须安装此门铃系统，却未能从缔约目的、诚实信用原则的角度，以多种手段对二审判决的错误进行分析与说明。尽管终审法院最后采纳了抗诉意见，但客观而言，抗诉理由的组织与论证仍存在不小的提升空间。

实例 18 历史遗留土地确权纠纷行政诉讼的举证责任

——广西桂平市厚禄乡厚禄村第15生产队与桂平市政府土地确权纠纷抗诉案评析

案例简介

◇基本案情

申诉人（一审原告、二审上诉人、再审申请人）：广西桂平市厚禄乡厚禄村第15生产队。

被申诉人（一审被告、二审被上诉人、再审被申请人）：广西桂平市人民政府。

一审第三人：广西桂平市厚禄乡厚禄村第12生产队。

桂平市厚禄乡厚禄村第15生产队（以下简称厚禄村第15队）与桂平市厚禄乡厚禄村第12生产队（以下简称厚禄村第12队）争议的土地名为“石头塘九线井”，面积约40亩。1966年起，厚禄村第15队管理耕种“石头塘九线井”及周围的土地，直到1999年双方均无异议。1997年9月18日厚禄乡人民政府与厚禄村第15队签订租用地协议，约定由厚禄乡人民政府租用“石头塘九线井”部分土地。1999年5月，厚禄乡人民政府将所租用的“石头塘九线井”土地转包给他人开采矿石，厚禄村第12队对“石头塘九线井”及周围的土地提出权属主张，与厚禄村第15队产生土地权属纠纷。

厚禄村村委、厚禄乡人民政府调解未果后，厚禄村第12队于1999年6月13日申请桂平市人民政府调处，请求确认“石头塘九线井”土地属厚禄村第12队所有。桂平市人民政府调查后，于2000

年 11 月 28 日作出浔政决字（2000）13 号处理决定：双方争议的土地，从南面界限往北计 13.03 亩属国家所有，其余部分属厚禄村第 15 队集体所有。属于国家所有的土地可以由厚禄村第 15 队继续使用。厚禄村第 12 队不服处理决定，于 2000 年 12 月 23 日向贵港市人民政府申请行政复议。贵港市人民政府复议认为，桂平市人民政府处理决定对争议土地所作出的处理结果无明确具体的四至界址范围，造成实际无法分清，属于主要事实不清、证据不足的具体行政行为，遂于 2001 年 3 月 25 日作出复议决定，撤销桂平市人民政府浔政决字（2000）13 号处理决定，限桂平市人民政府 3 个月内重新作出处理决定。桂平市人民政府于 2001 年 11 月 14 日重新作出浔政决字（2001）44 号处理决定，确认双方争议的土地属厚禄村第 12 队集体所有。

厚禄村第 15 队不服桂平市人民政府浔政决字（2001）44 号处理决定，向贵港市人民政府申请复议。贵港市人民政府作出贵政复决字（2002）16 号复议决定，维持桂平市人民政府（2001）44 号处理决定。厚禄村第 15 队不服桂平市人民政府浔政决字（2001）44 号处理决定和贵政复决字（2002）16 号复议决定，于 2002 年 6 月 28 日向桂平市人民法院提起行政诉讼，请求撤销桂平市人民政府浔政决字（2001）44 号处理决定。

◇诉讼过程

一审情况

桂平市人民法院审理后认为，厚禄村第 15 队与厚禄村第 12 队争议的土地，在土改时属现厚禄村第 6、7 队的村民所有。1956 年农业合作化时期厚禄村以连片划分耕作区，划入厚禄村第 12 队耕作区范围，“四固定”时固定给厚禄村第 12 队集体所有。实行生产责任制期间，由于厚禄村第 12 队疏于管理，厚禄村第 15 队部分村民在争议地开荒种上农作物。桂平市人民政府根据国务院国发（1980）

第135号文将争议土地确权归厚禄村第12队集体所有，事实清楚，证据充分，程序合法，适用法律正确。为此，桂平市人民法院作出（2002）浔行初字第17号行政判决：维持被告桂平市人民政府浔政决字（2001）44号处理决定。

二审及再审情况

厚禄村第15队不服，向贵港市中级人民法院提出上诉。贵港市中级人民法院审理后认为，本案争议土地在合作化时已划入厚禄村第12队的耕作区范围，“四固定”时厚禄乡以原划分耕作区为基础进行固定，争议土地固定给厚禄村第12队集体所有。为证实这一事实，被上诉人提供了当时任大队或生产队队干的四个证人的证言，这些证人是在世的主要知情人，与本案无利害关系，证言又能相互印证，足以采信。根据国发（1980）135号文的规定，土地权属以土改、合作化、“四固定”时的定论为依据，尽管厚禄村第15队对争议土地有管理事实，但管理事实不是取得土地所有权的依据。2003年5月26日，贵港市中级人民法院作出（2003）贵行终字第28号行政判决：驳回上诉，维持原判。

厚禄村第15队仍不服，于2003年6月23日向贵港市中级人民法院申请再审。2005年12月15日，贵港市中级人民法院作出（2004）贵行再终字第1号行政判决：维持本院（2003）贵行终字第28号行政判决。

抗诉意见

厚禄村第15队不服再审判决，向贵港市人民检察院提出申诉，贵港市人民检察院提请广西壮族自治区人民检察院抗诉。自治区人民检察院审查后认为，再审判决认定事实不清、主要证据不足，应予撤销：（1）原判认定争议土地在1956年划分耕作区时划入厚禄村第12队耕作范围证据不足，证人陆某寅、陆某忠、陆某训、陆某六的证词相互矛盾。（2）原判认定争议土地在“四固定”时固定给厚禄村第12队集体所有存在错误。“四固定”时，争议土地固定给厚禄大队高沙队即厚禄村第11队，而不是固定给大围队即厚禄村第12队。(3) 原则认定桂平铅锌矿征用的厚禄村第15队土地不在本案争议土地范围之内与事实不符。桂平铅锌矿与厚禄村第15队于1969年签订了两份征地协议书，征地地点为九线井，而九线井口就在争议范围内，这有双方代表签字的勘验图证实。(4) 原判否认厚禄村第15队对争议地长期管理事实错误。争议的“石头塘九线井”及周围的土地自1966年起一直由厚禄村第15队管理至今，几十年从无异议，而厚禄村第12队则没有任何管理事实。据此，遂于2007年5月8日向广西壮族自治区高级人民法院提出抗诉。

终审结果

广西壮族自治区高级人民法院受理检察机关抗诉后，经审理认为，该争议土地在土改时属现厚禄村第6、7队的村民所有。1956年农业合作化时厚禄村按连片划分耕作区，争议土地的一部分划入了厚禄村第12队的耕作区，另一部分划入了当时厚禄村高沙队（后为厚禄村大队第11队）耕作区范围。“四固定”时按以片划分耕作区的原则，该争议土地的一部分固定给厚禄村高沙队所有，另一部分固定给厚禄村第12队所有。1966年厚禄村第11队分出莫某全等十多户村民并入厚禄村第15队，并把“石头塘九线井”及周围的原固定给厚禄村第11队的旱地、荒地划给莫某全等村民带入厚禄村第15队。自1966年起厚禄村第15队管理耕种“石头塘九线井”及周围的土地，直到1999年发生纠纷前均无异议。原再审判决认定事实不清、证据不足，其据此维持原一、二审判决及桂平市人民政府浔政决字（2001）44号处理决定有误，应予纠正。为此，自治区高级人民法院于2007年12月20日作出（2007）桂行再字第11号行政判决：（一）撤销贵港市中级人民法院（2004）贵行再终字第1号行政判决；（二）撤销贵港市中级人民法院（2003）贵行终字第28号行政判决；（三）撤销桂平市人民法院（2002）浔行初字第17号行政判决；（四）撤销桂平市人民政府浔政决字（2001）44号处理决定；（五）判令桂平市人民政府在接到本判决之日起3个月内重新作出处理决定。

问题的提出

本案是一起非常复杂而又典型的历史遗留土地权属纠纷案件。这类历史遗留的土地权属纠纷，由于历史时间跨度长，加上旧时期工作粗糙，很难收集到能充分反映、证明争议土地权属的书面材料，在许多情形下，往往只能依据一些证人证言认定事实。在双方当事人都难以提供有效证据的情况下，如何审查判断证据，不仅是政府办理土地行政确权案件的一个难点，同时也是人民法院审理行政确权案件的难点。本案凸显了历史遗留土地确权案件在证据问题上的难度，各方争议焦点始终围绕着证据是否充分问题。一、二审及再审法院均认为桂平市人民政府土地确权处理决定事实清楚，证据充分，因此维持其确权处理决定。检察机关则认为桂平市政府的处理决定事实不清、证据不足。自治区高级人民法院再审后采纳检察机关的抗诉意见，撤销了桂平市政府的确权处理决定，并判决重新作出处理决定。这些争议引发了几个值得认真研究与探讨的问题：

历史遗留土地确权案件中如何对待政府的举证责任？

我国《行政诉讼法》第32条规定：“被告对作出的具体行政行为负有举证责任”。这一立法设置的根本原因在于行政诉讼的目的是保护作为相对人的公民、法人和其他组织的合法权益，因此，从规范行政行为、保障公民合法利益的社会需求出发，行政机关作出具体行政行为必须依据确凿充分的证据，否则即为违法行为。行政诉讼就是对行政机关作出的具体行政行为的合法性审查，明确由被告承担举证责任对行政诉讼目的的实现具有非常重要的意义。但是，这一证明责任分配方式在历史遗留土地确权案件中遇到一些实际的问题和困难。由于这类案件大多涉及复杂的历史因素，基于历史原因和各种客观原因，这类案件中双方可提供的有效证据材料往往严重不足，缺少书面形式的文字记载，加上各类政治运动往往导致地形、地貌、地界变化，争议事实真假难辨，政府对争议的土地进行确权时很难做到证据上确实、充分，而出于政府的行政义务和维护稳定的责任，政府又不能以证据不足为由长期不作出确权行为。对于这类行政行为引起的行政诉讼，如果严格地完全由作为被告的政府承担举证责任，则政府将面临巨大的败诉风险，原有的矛盾和纠纷将永无宁日。基于此，各界普遍认为，对历史遗留、缺乏有效证据、处理难度大的土地确权案件，在处理上既要严格执法，也要尊重历史、尊重现实，从有利于国家建设，有利于生产、生活，有利于管理和利用的角度来处理争议。但这又引发另一个问题，一旦当事人对政府的处理决定不服提起诉讼，如何对待政府的举证责任？

政府对争议土地实施确权行为有何证明要求？

在由被告承担证明责任的证据规则之下，政府对争议土地实施确权行为的证明标准或证据要求是确定政府是否履行举证责任的关键。新中国成立后，我国政治、经济体制的发展变化巨大，导致土地政策也不断改革和变迁。解放初期，人民政府颁发的《土地房产所有证》应当说是土地改革时期农民确认土地权属的凭证，但后来在合作化时期，土地随人入社，土地由私有变成农业合作集体所有。实行人民公社制之后，农业合作集体所有发展成人民公社集体所有。1962年，国家颁行《农村人民公社工作条例修正草案》（以下简称

《六十条》)，对土地、耕畜、农具、劳动力进行了“四固定”，按属地原则对土地进行统一的调整，划归就近的生产队集体所有（当然也存在“四固定”不彻底的地方)。1962年以后，在一些政治运动中，有些地方也对土地的权属做过变更，如“农业学大寨”时期开荒造田、农田基本建设等都对土地进行重新规划调整。[①] 此外，行政区划变更导致的村、社、队、场合并或者分割也附带引起土地权属变更。在土地政策稳定性和土地权属稳定性有所不足的情况下，应当明确政府对争议土地进行确权行为的证明标准或要求，否则在诉讼时举证责任将难以落实。正如本案中，政府认为争议土地在不同的历史时期已经确权给厚禄村第12队并提供了相关证据，一审、二审、再审法院认为政府的这一具体行政行为事实清楚、证据充分，判决予以维持，但检察机关及自治区高级人民法院均认为此认定所依据的证据相互矛盾、证据不足。

法理分析

1. 历史遗留土地权属纠纷案由政府承担举证责任是行政诉讼的必然要求

《行政诉讼法》第32条规定：“被告对作出的具体行政行为负有举证责任，应当提供作出该具体行政行为的证据和所依据的规范性文件。”这一举证责任制度是行政诉讼的应有之义，是依法行政原则在行政诉讼中的具体体现。行政诉讼是针对行政行为提起的诉讼，而行政行为作为政府履行社会管理职能、维护社会公平正义的具体形式，理所当然必须立足事实、依照法律，行政机关无权在事实不清、证据不足的情况下对公民、法人或其他组织作出行政行为。

历史遗留土地权属纠纷案件作为行政案件，虽然存在许多特殊

---

① 王争：《土地林地确权行政案件的审理裁判研究》，载 http://www.chinacourt.org。

性，但由作出具体确权行为的政府承担举证责任是法定的诉讼原则。首先，土地确权行为虽然具有仲裁双方争议的性质，但是，一旦引起行政诉讼，政府对自身作出的职务行为都具有说明行为合理性的天然义务。在这类诉讼中，引发行政行为的是对土地所有权存在争议的相对人，政府出于维护社会关系稳定的职能被动地处于仲裁者的角色。这与政府履行行政管理职能过程中主动作出行政行为的各种情形似乎有所不同，但土地确权行为毕竟是政府的职务行为，如何确权是不需要经过相对人同意的。政府的这种领导、支配、主导地位决定了在确权过程中政府与相对人的关系不是平等的关系，政府对确权处理结果应当承担举证的法律责任。其次，举证困难不能成为免除政府举证责任的理由。在历史遗留土地权属纠纷引起的行政诉讼中，承担举证责任的政府确实存在风险过大的问题。由于土地所有权争议大多涉及复杂的历史因素和政策变更因素，要做到证据确实、充分非常困难，政府时常只能在证据有所欠缺的情况下作出裁决。这种情况下，被告承担举证责任将导致政府在这类行政诉讼中处于极其不利的境地。但如果因此就将举证责任分摊到原告身上也是极其不合理的。行政诉讼的原告因诉讼地位的因素收集证据本来就十分困难（在一些特定情况下，原告甚至几乎没有举证能力），而且又是行政行为中的被管理方和行政诉讼中弱势的一方，国家在法律设置上不应当要求其以微薄之力证明政府行政行为的错误，从政治逻辑而言，国家也不应鼓励、强求社会个体有意识地证明政府的错误。因此，历史遗留土地权属纠纷行政案件证明问题不管存在什么特殊性，都不宜以举证困难为由主张免除政府的举证责任，最多只能是考虑如何降低政府承担举证责任时证明的标准，如果政府不能完成最低限度的举证责任，只能说明其确权行为缺乏基本的事实和证据，应当承担败诉的法律后果。

2. 对政府土地确权行为的合法性裁判应综合考虑土改、合作化、“四固定”时期的证据，并参照“优势证据规则”

要求政府在行政诉讼中对土地确权行为承担举证责任，就应当明确政府对争议土地作出确权行为的证明标准，否则在诉讼时举证责任将难以落实。由于这类案件政府的举证能力受历史因素、客观因素的限制，证明标准不宜定得太高，对政府土地确权行为的合法性裁判应遵循相应的证据规则，体现两个核心价值：

（1）充分考量政府的确权行为是否综合考虑了土改、合作化、“四固定”时期的证据

解放后，我国对农村土地的确权经历了1950年土改、1956年合作化和1962年《六十条》中的“四固定”等几个大的历史阶段。从现实情况看，这几个大的历史阶段所形成的证据都存在特殊性。1950年土地改革分配给农民个人所有的土地，当时政府虽然颁发了《土地房产所有证》，但由于年代久远，难以查找，即使找到了也往往只有简单的文字记载，且记载的地名、四至范围现在无法核对；1956农民个人以私有土地带地入社时没有形成规范的权属文件，出现了“无图可考、无案可查”的状况，根本不能反映现实集体之间土地的权属界线范围；1962年《六十条》中的“四固定”，无疑是我国农村集体土地所有权权属的基本依据之一，但是“四固定”确权，一般没有法定的书面形式，认定“四固定”是否确权，主要还需要通过田亩、造册、交粮纳税和经营管理等情况综合分析。[1] 这种特殊性决定了我国农村土地的归属问题往往不是单凭历史上形成的某一个书证就能够准确认定的，必须综合考虑土改、合作化、“四固定”时期所形成的证据。为解决这一历史遗留问题，1995年国家土地管理局印发的《确定土地所有权和使用权的若干规定》第19条规

① 朱海平：《土地权属争议处理理论与实务》，载 www. Copyright . gov. cn。

定："土地改革时分给农民并颁发了土地所有证的土地，属于农民集体所有；实施《六十条》时确定为集体所有的土地，属农民集体所有。"第20条规定："村农民集体所有的土地，按目前该村农民集体实际使用的本集体土地所有权界线确定所有权。根据《六十条》确定的农民集体土地所有权，由于下列原因发生变更的，按变更后的现状确定集体土地所有权。（一）由于村、队、社、场合并或分割等管理体制的变化引起土地所有权变更的；（二）由于土地开发、国家征地、集体兴办企事业或者自然灾害等原因进行过土地调整的；（三）由于农田基本建设和行政区划变动等原因重新划定土地所有权界线的。行政区划变动未涉及土地权属变更的，原土地权属不变。"因此，在历史遗留土地权属纠纷行政诉讼中，对于政府确权行为的合法性及正确性的判断，应考量政府在确权行为过程中，是否综合考虑了土改、合作化、"四固定"时期所形成的证据。

在本案中，厚禄村第12队和厚禄村第15队都主张争议地的所有权，但由于以上历史原因，双方都不能够提供土改、合作化和"四固定"时期争议土地已经确权的书面证据，政府所能收集到的证据，也只是证人证言、征地协议书及争议地管理使用情况等证明力不强的证据。在证据严重不足的情况下，政府作出确权决定不应只单凭某一个或者某一方面的证据，应当在综合各方面证据的前提下按证据规则加以采信。

（2）政府举证责任的证明标准应参照"优势证据规则"

《行政诉讼法》第54条规定："具体行政行为证据确凿，适用法律、法规正确，符合法定程序的，判决维持。"这一规定说明，立法者对政府举证责任的态度是明确的，即具体行政行为必须做到"证据确凿"。关于这一点，不少同志认为证据确凿就是指具体行政行为认定的事实清楚、证据充分，能够证明具体行政行为所依据的全部或主要事实。但这一理解是值得商榷的。一方面，我国法律关于行政诉讼证明标准以“证据确凿”表述，与刑事诉讼证明标准以“事实清楚，证据确实、充分”表述显然存在程度上的差别。目前，行政诉讼法及相关司法解释并没有对“证据确凿”作出明确解释，但可以肯定的是，立法者已经充分认识到刑事诉讼、民事诉讼、行政诉讼的不同，在证明标准上作了区别对待。就字面而言，“证据确凿”通常指证据确实可靠，无法否认，其中并不必然包含“证据充分”的内容。从立法层面而言，刑事诉讼证明标准特别强调证据的“充分”，而行政诉讼法对此并无明确要求。因此，在看待具体行政行为是否达到“证据确凿”程度时，显然不能以刑事诉讼的证据观来分析。另一方面，历史遗留土地权属纠纷行政诉讼的性质决定了政府处理这类问题的证明标准应当参照“优势证据规则”。“优势证据规则”是民事诉讼的重要证据规则。在民事诉讼中，诉讼双方地位平等，审判机关基于平等保护和诉讼经济的考量，在诉讼中更多地充当仲裁者的角色，一般不会站在一方当事人的立场主动收集证据。《最高人民法院关于民事诉讼证据的若干规定》第73条规定：“双方当事人对同一事实分别举出相反的证据，但都没有足够的依据否定对方证据的，人民法院应当结合案件情况，判断一方提供证据的证明力是否明显大于另一方提供证据的证明力，并对证明力较大的证据予以确认。”历史遗留土地权属纠纷的行政诉讼在性质上固然与民事诉讼有所不同，但如前所述，最初引发行政行为的是对土地所有权存在争议的相对人，争议的相对人在处理过程中地位是平等的，政府在处理过程中处于被动的仲裁者的角色。这种地位，与民事诉讼中法院的角色极其相似。基于这类案件收集证据的极端困难性，政府参照“优势证据规则”进行确权无疑具有尽快消弭纠纷、减少社会成本、维护社会和谐的效果。事实上，虽然立法上没有明确这一点，但在政策上，我国一贯主张，对待这类案件，在处理上既要严格执法，也要尊重历史、尊重现实，从有利于国家建设，有利于生产、生活，有利于管理和利用的角度来处理争议。这些政策主张，明显体现了对“优势证据规则”的肯定与包容。

本案是典型的历史遗留土地权属纠纷，争议的厚禄村第 12 队、厚禄村第 15 队均提出了一定的证据，但双方都不能提供有力的书面证据。桂平市政府在处理过程中，理应根据土改、合作化、“四固定”时期形成的证据并参照“优势证据规则”来认定案件事实并作出相应的确权决定，引起行政诉讼后，应当就此承担举证责任。但综观全案，桂平市政府在认定事实时，偏信一方所提供的证言（而且还自相矛盾），采信证据过于武断，未能充分体现“优势证据规则”的精神，引起行政诉讼后，自然难以完成举证责任，承受败诉的法律后果也在情理之中。

检察实务点评

土地是农民赖以生存和发展的基础，近年来，农村土地权属争议频发，由于这类纠纷具有群体性的特点，已经成为影响农村社会稳定的一大因素。本案历史久远，证据缺乏，政府在实施确权行为时，未能立足这类纠纷的特点正确运用证明规则，认定事实有误，处理失当。引起行政诉讼后，一、二审及再审法院对待举证责任的态度与行政诉讼法明显不符，判决难以服众，以致本案经过三审仍无法息诉。检察机关在抗诉过程中看到了问题的本质，抗诉意见全部被终审法院采纳，抗诉效果相当明显。

◇成功经验

1. 熟悉国家在不同时期的土地政策，准确抓住主要抗点

本案争议土地权属的确定需要回溯 40 多年，涉及土改、合作化、“四固定”时期的一系列国家土地政策。只有熟悉国家土地政策和我国土地权属变化发展的历史，才能正确判断争议土地的本来面目和发展脉络。检察机关根据争议土地在不同历史时期的实际管理状况和其权属在几个生产队之间几经变更的实际情况，提出了争议土地在土改、合作化、“四固定”时期并没有固定归厚禄村第12队的抗诉意见，切中了政府和再审法院在证据收集和采信方面存在的错误，为终审法院采纳抗诉意见奠定了坚实基础。

2. 抗诉意见充分体现了土地确权应遵循的基本原则

土地确权的基本原则是：尊重历史，面对现实，有利于生产和生活，有利于社会稳定，政策和法律并用，分阶段、区别不同情况处理。

实践证明，这一原则是正确、有效处理历史遗留土地权属纠纷的“法宝”。本案桂平市人民政府的处理决定之所以得不到厚禄村第15队群众的认可，很大程度上就是因为该处理决定无论在证据的采信上、事实的认定上还是在实体的处理上，都偏离了这一基本原则。检察机关的抗诉意见立足于现实，较好地体现了上述原则，因而具有较强的说服力。

◇存在问题

本案终审法院虽然采纳了检察机关的抗诉意见，但客观地说，检察机关对抗诉意见的论述，也存在不尽如人意之处。如检察机关虽然提出争议土地在土改、合作化、“四固定”时期并没有固定归厚禄村第12队的四条抗诉意见，但是对土地确权案为何以土改、合作化及“四固定”时期的定论作为依据，本案中为何认为争议土地在土改、合作化、“四固定”时期并没有固定归厚禄村第12队，说明与论证并不透彻，让人有依据不足、说理不够充分的感觉。

实例 19　将生效行政拘留更改为劳动教养之合法性辨析

——戈某某与广西防城港市劳动教养管理委员会行政处罚纠纷抗诉案评析

案例简介

◇基本案情

申诉人（一审原告、二审被上诉人）：戈某某。

被申诉人（一审被告、二审上诉人）：广西防城港市劳动教养管理委员会。

2005 年 1 月至 3 月间，戈某某通过银行异地汇款方式，多次将人民币（共 43.9 万元）汇到黄某某在工商银行的账户，并在中国境内通过手机通信方式，指挥黄某某在越南芒街国际博彩俱乐部为其下赌资赌博。2005 年 4 月 20 日，广西壮族自治区防城港市公安局治安警察支队以戈某某向境外赌场多次下注进行赌博活动为由，作出防港公（治）决字［2005］第 010 号处罚决定，给予戈某某行政拘留 15 天、并处罚款 3000 元的行政处罚。实际执行行政拘留 10 天后，防城港市公安局认为治安处罚太轻，于 2005 年 4 月 29 日作出关于撤销对戈某某的防港公（治）决字［2005］第 010 号行政处罚决定书的决定，改为对戈某某呈报劳动教养处理。同日，防城港市劳动教养管理委员会（以下称防城港市劳教委）作出防劳决字［2005］第 15 号劳动教养决定，认定戈某某上述违法事实，根据我国《治安管理处罚条例》第 32 条第 1 款第（一）项、第 2 款和

《劳动教养试行办法》第13条的规定，决定送戈某某劳动教养1年6个月。行政拘留1日折抵劳动教养期限1日，戈某某的劳动教养期限自2005年4月20日起至2006年10月19日止。

对戈某某的劳动教养决定，除戈某某在劳动教养通知书签名外，无戈某某居住地街道组织的意见材料，无记载相关单位向戈某某宣布决定劳动教养所依事实及依据、劳动教养的期限、应享有的权利，以及向戈某某家属告知对戈某某实行劳动教养相关情况的证据材料。戈某某不服，向防城港市港口区人民法院起诉。

◇诉讼过程

一审情况

防城港市港口区人民法院审理认为，劳动教养是一种严厉的限制人身自由的具体行政行为，劳动教养呈报单位、审核部门行使职权必须合法。本案被告未按《劳动教养试行办法》规定的形式要件履行法定程序，劳动教养决定具有违法性。同时，劳动教养制度是限制人身自由的行政处罚，公安机关在办理劳动教养案件中不仅要严格执行《劳动教养试行办法》等规范性文件的规定，还要按照我国《行政处罚法》有关规定履行职责。被告提供的证据材料中，既没有履行告知权的记载，也没有已送达劳动教养决定书的记录，程序违法明显。为此，防城港市港口区人民法院作出（2005）港行初字第16号行政判决：确认防城港市劳教委作出的防劳决字［2005］第15号劳动教养决定违法。

二审情况

防城港市劳教委不服一审判决，向防城港市中级人民法院提出上诉。防城港市中级人民法院审理认为，《治安管理处罚条例》第32条第2款规定，有赌博行为的处15日以下拘留，可以单处或者并处3000元以下罚款，或者依照规定实行劳动教养。因此，防城港市劳教委依据戈某某参与赌博的违法事实对其实行劳动教养于法有据，所作出的防劳决字［2005］第15号劳动教养决定认定事实清楚，证据充分，对戈某某实行劳动教养适用法律正确。2005年12月30日，防城港市中级人民法作出（2005）防市行终字第39号行政判决：（一）撤销防城港市港口区人民法院（2005）港行初字第16号行政判决；（二）维持防城港市劳教委作出的防劳决字［2005］第15号劳动教养决定。

抗诉意见

戈某某不服，向防城港市人民检察院提出申诉，防城港市人民检察院提请广西壮族自治区人民检察院抗诉。自治区人民检察院审查后认为，劳动教养属于行政处罚，决定是否实行劳动教养，必须严格依据我国《行政处罚法》和《劳动教养试行办法》。本案中，防城港市劳教委对戈某某作出的劳动教养决定未严格履行法定程序，是违法的行政行为。同时，根据《治安管理处罚条例》第32条规定，在公安机关作出的行政拘留和并处3000元罚款的行政处罚没有错误的情况下，该行政处罚不具有可撤销性。防城港市公安局对戈某某执行行政拘留10天后，以处罚太轻为由，撤销拘留决定报送劳动教养，违反了行政法规定的“一事不二罚”的基本原理，二审法院对此予以维持是错误的。2006年2月20日，自治区人民检察院向广西壮族自治区高级人民法院提出抗诉。

再审结果

自治区高级人民法院受理检察机关抗诉后，经审理认为：防城港市公安局对戈某某作出行政拘留行政处罚决定，认定事实清楚，程序合法，是合法的具体行政行为，该具体行政行为对违法行为人戈某某以及公安机关均具有拘束力。在没有证据证实该具体行政行为违法的情况下，公安机关撤销该具体行政行为并改为向防城港市劳教委报请劳动教养没有法律依据。劳动教养针对的是违反治安管理法规，屡教不改，或者有轻微犯罪行为，不够或者不需要给予刑罚处罚，而又符合劳动教养条件的人。戈某某虽然实施了赌博违法行为，但没有证据证实其属屡教不改，其主观恶性及违法程度均未达到必须实行劳动教养的程度，不符合劳动教养条件，一审法院认定劳动教养决定违法是正确的。2006 年 7 月 28 日自治区高级人民法院作出（2006）桂行再字第 14 号行政判决：（一）维持防城港市中级人民法院作出的（2005）防市行终字第 39 号行政判决第一项；（二）撤销防城港市中级人民法院作出（2005）防市行终字第 39 号行政判决第二项；（三）撤销防城港市劳动教养委员会作出的防劳决字［2005］第 15 号劳动教养决定。

问题的提出

将合法有效的行政拘留改为劳动教养是否有法律依据？

劳动教养制度是我国特有的一项法律制度，是为了维护社会治安，预防和减少犯罪，对轻微违法犯罪人员实行的一种强制性教育改造的行政措施。其制度价值和追求是毋庸置疑的。然而，长期以来，由于立法并未对其性质和地位作出明确界定，实务中各界对其性质及其与其他行政处罚的关系很难达成共识。而这种认识的不统一性，在实践中经常带来种种争议。

本案中，防城港市公安局以所执行的行政拘留处罚太轻为由，依据《公安机关内部执法监督工作规定》直接撤销对戈某某的行政拘留，改为由防城港市劳教委决定对戈某某劳动教养 1 年 6 个月。这样的做法，表面看合情合理，但深究起来，涉及许多深层次的法律问题。各相关执法机关的态度截然不同：防城港市劳教委显然认同和支持公安机关的做法，认为劳动教养是行政强制措施而不是行政处罚，将行政拘留更改为劳动教养不需要遵守行政处罚程序；一审法院和抗诉的检察机关则认为劳动教养是行政处罚，在本案由行政拘留更改为劳动教养的过程中，防城港市劳教委未严格执行《行政处罚法》规定的程序，其作出的劳动教养决定是违法的；二审法院及自治区高级人民法院均回避此问题。

劳动教养制度在我国已经实行了50多年，对维护社会秩序发挥了巨大的作用。然而，出于种种原因，当前劳动教养的程序规范和实体规范显然还存在不小的缺陷。在社会飞速发展，国家一再强调保障人权的今天，其实施过程容易侵犯公民合法权益的弊端已为越来越多的人们所关注。也许，在目前的法律机制下讨论将行政拘留直接更改为劳动教养的合法性问题不一定能得出明确、令人信服的结论，但进一步明确劳动教养的性质，规范其使用程序以继续发挥其积极作用值得社会各界认真面对和思考。本案检察机关大胆对防城港市有关执法机关直接将生效行政拘留改为劳动教养的做法进行法律监督，为我们深入思考这一问题提供了广阔的空间。

法理分析

1. 将合法有效的行政拘留更改为劳动教养缺乏法理根据

在我国现行法律机制中，行政拘留与劳动教养归属于两个不同的法律制度。行政拘留作为行政处罚措施，受《行政处罚法》的规范，劳动教养则以《劳动教养试行办法》等专项行政法规为依据。由于法律本身不统一、不明确，理论界和司法界对劳动教养的性质认识不一，存在三种不同的观点：

第一种观点认为劳动教养是行政处罚。主要理由有：1986年全国人大常委会制定的具有行政处罚性质的《治安管理处罚条例》规定，劳动教养是一种行政处罚；1991年11月国务院新闻办公室发布的《中国人权状况》白皮书指出，劳动教养不是刑事处罚，是一种行政处罚；1995年2月8日《国务院关于进一步加强监狱管理和劳动教养工作的通知》指出，劳动教养场所是国家治安行政处罚的执行机关。据此，劳动教养应当是行政处罚而不是行政强制措施。本案中一审法院和抗诉的检察机关就持该观点，主张劳动教养作为行政处罚措施，必须遵守《行政处罚法》规定的处罚程序。基于此，一审法院重点审查了防城港市劳教委作出劳动教养决定时是否违反了《行政处罚法》规定的程序，检察机关也以防城港市劳教委作出决定时没有按照相关程序履行其职责为由提出抗诉。

第二种观点认为劳动教养是行政强制措施。主要理由有：其一，1957 年 8 月 3 日国务院公布的《国务院关于劳动教养问题的决定》明确规定，劳动教养是对于被劳动教养的人实行强制性教育改造的一种措施，也是对他们安置就业的一种办法；1979 年 11 月 29 日国务院公布的《国务院关于劳动教养问题的补充决定》明确规定，劳动教养是对被劳动教养的人实行强制性教育改造的一种行政措施，是处理人民内部矛盾的一种方法；1982 年 1 月 21 日国务院转发的公安部制定的《劳动教养试行办法》重申，劳动教养是对于被劳动教养的人实行强制性教育改造的一种行政措施，是处理人民内部矛盾的一种方法。其二，基于上述法规，1996 年全国人大通过的《行政处罚法》明确规定了 7 种行政处罚，并没有将劳动教养明确规定为行政处罚措施之一。《行政处罚法》还规定："限制人身自由的行政处罚，只能由法律设定"；"本法公布前制定的法规和规章关于行政处罚的规定与本法不符合的，应当自本法公布之日起，依照本法规定予以修订，在 1997 年 12 月 31 日前修订完毕"。2000 年生效的《中华人民共和国立法法》（以下简称《立法法》）第 8 条也明确规定，对公民政治权利的剥夺、限制人身自由的强制措施和处罚只能制定法律。其三，2006 年 3 月 1 日起施行的《中华人民共和国治安管理处罚法》取消了 1986 年《治安管理处罚条例》将劳动教养列入治安处罚种类的做法。

第三种观点认为劳动教养是一项独立的法律制度。一部分学者认为，目前研究我国劳动教养的性质，不能离开我国劳动教养工作50多年的实践。既要看到各个历史时期劳动教养制度性质的变化情况，也要注意研究现阶段劳动教养对象的结构，党和国家对劳动教养的方针、政策，劳动教养制度的运作、发展趋势，才能准确、全面地界定我国劳动教养的性质。[①] 如果只是依照现有的行政处罚、刑事处罚和行政强制措施机制衡量、定位劳动教养，恐怕难以解决劳动教养目前存在的一系列问题，因此劳动教养应是一项独立的、综合的法律制度，不同于行政处罚、刑事处罚和行政强制措施。

从处罚的正当性、合法性分析，应当说不管劳动教养的性质如何定位，撤销有效的行政拘留，直接变更为劳动教养都是缺乏根据的。如果将劳动教养定位为行政处罚，则不同行政处罚之间的更换需要接受行政处罚程序的规制；如果不将劳动教养定位为行政处罚，则撤销有效的行政拘留的前提必须是所作出的行政拘留确有错误。相比较而言，将劳动教养的性质确定为行政处罚更符合我国国情和社会发展的需求，更有利于促进和监督行政机关依法行政。目前，我国在劳动教养执法领域确实存在不少问题，比较突出的有三个方面：其一，劳动教养限制公民人身自由的时间长达1至3年。其严厉程度和惩罚效应比某些刑事处罚，如管制、拘役有过之而无不及。其二，劳动教养的执法程序不够完善。劳动教养长时间限制公民人身自由，本应设定严格的执法程序，但是长期以来由公安部制定的作为执法依据的《劳动教养试行办法》所规定的执法程序明显不够健全，很多重要制度如回避制度、追诉时效、办案期限、听证制度等仍处于空白状态。其三，劳动教养的监督流于形式。目前，劳动教养审批机构设在公安机关，受劳动教养管理委员会的委托，审查

---

① 赵秉志、杨诚主编：《中国劳动教养制度的检讨与改革》，中国人民公安大学出版社2008年版，第88页。

批准需要劳动教养的人。[1] 在此机制下，形式上劳动教养决定权属于劳动教养管理委员会，但实际上往往是公安机关一家说了算，劳动教养的决定与执行缺乏强有力监督，权力被滥用的可能性比较大。本案中戈某某被公安机关作出合法的行政拘留之后，劳动教养委员会未遇任何阻碍就改为劳动教养也说明了这一点。鉴于这些现实情况，为更有效地促进和监督劳动教养机关依法行政，目前社会各界要求将劳动教养纳入行政处罚范围，以便有效促进和监督劳动教养委员会依法行政的呼声很高。而一旦立足于这样的社会需求来理解和把握劳动教养的性质，撤销正确、有效的行政拘留，直接变更为劳动教养，则违背了一事不二罚的行政法基本法理。

2. 将合法有效的行政拘留改为劳动教养缺乏法律依据

本案中，戈某某被行政拘留 15 天，在实际执行行政拘留 10 天后，防城港市公安局认为处罚太轻，以《公安机关内部执法监督工作规定》为由，撤销对戈某某的行政拘留行政处罚决定书，改由防城港市劳教委对戈某某劳动教养 1 年 6 个月。这样的司法操作看似执法机关内部的自我纠正错误行为，实际上已经突破了法定的职权范围，缺乏法律根据。

(1) 公安机关随意撤销合法生效的行政拘留决定违反《治安管理处罚条例》的精神

《治安管理处罚条例》第 32 条规定，严禁赌博行为，有赌博行为的处 15 日以下拘留，可以单处或者并处 3000 元以下罚款，或者依照规定实行劳动教养。根据这一规定，对于赌博行为，处 15 日以下拘留和依照规定实行劳动教养是两个不能并用的选项。本案中，防城港市公安局根据戈某某的违法情节，对戈某某作出的行政拘留

① 赵秉志、杨诚主编：《中国劳动教养制度的检讨与改革》，中国人民公安大学出版社 2008 年版，第 49 页。

15天、并处罚款3000元的行政处罚决定事实清楚、证据确凿、程序合法，处罚轻重在法律规定的幅度内，不管从实体上看还是从程序上看，都是合法、有效的行政处罚决定。这样一个合法、有效而且已实际执行行政拘留10天的行政处罚决定显然已经发生法律效力，对违法行为人戈某某以及公安机关都具有确定力和拘束力，不能随意被变更与撤销，尤其是不能在执行行政拘留之后再实行劳动教养。防城港市公安局在该具体行政行为合法、有效的情况下，撤销该具体行政行为并改为向防城港市劳教委报请劳动教养，显然违反了《治安管理处罚条例》的精神，损害了行政处罚行为本身的公正性、稳定性、权威性，不利于社会秩序的稳定，也不利于维护公安机关的形象。

（2）公安机关内部的工作规定不能成为撤销合法行政拘留的法律依据

防城港市公安局撤销对戈某某所作出的行政拘留决定的依据是《公安机关内部执法监督工作规定》，该规定第13条指出，“在执法监督过程中，发现本级或者下级公安机关已经办结的案件或者执法活动确有错误、不适当的，主管部门报经主管领导批准后，直接作出纠正的决定，或者责成有关部门或者下级公安机关在规定的时限内依法予以纠正”，这样的做法是没有法律根据的。根据行政法的合法性原则，行政机关作出行政行为必须有法律依据。所谓法律依据主要是指法律、法规、规章和其他规范性文件，这些法律依据必须是已经向社会公布的法律规范性文件。而《公安机关内部执法监督工作规定》只是公安机关内部的工作规定，是公安机关为规范内部工作而提出的工作要求，并未上升到法律规范性文件的层次，不能作为撤销合法的行政拘留决定的法律依据。从实体角度看，行政行为的撤销是指对已经发生法律效力的行政行为，发现其违法，由有权的机关撤销。可以说，“该行政拘留决定违法”是撤销的前提条件。因此，即便戈某某赌博而且赌资较大是事实，但防城港市公安局依据法律规定对其作出了行政拘留15天、罚款3000元人民币的行政处罚并无不当，根本不存在违法行政行为，也不存在“确有错误或不适当”，公安机关以内部执法监督之名随意撤销合法的行政拘留决定有滥用职权之嫌。

(3) 防城港市劳教委对戈某某作出劳动教养决定属于适用法律错误

根据《国务院关于劳动教养问题的决定》和《劳动教养试行办法》的规定，劳动教养针对的是违反治安管理法规，屡教不改，或者有轻微犯罪行为，不够或者不需要给予刑罚处罚，而又符合劳动教养条件的人。本案中，戈某某虽然参与赌博，而且赌资较大，但没有证据证实其属于屡教不改，其主观恶性及违法程度均未达到“有轻微犯罪行为，不够或者不需要给予刑罚处罚”的程度，不符合劳动教养条件。因此，防城港市劳教委依据公安机关的申请作出的劳动教养决定属于适用法律错误。

检察实务点评

本案一审判决是正确的，但二审撤销了一审的正确判决。检察机关抗诉后，再审法院部分采纳了抗诉意见，抗诉目的基本实现，但认真分析，其中的经验教训值得深思与总结。

◇抗诉经验

1. 抗点准确，为本案抗诉成功奠定了基础

检察机关以《治安管理处罚条例》第32条第2款规定为法律依据，形成了“在行政拘留和并处3000元罚款没有错误的情况下，公安机关已作出的行政处罚不具有可撤销性”的抗诉意见，应当说抓住了问题的实质，法律依据也比较充分。根据行政处罚法的规定，行政拘留属于行政处罚，而从行政法基本原理的角度而言，正确的行政处罚是不能随意撤销的。检察机关从这一角度立论，很容易就切中本案的实质和关键，抗诉理由最终被再审法院采纳乃自然而然之结果。

2. 敢于监督，有利于促进劳动教养行为的规范化

如前所述，当前劳动教养领域存在不少问题，究其原因，主要是劳动教养的执法程序不够规范，尤其在劳动教养往往由公安机关一家说了算，外界对执法过程难以进行有效监督的情况下，不规范的执法行为容易引发种种与立法追求相悖的现象，近几年最高人民法院、最高人民检察院公布的一些案例就充分说明了这一点。本案中，检察机关面对劳动教养这一传统的法律监督难点，大胆履行法律监督职责，明确指出有关公安机关和劳动教养管理委员会工作中存在的问题，尽管有些抗诉意见最终未被法院采纳，但抗诉行为本身无疑对规范劳动教养行为产生较大的影响，有助于在相关公安机关、劳动教养管理委员会中形成警示效应。

◇存在问题

1. 以法律没有明确规定和理论上未定论的内容作为抗点，影响抗诉理由的说服力

检察机关的抗诉理由之一是“劳动教养是一种极为严厉的限制人身自由的具体行政处罚”，对此，检察机关仅以1991年11月国务院新闻办在《中华人民共和国人权状况》白皮书中所宣布的“劳动教养是行政处罚”为立论根据，这样的立论依据显然不够充分，也经不起反驳。因为劳动教养的性质是行政处罚还是行政强制措施，在不同时期的法律文件中有不同的规定，至今仍然有效的1979年11月29日国务院公布的《国务院关于劳动教养问题的补充决定》就明确规定，劳动教养是对于被劳动教养的人实行强制性教育改造的一种行政措施。在没有哪一部法律明确规定劳动教养是行政处罚，而且在理论界和实践界争论还很大、意见难以统一的情况下，检察机关轻易得出劳动教养是行政处罚的结论并以其为主要抗点，不可避免地会影响抗诉理由的说服力。

2. 对支持抗诉理由的行政法原理论证不够深入和充分

检察机关虽然提出了“在行政拘留和并处3000元罚款没有错误的情况下，公安机关已作出的行政处罚不具有可撤销性”的观点并被再审法院采纳，但从抗诉书看，似乎只看到论点和结论，对于为何不具有可撤销性，公安机关随意撤销违反了什么规定，检察机关没能从行政法原理的深度进行论证分析，说服力略有不足。

实例20　犯罪分子借行政违法之机实施犯罪，行政机关的行政赔偿责任能否免除？

——宋某某与广西南宁市江南区建设局房屋抵押登记纠纷抗诉案评析

案例简介

◇基本案情

申诉人（一审原告、二审上诉人、再审申请人）：宋某某。

被申诉人（一审被告、二审被上诉人、再审被申请人）：广西南宁市江南区建设局。

1997年7月21日，宋某某与刘某某签订一份借款协议，宋某某借给刘某某人民币66.5万元，刘某某以位于广西南宁市淡村四组169号的房屋（《房屋所有权证》0140071号）作抵押。

刘某某用于抵押的房屋土地使用面积共175.1m^2，系其与梁某标、梁某添、梁某义、周某于1993年共同建成的一幢6层18套楼房。按共有协议，刘某某只享有其中的两套三房一厅的房屋。1994年8月，刘某某将该宗175.1m^2的土地登记在其一人名下，同年9月，刘某某又瞒着其他共有人将该六层楼房的房屋产权以其个人名义办理了《房屋所有权证》（证号0140018）。1995年，刘某某用该房为南宁市企达工贸公司向南宁市万通城市信用社贷款80万元作抵押（期限6个月，但未到房管所办理抵押登记手续）。1995年10月13日，刘某某明知该房屋所有权证已作贷款抵押，仍到《南宁晚报》登遗失声明，并于1996年1月30日以其个人名义重新办理《房屋所有权证》（证号0140071）。1996年9月，刘某某以房屋所有权证证号为0140071的房屋作抵押，向南宁市利得兴典当行借款35万元。

1997年6月25日，刘某某在明知0140071号《房屋所有权证》上的房产已向利得兴典当行作抵押，且已被南宁市新城区人民法院查封、扣押的情况下，以“借用”的名义骗出被查封房产的《房屋所有权证》。同年7月21日，刘某某再次以0140071号《房屋所有权证》上的房产作抵押，周某某及南宁市不锈钢厂作担保，与宋某某签订借款协议。同日，宋某某与刘某某到原南宁市郊区建设与环境保护局主管的房地产管理所（以下简称原郊区房管所）申请办理房屋抵押手续，并向该所提交了0140071号《房屋所有权证》、南宁集建（1996）字第8061147号《集体土地建设用地使用证》、刘某某和宋某某的身份证、双方签订的借款协议及南宁市资产评估咨询公司03491号《资产评估报告书》，填写了南郊房押字第0970102号《房屋抵押申请书》。原郊区房管所据此给予办理了该房产抵押登记手续，同时签发了南郊押字第0970102号《房屋他项权证》。办理房屋抵押登记手续后，宋某某随即按照双方的协议约定给付刘某某人民币66.5万元。还款期限届满后，刘某某只还给宋某某33.5万元，余款33万元未还。

1999年11月1日，南宁市江南区人民法院作出（1999）江刑初字第104号刑事判决，以合同诈骗罪判处刘某某有期徒刑6年，并处罚金5000元。之后，宋某某以原郊区房管所在接受抵押登记时不向其告知该房屋已被抵押并且被法院查封的真实情况，反而准许刘某某用被查封的房屋进行抵押登记，直接导致其被骗33万元为由，于2001年8月10日向原南宁市郊区人民法院提起行政赔偿诉讼，请求法院依法判令南宁市郊区建设与环保局赔偿其经济损失33

万元及利息。

在诉讼期间，南宁市郊区建设与环境保护局因机构改革被撤销，南宁市中级人民法院依法通知继续履行其职责的南宁市江南区建设局作为本案被上诉人参加诉讼。

◇诉讼过程

一审情况

南宁市郊区人民法院审理认为，被告南宁市郊区建设与环保局作为房地产行政管理部门，1996 年 9 月为刘某某办理了房产抵押登记手续（证号 0140071），1996 年 12 月 9 日收到了南宁市新城区人民法院的《协助执行通知书》，应当知道刘某某 1997 年 7 月 21 日申请办理抵押的房产（证号 0140071）存在不得抵押的事由，仍然为刘某某办理了该房产的抵押登记手续，违反了《城市房地产抵押管理办法》第 8 条第（五）项关于被依法查封、扣押、监管或者以其他形式限制的房地产不得设定抵押的规定。南宁市郊区建设与环保局的行为属于不依法行政的行为。但是，刘某某的行为已构成合同诈骗罪并已被判处刑罚，故宋某某作为受害人，其所受到的经济损失 33 万元是由于刘某某的犯罪行为造成的，与南宁市郊区建设与环保局的抵押登记行为没有直接的因果关系。遂作出（2001）郊行初字第 22 号行政判决：驳回原告宋某某的赔偿请求。

二审情况

宋某某不服一审判决，向南宁市中级人民法院提出上诉。南宁市中级人民法院审理认为，刘某某已构成诈骗罪被判处有期徒刑，因此，其与宋某某签订的抵押登记借款合同，从签订进行抵押登记时起就不受法律保护。《城市房地产抵押管理办法》第 48 条规定："抵押人隐瞒抵押的房地产存在共有、产权争议或者被查封、扣押等情况的，抵押人应当承担由此产生的法律责任。"宋某某受骗的事实，应由抵押人刘某某承担由此而产生的法律后果。宋某某认为被上诉人的抵押登记行为直接导致被骗，要求被上诉人赔偿因被诈骗所受到的经济损失，缺乏事实和法律依据。2002年10月21日，南宁市中级人民法院作出（2002）南市行终字第4号行政判决：驳回上诉，维持原判。

再审情况

宋某某仍不服，向南宁市中级人民法院提出申诉。南宁市中级人民法院再审后认为，根据《城市房地产抵押管理办法》第9条第3款“房地产抵押后，该抵押房地产的价值大于所担保债权的余额部分，可以再次抵押，但不得超出余额部分”的规定，即使该房产办理过抵押，原郊区房管所依据刘某某提供的房产证、该房产价值171万多元的评估报告书以及刘某某与宋某某签订的借款66.5万元的借款协议等办理抵押登记并无不妥。造成宋某某被骗的事实是因为刘某某故意隐瞒用于再次抵押的房地产存在共有以及其在共有中所占有的份额大大低于其借款的数额的事实，而不是因为原审被上诉人办理抵押登记行为本身所造成。遂作出（2004）南市行再终字第3号行政判决：维持该院（2002）南市行终字第4号行政判决。

抗诉意见

宋某某不服再审判决，向南宁市人民检察院提出申诉，南宁市人民检察院提请广西壮族自治区人民检察院抗诉。自治区人民检察院审查后认为，南宁市中级人民法院（2004）南市行再终字第3号行政判决存在三点错误：一是认定事实不清。本案造成宋某某损失33万元，不仅有刘某某故意诈骗的原因，也有房管所工作失误的原因。由于原郊区房管所不认真审核，发放了登记内容不真实的0140018号《房屋所有权证》，给刘某某利用该《房屋所有权证》进行房屋抵押行骗提供了便利条件。在办理抵押登记时，房管所未按相关规定遵守法定抵押登记程序，在明知刘某某用于抵押的房屋不符合抵押条件，具有依法不得办理的事项，仍违反规定给刘某某办理了抵押登记，其违法签发的 0970102 号《房屋他项权证》的行为，客观上为刘某某骗取宋某某借款创造了条件。原郊区房管所的错误登记、违法行政行为与宋某某被骗 33 万元有法律上的因果关系，不能因为刘某某被判刑处罚就可以免除其应负的法律责任。二是适用法律错误。本案用于抵押的房屋在抵押给宋某某之前已被法院依法查封、扣押，依法不得再设定抵押。再审判决根据《城市房地产抵押管理办法》第 9 条第 3 款的规定，认定即使该房产办理过抵押，原郊区房管所依据刘某某提供的房产证、该房产价值 171 万多元的评估报告书以及刘某某与宋某某签订的借款 66.5 万元的借款协议等办理抵押登记并无不妥的观点显然是错误的。三是宋某某申请行政赔偿于法有据。根据我国《民法通则》、《城市房屋权属登记管理办法》、《国家赔偿法》和《行政诉讼法》等法律、法规的规定，行政机关对违法行政造成的财产损失应承担行政赔偿责任。遂于 2006 年 3 月 1 日向广西壮族自治区高级人民法院提出抗诉。

终审结果

广西壮族自治区高级人民法院受理检察机关抗诉后，经审理认为，办理房地产抵押登记是抵押合同生效的前提条件。原郊区房管所违反职业规范，未尽必要的审查义务，在应当知道刘某某用于办理抵押登记的《房屋所有权证》项下的房产在申请抵押给宋某某之前已被查封，不得再设定抵押的情况下，因工作过失而违法为刘某某办理抵押登记手续。宋某某基于对房产登记机关所办理抵押登记行为的信赖，将巨款借给刘某某，虽然造成宋某某财产损失的直接责任人是刘某某，但原郊区房管所的违法行为客观上为刘某某骗借款提供了条件，其违法办理房屋抵押登记的行为与宋某某财产损失之间有法律上的因果关系，在宋某某无法从刘某某处追回损失的情况下，应当承担行政赔偿责任。宋某某在办理房屋抵押登记过程中没有过错，无须承担过错责任，其受到的直接经济损失，应全部由原郊区房管所承担。2007 年 1 月 26 日，自治区高级人民法院作出（2006）桂行再字第 23 号行政判决：（一）撤销南宁市中级人民法院（2004）南市行再终字第 3 号行政判决和（2002）南市行终字第 4 号行政判决以及原南宁市郊区人民法院（2001）郊行初字第 22 号行政判决；（二）确认原郊区房管所为刘某某办理抵押登记手续的行为违法；（三）南宁市江南区建设局赔偿宋某某经济损失 33 万元，南宁市江南区建设局在承担上述赔偿责任后，可向刘某某追偿；（四）驳回宋某某要求判令南宁市江南区建设局赔偿其借款利息 549450 元及精神损害费 5 万元的诉讼请求。

问题的提出

行政赔偿构成要件中的因果关系如何把握？

《国家赔偿法》第 2 条规定：“国家机关和国家机关工作人员违法行使职权侵犯公民、法人和其他组织的合法权益造成损害的，受害人有依照本法取得国家赔偿的权利。”根据这一规定，行政赔偿责任的构成要件由行政主体、行政违法行为、损害后果和因果关系四个部分构成。在这四个方面中，行政主体、行政违法行为、损害后果三个要件属于客观性的要件，比较容易把握，而因果关系则由于涉及复杂的哲学判断和思维逻辑而缺乏客观、统一的标准，成为司法实践的一个难点和理论争议的热点。在本案中，一审、二审法院看待因果关系的视角是一致的，都认为宋某某所受到的经济损失 33 万元是由于刘某某犯罪行为所致，与南宁市郊区建设与环保局的抵押登记行为没有直接的因果关系，宋某某受骗是事实，但其法律后果应由行骗者刘某某承担。再审法院似乎认识到这一观点的不严谨性，从另一个角度提出宋某某被骗乃刘某某故意隐瞒事实造成，非南宁市郊区房管所办理抵押登记行为本身所致，故南宁市郊区建设与环保局不存在违法行为，不需要承担行政赔偿责任。检察机关和终审法院则认为，虽然本案造成宋某某财产损失的直接责任人是刘某某，但原郊区房管所履行职责时未尽必要的审查义务，其违法办理房屋抵押登记的行为客观上为刘某某骗借款提供了条件，与宋某某财产损失之间有法律上的因果关系，在宋某某无法从刘某某处追回的情况下，应当承担行政赔偿责任。司法认识差异如此之大，凸显出这样一个法律问题：行政赔偿构成要件中的因果关系到底有没有明确的内涵？起次要作用的条件是不是危害结果的原因？

犯罪分子利用行政违法之机实施犯罪，行政机关的行政赔偿责任能否免除？

现实生活中，有些犯罪分子利用行政机关行政违法之机实施犯罪行为并给受害人造成一定的损失，对于这种情况，犯罪分子依法应当承担法律责任是毫无疑问的，但对于行政机关是否还负有行政赔偿的责任和义务，法律并没有给出明确的答案。本案中，一审、二审法院认为宋某某受骗并受到经济损失是刘某某犯罪行为所致，与南宁市郊区建设与环保局的抵押登记行为没有直接的因果关系，其法律后果应由行骗者刘某某承担。其观点可归纳为：如果行政机关的违法行为与受损结果没有直接的因果关系，那么因犯罪受到的损失应当由犯罪者本人承担；如果行政机关的违法行为与受损结果有直接的因果关系，那么行政机关的行政赔偿责任不能免除。对此，检察机关则提出行政机关应当承担行政赔偿责任，终审法院在终审判决中也认为，原郊区房管所违法办理房屋抵押登记的行为与宋某某财产损失之间有法律上的因果关系，在宋某某无法从刘某某处追回的情况下，应当承担行政赔偿责任。这就产生一个问题，在犯罪分子利用行政机关行政违法之机实施犯罪行为并给受害人造成一定损失的情形下，行政机关的行政赔偿责任能否免除？

法理分析

1. 行政赔偿构成要件中的因果关系包括直接因果关系和间接因果关系

因果关系是责任主体对损害事实承担行政赔偿责任的基础和前提，如果缺少这种因果关系，那么行政主体就没有义务对损害承担赔偿责任。关于因果关系，目前在哲学领域还存在条件说、原因说、相当因果关系说等争议。对于行政赔偿责任构成要件中的因果关系，也是众说纷纭，观点繁多。面对理论上的纷争，司法不能随之摇摆，应当有一定之规以体现司法的严肃性和统一性。在行政赔偿纠纷中，要正确把握归责责任构成要件中的因果关系，应当回归因果关系的本来面目和立法的根本目的。

(1) 从理论根源而言，因果关系既包括必然的因果关系，也包括偶然的因果关系

因果关系首先是一个哲学概念，是对自然界、人类社会中某种现象引起另一种现象的逻辑关系的理论称谓。由于事物是普遍联系的，为避免因果关系的不确定性，哲学家普遍认为因果关系是特定的因果关系，只在特定的范围内研究。在特定的范围内，引起某种现象产生的现象称为原因，被某种现象引起的现象称为结果。

行政赔偿责任构成要件中的因果关系是哲学因果关系范畴在民事、行政法律上的运用，其研究特定的损害事实是否系违法的行政行为引起，如果是，则具有因果关系，否则，就没有因果关系。对于这一问题，应当说大部分情形之下目前各界认识并无太大差异，但当损害事实的产生不仅与违法行政行为有关，而且与其他主体的行为有关时，对因果关系的认识就往往有所不同。这种歧义，从某种程度上说源自对刑法因果关系的认识。在我国刑法理论中，关于因果关系存在必然因果关系和偶然因果关系之争。必然因果关系说

认为，当危害行为中包含着危害结果产生的根据，并合乎规律地产生危害结果时，危害行为与危害结果之间就是必然因果关系，只有这种必然因果关系才是刑法上的因果关系。偶然因果关系说认为，当危害行为本身并不包含着产生危害结果的根据，但在其发展过程中，偶然地介入其他因素，并由于这介入因素合乎规律地引起危害结果时，危害行为与危害结果之间就是偶然因果关系，介入因素与危害结果之间是偶然因果关系。这种争议自然地延伸到行政赔偿责任中的因果关系。有些同志认为，行政赔偿责任构成中的因果关系是指必然的因果关系，只有行政违法行为必然地或者说直接地导致损害结果产生，才产生行政赔偿问题。本案一审、二审法院之所以认定南宁市郊区建设与环保局不承担行政赔偿责任，正是立足于这样的思维。从哲学思维的本源而言，这样的认识是不符合逻辑的。一方面，这种认识标准难以准确把握。事物之间联系的复杂性、人类认识能力的有限性、信息占有的不完全性，使得人们很难断定行为导致结果是否必然、是否合乎规律，在大多数情形之下，人们对特定事件之间的因果联系的判断并不完全是一个逻辑推演的过程，而只是一个可能性的判断过程，以必然因果关系作为因果关系的标准在思维上、逻辑上往往面临“不可能”的尴尬。另一方面，这种认识标准不当地限制了因果关系的范围。当损害事实由违法行政行为与其他主体的行为共同引起时，违法行政行为的原因力作用是不能否认的，把违法行政行为排除在行政赔偿责任构成要件的因果关系之外，不符合因果关系的本义。

（2）从立法根本目的而言，因果关系既存在直接的因果关系，也存在间接的因果关系

从《国家赔偿法》的规定看，国家设置行政赔偿制度的根本目的体现在多个方面：一是实现赔偿功能，保护公民合法权利。在行政赔偿制度的各项功能中，首先强调的是赔偿功能，即补偿受害者

因违法行政行为所受到的损害，使公民的合法权利得到切实保护。二是促进和保障依法行政。设置行政赔偿制度的重要目的之一是对违法行政行为进行一定程度的制裁，促使国家行政机关严格依法办事，正确履行职责。三是平衡社会利益，实现社会收益的最大化。在受害人因违法行政行为受到损害的情况下，以国家利益进行赔偿，显然是为了平衡国家利益和个人利益，实现社会收益的最大化及促进社会的和谐发展。如果从上述根本目的出发理解行政赔偿归责条件中的因果关系，应当很容易看到，行政赔偿中的因果关系不仅包括直接的因果关系，也应当包括间接的因果关系。把间接的因果关系排除在外，意味着当行政机关的违法行政行为对损害结果的产生只起次要作用时，行政机关不需要承担赔偿责任，但这一结果与行政赔偿制度的根本目的显然是相背离的，必将削弱行政赔偿制度促进和保障依法行政的功能和保障公民合法权利、实现社会收益最大化的功能。

从司法解释的视角看，最高人民法院法释［2001］第23号司法解释规定："由于公安机关不履行法定职责，致使公民、法人和其他组织的合法权益遭受损害的，应当承担行政赔偿责任。在确定赔偿的数额时，应当考虑不履行法定职责的行为在损害发生过程和结果中所起的作用等因素。"这一司法解释虽然针对公安机关，实际上在混合侵权损害方面补充了《国家赔偿法》的规定，明确规定不管行政机关违法行为在损害发生过程和结果中所起作用的大小与主次，都应当承担行政赔偿责任。这实际上也就意味着，《国家赔偿法》规定的行政赔偿归责条件中的因果关系，既包括直接的因果关系，也包括间接的因果关系。

可以说，当我们从立法根本目的探寻行政赔偿制度的因果关系时，只有把直接因果关系和间接因果关系都涵盖在内，才能为因果关系找到正当化的理由。在本案中，一审、二审法院认为宋某某所受到的经济损失33万元与南宁市郊区建设与环保局的抵押登记行为没有直接的因果关系，判决南宁市郊区建设与环保局不承担行政赔偿责任。由于主要责任者刘某某已无赔偿能力，这样的判决客观上既放纵了南宁市郊区建设与环保局的违法行为，又使受害人得不到及时、应有的赔偿，与国家设立行政赔偿制度的初衷显然不符。

2. 犯罪分子利用行政违法之机实施犯罪，行政机关的行政赔偿责任不能免除

司法实践中，致人损害案件“多因一果”的情形并不少见，当损害的产生不仅基于行为人的侵权行为（甚至犯罪行为），而且与行政机关的行政违法行为有关时，法律对被害人以民事诉讼程序、刑事诉讼程序（如追缴、刑事附带民事）或者行政诉讼程序寻求救济并无限制，但受害人能否同时采用两种以上的救济途径，我国三大诉讼法未予界定。特别是对追究行为人刑事责任后能否免除行政机关相应赔偿责任问题，法律没有给出明确答案。

对此，我国民事侵权损害赔偿的连带责任制度提供了很好的思考参照系。《民法通则》第130条规定：“二人以上共同侵权造成他人损害的，应当承担连带责任。”即当多个责任人基于共同侵权行为而产生具有同一给付内容的数个责任时，各连带责任人对外承担民事责任并不以自己的份额为限，而是对全部共同责任负责。立法者设置这一责任制度的根本目的在于确保受害人的合法权益在受到损害后能够得到及时、足够的救济，不因其中某些责任人的赔偿能力不足而受损。当某行为人的侵权行为与行政机关的违法行为共同致人损害时，虽然涉及两种以上不同的救济方式，每种救济方式所运用的诉讼形式不同，但归根结底，受害人的损失是两个主体的行为共同造成的，每个主体依法均应当承担赔偿责任，国家也有义务保障受害人的合法权益在受到损害后能够得到及时、足够的救济。所有这些方面，与民事侵权损害赔偿制度中产生连带责任的情形并无本质不同。因此，虽然《国家赔偿法》所规定的连带责任仅指国家机关共同违法承担连带责任，但完全有理由把连带责任扩大到行政行为与其他个体侵权行为混合侵权案件中，通过行政机关和其他侵权人互负连带责任确保受害人的合法权益在受到损害后能够得到及时、足够的赔偿，一旦其他侵权人的刑事责任、民事责任都无法弥补受害人的损失，承担连带责任的行政机关就必须实际履行赔偿责任，这样做与“国家赔偿法的主要任务是解决国家对行使公权力时侵犯人民合法权益的赔偿责任问题”[①]完全相符合。

从法律责任的性质而言，刑事责任与民事责任、行政赔偿责任性质不同，不具有可替代性，不能因为行为人承担了刑事责任就免除其应负的民事赔偿义务，更不能因此就免除相关行政机关的行政赔偿责任。本案原南宁市郊区房管所作为合法的行政主体，对《城市房地产管理法》、《担保法》关于“被依法查封、扣押、监管或者以其他形式限制的房地产不得设定抵押”的规定是清楚的，对刘某某用于抵押的房屋已被南宁市新城区人民法院查封、扣押（法院已向其送达了《协助执行通知书》）也应当是明知的，但其在审查办理刘某某房屋抵押登记手续时，不认真审核，不依法登记，致使宋某某基于对房管所行政行为的信赖而受骗，不管从行政信赖保护原则还是从依法行政原则看，其违法行政行为导致的行政赔偿责任都不能因刘某某承担刑事责任而免除。一审、二审法院虽然没有明确提出免除行政赔偿责任的看法，但判决内容实质上就免除了原南宁市郊区房管所行政赔偿责任，这种裁决缺乏法理根据。当然，民事赔偿责任与行政赔偿责任都是给付之债，有共通之处，如果其中一项责任的履行已经完全补偿受害人的损失，受害人就没有理由再要

① 肖峋：《中华人民共和国国家赔偿法的理论与实用指南》，中国民主法制出版社1994年版，第35页。

求另一项赔偿。因此，在混合侵权损害中，如果行为人的民事赔偿责任已经完全弥补受害人的损失，行政机关就不需要进行行政赔偿。一旦行为人没有履行或者无法履行民事赔偿责任，则受害人的损失就只能通过行政赔偿实现救济。正如本案中，当刘某某无法赔偿宋某某所受到的经济损失33万元时，这一损失就只能通过行政赔偿予以解决，抗诉意见和终审判决是正确的。

检察实务点评

近年来，因不动产物权登记管理机关规章制度不严，行政管理秩序混乱，违规违法办理房屋产权登记引起的行政诉讼案件屡见不鲜，各地法院对这类案件的判决不尽一致。本案通过抗诉，终审法院确认违法行政机关应当承担赔偿责任，为这类案件的公正审理树立了一个很好的榜样，抗诉相当成功。

1. 敢于监督

在混合侵权致人损害案件中，行政机关是否应当对自身的过失承担行政赔偿责任是司法实践中的一个疑点和难点。虽然一些法规对此作出过肯定式的表述，但由于《国家赔偿法》未明确界定，实务中司法判例不尽相同。不少学者、司法实务工作者也从减轻国家负担的角度出发，主张由主要责任人进行民事赔偿。广西壮族自治区人民检察院敏锐地观察到了这一问题与民主与法治建设的重要关联性，从严格执法、公正执法、维护公平正义的高度出发，大胆地对法院的判决提出了抗诉，这种敢于监督的工作作风值得肯定。

2. 抗点准确

从司法实践看，这类案件争议的疑点比较多，如刑事、民事、行政三种诉讼方式能否并行？是否属于行政诉讼的范畴？各责任主体的赔偿责任是不是连带责任？追究相关人员的刑事责任之后是否可免除行政机关的行政赔偿责任？本案一审、二审、再审判决对案件的分析不尽相同，但基本上都是从行政行为与损害结果的因果关系入手进行司法决断，其判决的实质内容又涉及追究相关人员的刑事责任之后是否可免除行政机关的行政赔偿责任问题。检察机关从认定因果关系入手，论证原郊区房管所的违法行为引发了行政赔偿责任，这种责任在受害人的损失无法通过刘某某以民事赔偿方式弥补时必须履行。这些抗点与一审、二审、再审判决针锋相对，监督的力度相当强，为抗诉成功奠定了很好的基础。

3. 说理透彻

由于认识上不明晰、立法上不明确、实务上不统一，对这类案件进行抗诉，败诉的风险比较大。检察机关在抗诉过程中，在论证抗诉理由方面下足了工夫，有效地从事实、法理、法条等多方面说明原南宁市郊区房管所行政行为的违法性及其承担行政赔偿责任的必要性，说理透彻，说服力强，最终获得终审法院的支持。

附录

民事行政抗诉书选编

附录 1

广西壮族自治区人民检察院
民事抗诉书

桂检民抗〔2007〕25号

贾运红因与南宁市王府井百货有限责任公司保管合同纠纷一案，不服南宁市中级人民法院（2006）南市民二终字第165号民事判决，向南宁市人民检察院申诉，该院提请我院抗诉，我院经依法审查，查明：

申诉人（一审原告、二审上诉人）贾运红，女，1977年12月6日出生，汉族，住河南省郑州市金水区南阳路230号院18号楼51号，现住南宁市大学路士林苑2栋。

对方当事人（一审被告、二审被上诉人）南宁市王府井百货有限责任公司，住所地：南宁市新民路4号。法定代表人刘冰，董事长。

2005年12月19日16时许，贾运红与朋友刘海燕自华星时代城的办公室下到一楼王府井百货公司开办的超市购物。依照超市关于不准携带提包入场的规定，贾运红在进入超市购物区前，将内有若干物品的手提包存放在超市为顾客设置存放物品的电子保管箱中。此后，在贾运红尚未从购物区出来取包之前，一个不知名的男子来到贾存放手提包的保管箱前，声称是某存包人的男朋友，要求取包。王府井超市工作人员未履行足够的安保手续就打开保管箱让该男子翻找所谓“女朋友”的包裹，最后将贾运红的提包拿走。贾运红购买了价值20.91元的物品后取包时，发现存包的电子密码条失效。贾运红告知超市工作人员后共同打开箱子，发现贾运红所存放的手提包已不翼而飞。贾运红即向南宁市公安局新城派出所报案，新城公安派出所对当班的超市工作人员进行了询问，工作人员如实说明了上述情况。此后，贾运红多次到王府井百货公司索赔未果，遂于2006年1月11日将王府井百货公司诉至南宁市青秀区人民法院，要求王府井百货公司赔偿各项损失39177元，赔偿精神损失费1元。

一审法院经审理认为：贾运红到王府井百货公司的超市购物，按照超市的提示将包存放在超市的保管箱并取走密码凭条后，双方已形成了有效的保管合同关系。造成贾运红的财产损失，王府井百货公司负有一定的责任。但是，如何确认贾运红的损失，是本案争议的主要焦点。《最高人民法院关于民事诉讼证据的若干规定》第二条确定了民事举证责任具有双重含义：一是当事人就其主张的事实负有提供证据的责任；二是在事实真伪不明时，主张该事实的当事人承担不利诉讼后果的责任。本案中，贾运红主张其共损失了价值达39177元的财物和现金，但并没有任何具体的证据，公安机关的受理案件登记表（回执）只能证明贾运红向公安机关报过案，在公安机关没有查清案件事实前，不能证明贾运红的报案陈述是否真实，而且该证据也没有反映贾运红的陈述。刘海燕的证词，并不能证明贾运红的包内有5700元现金和银行卡、身份证等物；雷达表款样及价格，并不能证明贾运红拥有该款手表并放在包内；贾运红也没有向法院提交包括火车票、收款收据或收费发票等任何证据证实其补办身份证和银行卡的来回路费及所产生的其他费用。双方认可的唯一事实，就是贾运红在超市购买了20.91元的货物后存放在保管箱内的包被盗。至于该包的价格，贾运红也没有向法院提供相应的发票。由于贾运红提供的证据不足，法院无法认定包内物品的价值，也无法认定包的价格，因此，无法确定贾运红的经济损失，贾运红对此应承担举证不能的责任。本案争议的第二个焦点是王府井百货公司在本案中应承担什么责任的问题。贾运红与王府井百货公司之间发生的是有效的保管合同关系，其手提包在王府井百货公司的保管箱中被盗，是该公司没有履行安全责任，致使他人盗窃得逞的结果，王府井百货公司承担的应当是有限的违约责任，而并非全额的赔偿责任。因为贾运红的财产损失是由于他人的犯罪行为而引起的，犯罪分子除了应受到刑事制裁外，还应承担附带的民事赔偿责任。按照合同法关于违约条款的立法原则，王府井百货公司违反保管合同约定的安全义务所承担的法律责任，不能超出其对履行本合同时对合同风险的理解。王府井百货公司在超市设立的存包柜，既是为了帮顾客保管包，同时也是一种为超市的商品设置的防损手段，目的并不是为顾客保管包内的贵重物品，而且王府井百货公司亦作了“贵重物品及现金不予存放”的警示标志，因此，王府井百货公司在本案中的违约责任应该是赔偿贾运红的手提包。但是本案中贾运红并未向法院提供有关提包的型号、品牌、发票等可以认定其价格的证据，法院无法认定其价格，也就无法确定王府井百货公司的赔偿数额。本案争议的第三个焦点是王府井百货公司是否应赔偿贾运红的精神损失费的问题。精神损害赔偿是指受害人的合法权益受到侵害而产生精神上或肉体上的痛苦，因而可依法获得赔偿权的法律制度。赔偿责任的承担，前提是损害事实的客观存在并且与侵权行为之间具有因果关系。本案中，直接侵害贾运红合法权益的是盗走手提包的犯罪分子而非王府井百货公司，该公司只是没有尽到安全的义务而构成了违约。况且，我国目前没有任何法律规定寄存物品丢失后，保管方要赔偿寄存方精神损失费。因此，贾运红要求王府井百货公司赔偿精神损失费的诉讼请求，法院不予支持。综上，贾运红在王府井百货公司的超市购物，将提包存入王府井百货公司设立的保管箱后提包被盗，王府井百货公司应当承担不履行安全职责的违约责任，但是由于贾运红没有足够证据证明其遭受39177元经济损失，法院无法确认其损失数额。因此，贾运红应对其举证不能承担败诉后果。依据《中华人民共和国合同法》第三百七十四条和《最高人民法院关于民事诉讼证据的若干规定》第二条的规定，判决：一、驳回贾运红的诉讼请求；二、案件受理费1581元，其他诉讼费200元，由贾运红承担。

二审法院经审理认为：合同是当事人之间设立、变更、终止民事关系的协议，是当事人真实一致的意思表示。《中华人民共和国合同法》第三百六十五条规定："保管合同是保管人保管寄存人交付的保管物，并返还该物的合同。"第三百六十七条规定："保管合同自保管物交付时成立，但当事人另有约定的除外。"依照上述法律规定，保管合同是实践合同，即保管合同的成立，不仅需由当事人双方对保管寄存物品达成一致意思表示，而且还需要寄存人向保管人移转寄存物的占有。在本案中，王府井百货公司开办的超市作为一家大型的超市，为前来购物的消费者免费提供了人工寄存和自助密码寄存柜寄存两种存包方式。从王府井百货公司在一审举证期间提交的该超市的自助密码寄存柜的照片显示，每组自助密码寄存柜齐胸高的地方，均印制着"操作步骤图示说明"，在该图示说明的右下角有感叹号标注的"特别提醒"，即"贵重物品及现金不予存放"等字样的警示说明，通过"贵重物品及现金不予存放"的内容，王府井超市已经把只愿将自助密码寄存柜提供给消费者使用，不愿对柜内寄存的贵重物品及现金承担保管责任的意思明白表示给消费者。贾运红当时在看到自助密码寄存柜上"特别提醒"的警示后，仍不用人工寄存而选择了自助密码寄存，这说明贾运红不愿将自己的物品交付给王府井超市保管，而只愿使用该超市的自助密码寄存柜暂时存放。因此，双方当事人没有达成保管合同的意思表示。另外，贾运红按照自助密码寄存柜的操作步骤，通过“按图示上的‘存’键、取出密码纸、箱门自动打开、存放物品、关闭箱门”等人机对话方式，直接取得对自助密码寄存柜的使用权，实现了存放物品的目的。在这一过程中，贾运红的物品没有转移给王府井超市占有，王府井超市也没有收到贾运红交付保管的物品。贾运红只是借助使用自助密码寄存柜继续实现对自己物品的控制和占有，而王府井超市由于没有收到交付的物品无法履行保管职责。同时，也表明王府井超市是临时性地出借自助密码寄存柜给包括贾运红在内的消费者用于存放物品，其产生的密码条应认定为超市借用给消费者自助密码寄存柜存放物品的凭证，而非超市出具给消费者的保管凭证。因此，贾运红与王府井超市之间不存在保管合同成立的必备要件——保管物转移占有的事实，双方当事人就免费使用自助密码寄存柜形成的不是保管合同关系，而是借用合同关系。一审判决认定双方当事人形成保管合同关系有误，本院予以纠正。关于贾运红所丢失包内的物品是什么、价值是多少的问题。《最高人民法院关于民事诉讼证据的若干规定》第二条规定：“当事人对自己提出的诉讼请求所依据的事实或者反驳对方诉讼请求所依据的事实有责任提供证据加以证明。没有证据或者证据不足以证明当事人的事实主张的，由负有举证责任的当事人承担不利后果。”该条规定确定了民事诉讼举证责任的原则是“谁主张谁举证”。而本院根据本案现有证据无法认定贾运红丢失的包内究竟有何物品、价值是多少，故贾运红对此应承担举证不能的法律后果。关于王府井百货公司是否应负赔偿责任的问题。《中华人民共和国消费者权益保护法》第十八条第一款规定：“经营者应当保证其提供的商品或者服务符合保障人身、财产安全的要求。对可能危及人身、财产安全的商品和服务，应当向消费者作出真实的说明和明确的警示，并说明和标明正确使用商品或者接受服务的方法以及防止危害发生的方法。”如前所述，王府井超市通过印制“操作步骤图示说明”和其中的“特别提醒”警示，已经将自助密码寄存柜的正确使用方法和注意事项告知消费者，对可能危及消费者财产安全的注意事项作出了明确的警示，尽到了告知的法律义务。在整个诉讼阶段，贾运红既不能提供证据证明其确将所称的贵重手表、银行卡和巨额货币等物品放入自己所持的包内并存入王府井超市自助密码寄存柜内，也不能证明其所称包及包中物品的丢失是王府井超市在提供寄存服务中的故意或重大过失行为所造成。因此，贾运红要求王府井百货公司承担其所称包及包中物品丢失的赔偿责任，缺乏事实和法律依据，本院难以支持。故王府井百货公司在本案中不应承担赔偿责任。综上，贾运红的上诉主张缺乏充分确凿的证据。一审判决处理正确，本院予以维持。依照《中华人民共和国民事诉讼法》第一百五十三条第一款第（一）项、第一百五十八条之规定，判决：驳回上诉，维持原判。

本院认为：南宁市中级人民法院（2006）南市民二终字第165号民事判决认定事实和适用法律均有错误，应予纠正。

（一）认定事实错误

生效判决认定申诉人被盗走的提包无法定价，这是认定事实的错误。

1. 从电视台提供的现场采访商场值班工作人员的电视记录看，事发时在场的工作人员明确证实：提包被冒领；包内有现金和银行卡等物品；提包是由商场员工用钥匙手工开箱给冒领人拿走。

2. 证人刘海燕出庭作证证实申诉人存包以及包内物品情况，与报案笔录、问话笔录、电视采访录像等证据一起构成了完整的证据链条，证实了存包以及包内物品的情况，证据确实而充分，足以认定存包以及包内物品情况。

申诉人向警察报案的记录、警察询问商场事发时的值班保安与服务员的笔录、电视台拍摄的采访记录、证人证言均已证实：申诉人曾经在商场存包；包内有现金、银行卡、手表等物品。这样的物品，具备完全行为能力的正常人都应该知道，其价值起码在人民币1元以上，生效判决以证据不足，认定申诉人举证不能，认为价值无法确定，判决不赔，这是将提包以及包内物的价值根本予以否定，是认定事实的错误。

（二）适用法律错误

生效判决认定被申诉人与申诉人之间的存包行为构成无偿的借用合同关系，这是对两者之间行为性质的错误定性，是适用法律的错误。实际上，这是一个商场与消费者之间因消费关系而产生的商场对消费者随身物品的附随保管义务。

1. 消费者进入商场购物前必须将随身包裹交付商场存放，这是商场给消费者强迫附加的义务，并无任何法律依据。为了防止个别消费者偷盗商场货品或者将商场货品与消费者随身物品混淆带走，超级商场在商场入口以文字或者设立店员以口头方式告示消费者：必须将随身包裹物品存放才能入场购物。这是商场为了商场单方利益而给消费者强迫设置的义务，在法律上并无任何根据。由此，商场为此而设置的存包设施也是为了商场单方利益而设置，目的仍是赢利，是利己行为，表面上是无偿提供保管，但实际上是一种并无消费者事前合意的强迫，是即使消费者不情愿也必须屈从的行为，其设置存包设施的成本已经从商品销售的利润中预扣。关于这一点，南宁市消费者权益保护协会已经明确予以确认。根据《中华人民共和国合同法》第六十条的规定，既然商场给消费者设定附加的交付保管的义务，附设义务的一方，就负有承担给对方提供包裹存放处所和对物品进行妥善保管的义务，这就是商场与消费者之间因为商场强迫消费者存包而必须承担的附随于消费关系的保管义务。由此，被申诉人与申诉人之间基于存包行为而发生的法律关系是当然的保管关系，而且这一基于消费关系而产生的商场的附随义务由于消费合同的有偿性而成为有偿保管关系。生效判决将有偿保管关系认定为无偿的借用合同，认定法律关系错误，是适用法律的错误。

2. 商场所称的警示提示并非其免责的依据。依据《中华人民共和国合同法》第四十条、第五十三条的规定，商场所粘贴的关于贵重物品不予保管和拒赔告示，属于自己给自己免责的格式合同的免责条款，此类免责应属无效。《合同法》生效于《消费者权益保护法》之后，前者效力大于后者，关于格式条款的效力以及违法的自我免责告示当然无效，生效判决将《消费者权益保护法》中本意系保护消费者权益的规定用于替商场自我免责做辩解，是适用法律的错误。

（三）违反法定程序

1. 根据《最高人民法院关于民事诉讼证据的若干规定》中关于新的证据的相关规定，申诉人在二审中提供的关于保管箱照片、往返郑州与南宁之间的费用票据，均属于在一审时无法提供而形成于一审之后的符合二审庭审时应当认定的新的证据，且经法庭质证，与其他证据能够相互印证，具备完全的证据效力，应当予以认可，而二审却以简单笼统的理由认为不是新证据，这是违反证据规则的。

2. 二审中申诉人申请证人刘海燕出庭作证，法庭不仅许可，而且对方当事人也进行了提问和质证，证言内容与一审时申诉人提交的证言以及其他证据相佐证，其证明的事实及其证据效力均应得到认定，但生效判决对此关键证据却既不认定也不否定，严重违反了证据规则，导致认定事实错误，严重违反了诉讼程序。

综上所述，商场强迫消费者将随身携带的提包存放在商场设置的保管箱中，这一规定本已经违反法律规定；在保管顾客提包的过程中，商场未经履行商场自己规定的查验手续，径直以商场自备的钥匙打开保管箱，擅自将顾客提包交由不法人员拿走，提包被骗走全部系因商场未尽妥善保管义务的过错所导致，存包人并无任何过错，商场应当依法承担违反保管合同的违约责任。商场强迫顾客存包而又未尽妥善保管的义务，二审判决却以无偿借用合同为商场免责，是认定法律关系和适用法律上的错误。由此，南宁市中级人民法院（2006）南市民二终字第165号民事判决认定事实和适用法律均有严重错误，审理活动违反法定程序，导致严重错判，并可能给广西的超市行业树立违法的行业标准，如此错判应当依法纠正。依照《中华人民共和国民事诉讼法》第一百八十五条第一款第（一）、（二）、（三）项的规定，特向你院提出抗诉，请依法再审。

此致

广西壮族自治区高级人民法院

二〇〇七年一月十八日

附：随案移送案卷壹册、光盘壹张。

（承办人：庞昭）

附录 2

广西壮族自治区人民检察院
民事抗诉书

桂检民抗〔2006〕69号

谢孔月因与岑溪市水利电业有限公司（原岑溪市电力公司）、岑溪市南渡镇都雅村4、5、6组和南渡镇六丰村长流度组人身损害赔偿纠纷一案，不服梧州市中级人民法院（2005）梧民终字第70号民事判决，向检察机关申诉，梧州市人民检察院提请我院抗诉。我院对该案进行了审查，查明：

申诉人（一审原告、二审上诉人）谢孔月，女，1996年10月10日出生，汉族，岑溪市人，住岑溪市南渡镇都雅村第6组。

法定代理人谢太南（系申诉人之父），男，1957年9月21日出生，汉族，岑溪市人，农民，住岑溪市南渡镇都雅村第6组。

被申诉人（一审被告、二审被上诉人）岑溪市水利电业有限公司。法定代表人叶培超，经理。

一审被告岑溪市水利电业有限公司南渡供电所（原岑溪市电力公司南渡供电所）。诉讼代表人陈业光，所长。

一审被告、二审被上诉人岑溪市南渡镇都雅村第4组。诉讼代表人谢建才，组长。

一审被告、二审被上诉人岑溪市南渡镇都雅村第5组。诉讼代表人谢大德，组长。

一审被告、二审被上诉人岑溪市南渡镇都雅村第6组。诉讼代表人谢德友，组长。

一审被告、二审被上诉人岑溪市南渡镇六丰村长流度组。诉讼代表人欧进芝，组长。

2000年12月1日上午10时30分左右，谢孔月在距其居住的房屋左前方30米处（即岑溪市南渡镇都雅村雅灶垌的变压器附近）玩耍，无意中钻入岑溪市水利电业有限公司属下的二层机构南渡供电所设置在该处的变压器围栏门口的竹竿，钻入围栏内，被高压变压器的电流击伤。申诉人被电击伤后，其家人将其送至岑溪市南渡中心卫生院抢救治疗。经院方检查：患者双手握拳，自腕部以下内外侧面皮破溃，创面基底苍白，左手鱼际肌缺损，可见掌骨，周围组织炭化，右手大鱼际肌炭化，双手活动障碍，双前臂肿胀，表面红肿，可见小水泡，两肘内侧各有一3.5×3.5厘米的圆形创面，表面破损，基底苍白，肘关节活动欠佳，诊断为电击伤（双上股深Ⅲ°5%、浅Ⅱ°6%）。在该院治疗4天后，共用去治疗费435元，由于无钱医治，于2000年12月4日办理出院手续。出院时院方诊断：疾病未愈，自动放弃治疗，结账出院；并建议：转上级医院治疗。出院后申诉人家人请民间医师用中草药治疗，为谢孔月治疗6个月共欠医药费11650元。治愈后，经岑溪市人民检察院法医检验认定：申诉人双上肢在肘关节以上功能完全丧失，双前臂接近肘关节部缺失，双上臂肌内萎缩，评为二级残疾。后申诉人与被申诉人岑溪市水利电业有限公司就人身损害赔偿问题于2001年5月28日达成《调解协议书》，该协议约定：岑溪市水利电业有限公司支付60000元给申诉人，作为申诉人因此事而受伤治疗的全部费用，包括治疗费、护理费、交通费、住宿费、后续治疗费、住院伙食费、残疾赔偿等与此事有关的全部费用。协议签订后，被申诉人岑溪市水利电业有限公司将款支付给申诉人。后申诉人认为该协议显失公平，于

2002年元月15日诉至岑溪市人民法院。进入诉讼后，法院追加岑溪市南渡镇都雅村第4、5、6组和岑溪市南渡镇六丰村长流度组为本案的被告。

另查明：设置于岑溪市南渡镇都雅村雅灶垌的变压器是一审被告、二审被上诉人岑溪市南渡镇都雅村第4、5、6组和六丰村长流度组用电户（村民）共同赞助8000元购买的，不足部分资金全部由被申诉人投资购买材料。变压器四周设置的围墙及门栏竹条均是用电户按被申诉人的要求出资出力建造，变压器由被申诉人岑溪市水利电业有限公司和一审被告南渡供电所负责技术安装、指导，经被申诉人验收合格后于1999年投入使用，并由被申诉人管理、使用、收益。发生事故后，被申诉人岑溪市水利电业有限公司对该事故进行调查并写出调查报告，该报告证实：变压器安装时，四周用砖砌成围墙作防护，围墙中设置一门，该门栏用5条竹条作防护门。设计时固定竹的底座孔径为8cm，孔边沿间距为8.5—9.5cm，如用笔直竹竿，竹竿外径应不小于8cm，此时栏条间距离符合规程中不大于10cm的要求。但安装时围栏门右侧的两条栏条直径约5.5cm，其中一条弯曲使中心线偏离4cm，另一条弯曲使中心线偏离3cm。此时围栏条间净距离最大处可达20.5cm，超出规程要求。小孩身体0.12m（侧面、头颅）可以进入栏条内变压器。另外，该变压器自投入使用至发生事故时，无人对围栏门的竹条进行过检修和更换。岑溪市水利电业有限公司与该变压器的用电户未签订供用电合同。该变压器投入使用后，经岑溪市南渡镇都雅村第4、5、6组和六丰村长流度组村民（用电户）推荐，并经一审被告南渡供电所同意，由都雅村第6组村民谢太瑞作为管电员负责该变压器的管理工作，并由南渡供电所每月支付6元钱和管电员谢太瑞按每度电收取4分钱作为管理人工费。

再查明：一审被告南渡供电所是岑溪市水利电业有限公司的二

层机构，不具备独立的法人资格。

岑溪市人民法院（2002）岑民初字第16号民事判决认为：原告谢孔月于2000年12月1日被设置于雅灶垌的变压器电伤，导致原告身体二级伤残的损害事实存在，有庭审中原、被告的陈述及提供的证据在案佐证，应予确认。原告在此事故中造成的各项经济损失，经庭审中双方当事人的举证及质证后，本院确认为共计369699元（对民间草药治疗费11650元不予确认）。对于本案争议的第一个焦点，变压器产权属谁的问题。经庭审查实，该变压器是由南渡镇都雅村第4、5、6组及六丰村长流度组村民共同集资购置，变压器四周的附属设施电杆及围墙均是村民出资、出力建造，且变压器投入使用后他们亦是受益者，故应认定该变压器的产权属于上述4个生产组共同所有，该变压器系共用供电设施。对于争议的第二个焦点，该变压器的供电设施由谁维护、管理问题。依照《电力供应与使用条例》第五条第二款及第三十二条之规定，该变压器投入使用后，作为供电企业的岑溪市电力公司和用户都雅村4、5、6组和六丰村长流度组应当遵守国家有关规定，采取有效措施，做好安全用电，并且在供电前应当签订供用电合同，以明确对该变压器的供用电设施维护责任的划分。但自该变压器投入使用后，双方都未依照有关法律规定签订供用电合同，明确该变压器的维护、管理责任，因而在责任未明确约定的情况下，双方都负有维护该供电设施安全、避免发生事故的责任。对于争议的第三个焦点，谢孔月所受到的人身损害造成的经济损失责任由谁承担问题。本案原告谢孔月被电伤，除了因原告是4岁小孩，属无民事行为能力人，其法定监护人没有尽到监护责任，致使原告钻入变压器被电伤，负有一定过错责任外，主要是变压器的产权所有人都雅村第4、5、6组和六丰村长流度组及电力部门南渡供电所和岑溪市电力公司自该变压器投入使用至今，对用竹条建成的围栏门一直没有进行定期检修，由于竹条长期被雨淋日晒，导致门栏右侧两条竹条被腐蚀，引起弯曲、变形，使门栏没有起到应有的防护功能。原告能够钻入变压器内被电流击伤，是被告方平时疏于管理，没有履行其法定的维修、管理义务所致，被告方对事故应负主要过错责任。按照过错归责原则，原告应对其被电伤造成的经济损失负次要责任，承担40%的责任。本案中，虽然发生事故变压器设施属被告4个村民小组共有，按照产权归属原则其负有主要维护责任，但事实上，供电部门南渡供电所已形成委托管电员谢太瑞代其行使该变压器的管理之职，加之电力企业应当对电力设施定期进行检修和维护，保证其正常运行，这是电力企业的法定义务。因此，被告方对原告受伤事故主要责任的分担，应按其对事故变压器应负的维修、管理的主次责任承担过错责任，即南渡供电所和岑溪市电力公司负主要责任，产权人被告4个村民小组负次要责任。鉴于南渡供电所不具备独立法人资格，对外不能独立承担民事责任，因此南渡供电所不负此事故赔偿责任，另五被告负主要责任，即60%的责任。综上所述，为维护当事人的合法权益，并经本院审判委员会讨论决定，依照《中华人民共和国民法通则》第一百零六条、第一百一十九条、第一百二十三条、第一百三十一条，《中华人民共和国电力法》第十九条、第二十七条、第五十九条及《电力供应与使用条例》第五条、第二十九条、第三十二条、第三十三条和《农村安全用电规程》第7.9.2以及《最高人民法院关于审理触电人身损害赔偿案件若干问题的解释》第二条之规定，判决：一、被告岑溪市电力公司应赔偿原告谢孔月因触电造成人身损害的各项经济损失369699元中36%的责任，即133091.64元给原告谢孔月（被告已支付的60000元，应在此款抵减）；二、被告岑溪市南渡镇都雅村4、5、6组及六丰村长流度组应共同赔偿原告谢孔月因触电造成人身损害的各项经济损失369699元中24%的责任，即88727.76元给原告谢孔月，并互负连带清偿责任。

申诉人不服一审判决，于2004年2月20日向检察机关申诉，梧州市人民检察院依法抗诉后，一审法院再审维持原判。

申诉人谢孔月不服一审法院再审判决，上诉至梧州市中级法院。

梧州市中级人民法院（2005）梧民终字第70号民事判决认为：致上诉人触电的变压器是被上诉人4个村民小组集资购买的，变压器四周防护设施均是村民出资、出力建造，该电力设施应属被上诉人4个村民小组所有，上诉人主张该变压器的产权已交由岑溪市电力公司接管，但未能提供有关交接手续的证明予以证实，本院不予采纳。岑溪市电力公司负责安装变压器，对该电力设施的运行负有监督和管理义务。按照《中华人民共和国民法通则》第一百二十三条的规定，高压电作业属于高度危险作业，其法律责任的承担应适用无过错责任原则。根据《最高人民法院关于审理触电人身损害赔偿案件若干问题的解释》第二条第一款的规定，因高压电造成人身损害的案件，由电力设施产权人依照《民法通则》第一百二十三条的规定承担民事责任，故该变压器的产权人即被上诉人4个村民小组应承担无过错赔偿责任。根据《最高人民法院关于审理触电人身损害赔偿案件若干问题的解释》第二条第二款的规定，对因高压电引起的人身损害是由多个原因造成的，按照致害人的行为与损害结果之间的原因力确定各自的责任。被上诉人对变压器四周的防护设施没有进行定期检查，致使门栏竹条被腐蚀变形，小孩容易钻入，是造成上诉人触电受伤的主要原因，应承担主要责任。上诉人自己钻入不许进入的围栏，进入高压区，是造成损害后果发生的次要原因，上诉人的监护人未尽到监护责任，应承担次要民事责任，因此减轻被上诉人的赔偿责任。一审判决对赔偿责任的分担并无不当。综上所述，一审认定事实清楚，适用法律正确，应予维持。上诉人上诉理由不成立，本院不予支持。根据《中华人民共和国民事诉讼法》第一百五十三条第一款第（一）项的规定，判决：驳回上诉，维持原判。

本院认为，一、二审法院民事判决认定事实的主要证据不足，划分的承担责任不当，判决错误。理由是：

（一）二审法院判决“致上诉人（指申诉人）触电的变压器是被上诉人4个村民小组集资购买的，变压器四周防护设施均是村民出资、出力建造，该电力设施应属被上诉人4个村民小组所有”的认定，其认定事实的主要证据不足。

设置在岑溪市南渡镇都雅村雅灶垌的高压变压器及电线、线杆的电力设施，应是全部由被申诉人岑溪市水利电业有限公司投资和安装。一审被告、二审被上诉人岑溪市南渡镇都雅村4、5、6组和六丰村长流度组为了解决农田抽水、照明用电，集资8000元交给岑溪市水利电业有限公司，是能用上电的附加条件，且用电要按月交足电费，不能说是拥有产权。依据《中华人民共和国民法通则》第七十一条“财产所有权是指所有人依法对自己的财产享有占有、使用、收益和处分的权利”的规定，产权要具备“占有、使用、收益、处分”四个要件，而村民用电还得依法有偿使用，更没有利润分成即收益可言，不可能具备这四个要件，只有电力部门才具备这四个要件。其次，纵观岑溪市农村用电的历史，除部分边远山区用电要出少量资金外，绝大多数农村用电都不用出资，农村所有的电力设施都是电力部门的。这与厂矿企业的电力设施不同，厂矿企业可以拥有产权，并且有具备用电专业知识的人管理电力设施。而农村的电力设施，都是由电力部门统一管理、使用、收益、处分的。因此，设置在岑溪市南渡镇都雅村雅灶垌的电力设施产权应属岑溪市水利电业有限公司所有。

（二）被申诉人岑溪市水利电业有限公司对设置在岑溪市南渡镇都雅村雅灶垌的高压变压器的维护、管理，负有不可推卸的完全责任。一、二审法院判决认定被申诉人岑溪市水利电业有限公司和用户岑溪市南渡镇都雅村4、5、6组、六丰村长流度组都负有维护岑溪市南渡镇都雅村雅灶垌供电设施安全生产、避免发生事故的责任，证据不足。

二审法院审理查明，被申诉人岑溪市水利电业有限公司南渡供电所已确认口头委托岑溪市南渡镇都雅村第6组村民谢太瑞为该电力设施的管电员，负责该变压器的管理责任，并由被申诉人属下岑溪市水利电业有限公司南渡供电所每月支付6元钱和按每度电收取0.04元钱作为管理人工费。依据我国《合同法》第十条第一款“当事人订立合同，有书面形式、口头形式和其他形式”的规定，既然被申诉人岑溪市水利电业有限公司已经聘用谢太瑞为管电员，聘用单位必须落实与聘用人的责任制，维护该电力设施的一切安全，发生事故聘用单位必须承担一切后果（除法律规定免责外）。再有，被申诉人下属岑溪市水利电业有限公司南渡供电所的工作人员，每月都必须到岑溪市南渡镇都雅村雅灶垌变压器抄总表（三相电度表）的电度数（管电员谢太瑞负责抄用户电表的电度数），却没有发现该变压器四周的防护设施存在安全隐患，这完全是供电部门工作人员的失责。依据《中华人民共和国电力法》第十九条“电力企业应当加强安全生产管理，坚持安全第一、预防为主的方针，建立、健全安全生产责任制度。电力企业应对电力设施定期进行检修和维护，保证其正常运行”之规定，对电力设施的安全检修和维护是电力部门的法定义务。故该变压器围墙门栏的竹条年久失修被腐蚀变形，没有起到应有的防护作用，也未设立警示标志，导致申诉人到变压器周围玩耍时能够钻入变压器内被电流击伤，是被申诉人平时疏于管理，没有履行其法定的维修、管理义务所致。因此，岑溪市水利电业有限公司对申诉人被变压器的电流击伤应负全部责任。法院把一部分责任分给4个村民小组承担，证据不足。

（三）国家经济贸易委员会国经贸电力（1999）294号《关于加

快乡（镇）电管站改革若干问题的指导意见》第二条规定："关于农村电力资产，乡镇及以下农村集体电力资产按照自愿上交、无偿划拨的方式全部交由县供电企业管理，供电企业必须接收，并承担其维护管理责任，供电企业通过降低电价作为对农村集体电力资产所有权的补偿。"由此可见，致申诉人人身受到损害的变压器产权，国家用政策性的形式在申诉人发生事故前已明确界定为被申诉人岑溪市水利电业有限公司所有。而二审法院关于"上诉人主张该变压器的产权已交由岑溪市水利电业有限公司接管，但未能提供有关交接手续的证明予以证实，本院不予采纳"的认定显然证据不足。岑溪市水利电力有限公司亦无法提供接收其他乡村的电力设施有任何交接手续。因为岑溪市水利电业有限公司历来都是把乡村的（包括村民集资的）电力设施视为自己所有，随意变更、拆除、处分，无须征求村民意见，更不存在任何交接手续问题。岑溪市南渡镇都雅村村委2005年6月1日出具的证明证实："设置在我村范围内的所有变压器（包括致谢孔月伤残的雅灶垌变压器）在2001年线改期间，全部由水利电业有限公司拉回，没有办理任何交接手续，其财产与村民没有半点关系。"此证明亦充分证实了这一客观事实。因此，按有关文件及有关证据材料的证实，此案应认定致申诉人受到损害的变压器产权属岑溪市水利电业有限公司所有。

（四）一审法院判决认定"原告应对其被电伤造成的经济损失负次要责任，承担40%的责任"，属划分责任不当。

作为电力设施产权人的岑溪市水利电力有限公司，对高压变压器负有管理、维护之责，同时也应当预见到高压变压器对周围环境具有高度危险性，可能造成他人损害。但因其疏忽大意，对用竹条建成的围栏门一直没有进行定期检修，由于竹条长期被雨淋日晒，导致门栏右侧两条竹条被腐蚀，引起弯曲、变形，使门栏没有起到应有的防护功能，根本没有达到安全用电标准，这对公众尤其是不具备用电安全常识的未成年人具有极大的危险性，致使申诉人能够自由进入变电器内玩耍，而酿成触电致残事故。根据《中华人民共和国民法通则》第一百一十九条、第一百二十三条之规定，被申诉人岑溪市水利电业有限公司对事故的发生有重大过失，负有不可推卸的责任，应当赔偿申诉人的绝大部分因触电造成人身损害的各项经济损失。而法院只判决被申诉人岑溪市水利电业有限公司承担申诉人经济损失36%的责任，显属划分承担责任不当。

综上所述，梧州市中级人民法院（2005）梧民终字第70号判决，认定事实的主要证据不足，判决错误。根据《中华人民共和国民事诉讼法》第一百八十五条第一款第（一）项的规定，特向你院提出抗诉，请依法再审。

此致

广西壮族自治区高级人民法院

二〇〇六年六月一日

附：检察卷宗壹册

（承办人：刘志新）

附录 3

广西壮族自治区人民检察院
民事抗诉书

桂检民抗〔2006〕84 号

郭景枢因与钦州市第一房地产公司、中国建设银行股份有限公司钦州支行建设工程施工合同纠纷一案，不服钦州市中级人民法院（2005）钦民二终字第 10 号民事判决，向钦州市人民检察院提出申诉。该院立案审查后，向我院提请抗诉。经我院审查查明：

申诉人（一审原告、二审被上诉人）郭景枢，男，1950 年 1 月 4 日出生，汉族，钦州市人，个体户，住钦州市南珠东大街钦州市信用大厦对面。

被申诉人（一审被告、二审上诉人）中国建设银行股份有限公司钦州支行（下称建行钦州支行），住所地：广西钦州市南珠西大街建行大厦。诉讼代表人陈文权，行长。

被申诉人（一审被告、二审上诉人）钦州市第一房地产公司（下称一房公司），住所地：钦州市南珠西大街。法定代表人陈其广，经理。

一审原告、二审被上诉人陈璋，男，1948 年 9 月 5 日出生，汉族，钦州市人，个体户，住钦州市白沙街 88 号。

第三人（一审、二审第三人）广西钦州青年建筑工程公司（下称青年建司）。法定代表人林钦平，经理。

第三人（一审、二审第三人）钦州市建筑工程公司（下称市建司）。法定代表人吴智远，经理。

申诉人郭景枢与陈璋原是合伙关系，两人于1993年3月至7月间分别挂靠第三人青年建司、市建司，与一房公司签订《建设安装工程承包合同》、《建设工程承包经济合同》，承建一房公司位于东兴市东兴开发区第374号商品房（6套）及中园小区商品房（5套）。申诉人郭景枢与陈璋于1993年3月17日以市建司名义向一房公司缴交工程质保金47232元。合同签订后，申诉人郭景枢与陈璋履行了义务。在施工过程中，陈璋以其名义于1993年3月至1994年4月间先后多次向一房公司预支工程进度款共计812300元。工程竣工后，郭景枢、陈璋与被申诉人双方均没有对此两项工程进行结算。2001年6月25日建行钦州支行向中国信达资产管理公司南宁办事处申报审批处置一房公司在东兴的房地产。2001年8月13日，中国信达资产管理公司南宁办事处资产审核委员会同意建行钦州支行处置一房公司在东兴的房地产。2001年10月19日陈璋以其个人名义与一房公司签订《承诺书》承诺：如一房公司一次性支付陈璋现金122000元，陈璋自愿放弃对一房公司施工过程中所形成的债权不再追索。《承诺书》签订后，一房公司依约支付了现金122000元给陈璋。此后，建行钦州支行以一房公司名义委托南宁市诚信拍卖（行）有限责任公司拍卖了申诉人郭景枢与陈璋合伙承建的商品房。申诉人郭景枢知道后提出异议，并于2002年11月11日向钦州市钦南区人民法院起诉。经钦州市钦南区人民法院、钦州市中级人民法院一、二审审理，分别作出（2003）钦南民初字第3号、（2003）钦民终字第286号民事判决：陈璋与一房公司签订的《承诺书》无效。申诉人郭景枢于2004年7月27日向钦州市钦南区人民法院起诉，要求两被申诉人支付所欠的工程款及工程押金。

另查明：钦州市第一房地产公司原名钦州地区第一房地产公司

（1994 年撤地设市后变更为钦州市第一房地产公司），是由建行钦州支行出资、出人、出物与原钦州地区计委、建委三方联办的房地产开发企业，1992 年 12 月 5 日经工商部门注册登记成立，注册资金为人民币 545 万元整。1994 年，根据国家政策规定，计委、建委先后退出一房公司，公司成为隶属建行钦州支行的第三产业，性质为全民所有制，经营范围为房地产开发、房屋拆迁、租赁，兼营建筑材料，从业人员为建行钦州支行人员及社会招聘人员。1998 年 5 月 18 日一房公司歇业后，钦州市建设局与建行钦州支行协商并达成协议，约定：一房公司关闭后，该公司的债权债务由建行钦州支行清理，并由其负责债务问题。2000 年 10 月，该公司被钦州工商行政管理部门吊销了营业执照。

再查明：一审时郭景枢申请对其所承建的商品房进行工程造价结算，一审法院依法委托广西建正建设工程造价咨询有限公司对该项工程造价进行结算。结算价是：东兴开发区第 372 号商品房（6 套）及中园小区商品房（5 套）的工程总造价为 1722782.54 元。结算后，申诉人、被申诉人双方均未提出异议。

2005 年 1 月 6 日，钦州市钦南区人民法院（2004）钦南民初字第 448 号民事判决认为：原告郭景枢与陈璋合伙挂靠市建司、青年建司分别承建一房公司位于东兴市东兴开发区第 374 号商品房（6 套）及中园小区商品房（5 套），这一事实已经钦南区人民法院（2003）钦南民初字第 3 号民事判决以及钦州市中级人民法院（2003）钦民终字第 286 号民事判决确认，本院予以采信。原告方所承建的商品房工程完工后，被告一房公司应按合同的约定进行结算，并按约定支付尚欠的工程款。由于该两项工程均未经双方进行结算，本院依原告郭景枢的申请，依法委托广西建正建设工程造价咨询有限公司进行了工程造价结算，经结算，东兴开发区第 374 号商品房（6 套）及中园小区商品房（5 套）的工程总造价为 1722782.54 元。

工程结算后，原、被告双方均未在规定的期限内向本院提出异议。对此，本院确认这两次工程造价为1722782.54元。在庭审中，原告主张其已向一房公司预支工程进度款共计812300元，由于该领款证据为一房公司所有，但一房公司未能在举证期限内向本院举证，依据《最高人民法院关于民事诉讼证据的若干规定》第七十五条规定，本院对原告主张已预支工程进度款812300元的事实，予以确认。自2001年10月19日陈璋以其个人名义与一房公司签订《承诺书》后，陈璋已明确表示领取了一房公司的122000元现金，一房公司也确认，本院予以采信，此款应从尚欠的工程款中扣除。原告主张返还工程押金107232元一半即53616元的请求，并向本院提供两张证据，经庭审质证，双方对1993年3月12日以市建司的名义向一房公司缴交的工程质量保证金47232元无异议，本院予以采信，但对1993年7月26日的现金交款单，原告未能提供证据证实该款项是其所缴交，对此本院不予采信。在本案中，原告郭景枢仅主张其合伙期间应得部分的工程款即工程款的一半，同时陈璋也明确表示同意郭景枢的诉讼请求，并保留对一房公司的工程款追偿权，这是原告方自行处分的权利，符合法律规定，本院予以支持。2000年10月一房公司被工商行政部门吊销营业执照后，作为清算主体的钦州建行未尽清算责任，负责清算一房公司的债权债务。由于钦州建行未尽清算责任，致使一房公司将原告方所承建的商品房委托拍卖给他人，使债权人受到了实际损失。对此，钦州建行的行为已构成侵权，应当承担赔偿责任。为此，依照《中华人民共和国民法通则》第四条、第五条、第四十六条、第八十四条、第一百零八条之规定，判决：一、被告钦州市第一房地产公司应返还原告郭景枢工程押金23616元；二、被告钦州市第一房地产公司应支付原告郭景枢工程款394241.27元及利息；三、被告钦州市第一房地产公司在本院规定的履行期间内，未能清偿债务的，被告中国建设银行钦州市支行应对被告钦州市第一房地产公司不能清偿债务部分承担赔偿责任；四、驳回原告郭景枢要求被告支付本案律师代理费的诉讼请求。被申诉人不服一审判决，向钦州市中级人民法院提出上诉。

2005年5月10日，钦州市中级人民法院作出（2005）钦民二终字第10号民事判决，认为：一审判决对陈璋和郭景枢合伙所承建一房公司在东兴的建筑工程，工程款的总额和尚欠工程款数额的认定，及一房公司应当承担偿还欠款本息的责任处理，是正确的，但对上诉人建行钦州支行的责任认定，没有事实和法律依据，应予纠正。对一房公司的上诉请求，本院不予支持，建行钦州支行对一房公司出卖房屋的行为不应承担赔偿责任，其上诉请求有理，本院予以支持。根据《中华人民共和国民事诉讼法》第一百五十三条第一款第（一）项、第（三）项的规定，判决：一、驳回上诉人钦州市第一房地产公司的上诉，维持钦南区人民法院（2004）钦南民初字第448号民事判决的第一项、第二项、第四项及诉讼费用的负担部分；二、撤销钦南区人民法院（2004）钦南民初字第448号民事判决的第三项；三、驳回被上诉人郭景枢对上诉人中国建设银行股份有限公司钦州支行的诉讼请求。

经审查，本院认为：钦州市中级人民法院（2005）钦民二终字第10号民事判决事实不清、证据不足，适用法律不当，判决错误。理由如下：

（一）建行钦州支行属清算主体，不依法依约履行清算责任，其行为存在过错。

一房公司是由建行钦州支行出资550万元于1992年5月5日经工商行政管理部门登记注册成立，由钦州地区建设局主管的全民所有制企业。在1993年3月至7月间，该行将东兴开发区的374号商品房（6套）、中园小区（5套）的工程发包给市建司、青年建司承包。申诉人郭景枢与陈璋挂靠上述两个公司承建上述两项工程。申诉人郭景枢与陈璋承建的工程基本完工后，一房公司不依约履行支付工程进度款，故一直没有将工程交付使用。1998 年一房公司自行歇业后，钦州市建设局于 1998 年 5 月 8 日与建行钦州支行达成协议，钦州市第一房地产开发公司关闭，关闭后该公司债权、债务由甲方（建行）清理，并由甲方负责债务问题。2000 年 10 月 20 日钦州市工商局作出钦州市工商（2000）120 号文件，吊销一房公司的营业执照，同时文件还规定："一房公司营业执照吊销后，原企业营业执照正、副本公章及各种业务章一律作废，其债权、债务由企业主管部门或出资者（股东）负责清理。"2001 年，建行钦州支行派工作人员邹才波"代表"一房公司与申诉人郭景枢、陈璋协商工程款及收回商品房等事宜。因建行钦州支行提出支付工程款 25 万元与实际应支付工程款 80 多万元相差太大，郭景枢不同意。根据上述事实及《民法通则》、《公司法》、《企业法》的规定和 2001 年 11 月 13 日最高人民法院副院长李国光同志在全国法院民商事审判工作会议上的讲话精神，一房公司的开办和投资者是建行钦州支行，建行钦州支行是本案中的清算主体。然而，清算主体建行钦州支行自一房公司于 1998 年自行关闭至 2000 年 10 月 20 日被工商行政管理部门吊销营业执照后，不但不依法、依约履行结算及清偿责任，反而却在申诉人郭景枢的强烈反对下，未经合法评估便强行将商品房转让给中国信达资产管理有限公司南宁办事处处置，致使申诉人郭景枢的债权受到侵害，给郭景枢造成了经济损失。因此，建行钦州支行在转让该债权及商品房给他人处置的过程中存在过错，应依法承担过错责任。

（二）建行钦州支行在本案中的行为构成侵权。

建行钦州支行是本案中的清算主体，应在 1998 年钦州市建设局与其签订约定后，即自该约定生效之日起，依法成立清算组，对一房公司的债权债务进行清算。但清算主体却自始至终没有成立清算组，对一房公司进行清算。根据《公司法》的规定，主管部门、投资者清算，都必须依法成立清算组，清算组应当自成立之日起10日内通知债权人，并于60日内在报纸上至少公告3次。债权人应当自接到通知之日起30日内，未收到通知的债权人应当自第一次清算公告之日起90日内，向清算组申报其债权。清算组织清算公司财产、编制资产负债表和财产清单后，应当制定清算方案，并报股东大会或者主管机关确认。公司财产能够清偿公司债务的，分别支付清算费用，职工工资和劳动保险费用，缴纳所欠税款，清偿公司债务。公司财产在未按此规定清偿前，不得分配给股东。在本案中，清算主体建行钦州支行，既不依法、依约成立清算组对一房公司债权债务进行清算，且在债权人郭景枢强烈要求清偿债务时，既不理睬也不清偿。反而于2001年10月19日与另一债权人陈璋违法签订《承诺书》（已被人民法院判决确认无效），侵犯了郭景枢的合法权益。在郭景枢强烈反对建行钦州支行把郭景枢的工程款80多万元确认为25万元的前提下，建行钦州支行仍然于2001年10月30日为转移财产，逃避债务及规避法律责任而假借已被工商局吊销执照不能从事经营活动的一房公司的名义将商品房委托广西南宁诚信拍卖（行）有限责任公司拍卖，并且将已作废的一房公司印章加盖在《委托拍卖合同书》上。该委托拍卖行为实际上是建行钦州支行的行为，合同无效。同时，根据《公司法》第一百九十三条第（五）、（六）项的规定，只有清算组才能处理公司“清偿债务”后的“剩余财产”，清算组的职权是“清理债权、债务”。根据法律解释，清理就是清查和整理的意思，并非二审判决所确认的包含了进行处置公司财产、偿还债务的意思。根据上述法律规定，如果要处置财产，首先要清理完公司的债权、债务，但这一清理职责必须由清算主体依法成立清算组行使。但是，本案中的清算主体建行钦州支行不但不依法、依约成立清算组，对一房公司的债务进行清偿，反而强行将一房公司的商品房转让给中国信达资产管理公司南宁办事处处置，构成侵权，应依法予以赔偿。

（三）一房公司歇业关闭时，建行钦州支行在与钦州市建设局于1998年5月8日达成的关闭协议中承诺，一房公司关闭后，一房公司债权、债务由建行清理（兼并），债务由建行钦州支行负责。该协议属有效协议。建行钦州支行应履行协议，对一房公司的债权、债务进行清理，承担一房公司的债务。一房公司欠申诉人郭景枢工程款，建行钦州支行应承担清偿责任，钦州中院二审判决建行钦州支行不承担清偿责任错误。

（四）《中华人民共和国民法通则》第四十五条规定：企业法人由于依法被撤销、解散而终止。第四十七条规定：企业法人解散，应当成立清算组织，进行清算。企业法人被撤销、被宣告破产的，应当由主管机关或者人民法院组织有关机关和有关人员成立清算组织，进行清算。一房公司在建行钦州支行与钦州市建设局签订协议予以关闭即解散后，应当依法终止，并进行清算，但建行钦州支行并没有对其进行清算。在工商局依法吊销其营业执照并明确责令建行钦州支行应对一房公司的债权债务进行清理的情况下，建行钦州支行仍拒不清理，相反却违法处置一房公司的财产。建行钦州支行应依法承担一房公司所欠申诉人郭景枢建设工程款的责任。二审判决违背法律规定，判决错误。

（五）依据《中华人民共和国合同法》第二百八十六条的规定，建设工程的承包人对拍卖的建设工程价款优先受偿。本案中由申诉人郭景枢施工建设的一房公司的房产，建行钦州支行将其违法拍卖后，依法应优先将拍卖款偿付给申诉人，但建行钦州支行却没有优先偿付申诉人的工程款，而是转为他用，二审没有判决该款优先偿付给申诉人，违背法律规定，判决错误。

综上所述，本院认为钦州市中级人民法院（2005）钦民二终字第10号民事判决事实不清、证据不足，适用法律不当，判决错误。根据《中华人民共和国民事诉讼法》第一百八十五条第一款第（一）、（二）项的规定，特向你院提出抗诉，请依法再审。

此致

广西壮族自治区高级人民法院

二〇〇六年七月十九日

附：检察卷宗壹册

（承办人：莫汉贤）

附录 4

广西壮族自治区人民检察院
民事抗诉书

桂检民抗〔2006〕142号

农卫主因与中国人民财产保险股份有限公司龙州支公司财产保险合同纠纷一案，不服崇左市中级人民法院（2004）崇民终字第84号民事判决，向龙州县人民检察院提出申诉，崇左市人民检察院提请我院抗诉。我院对该案进行了审查，查明：

1999年9月29日，农卫主与中国人民财产保险股份有限公司龙州支公司（以下简称保险公司）订立了一份机动车辆保险合同（保险单），由农卫主将自有的一辆东风乘龙货车（车牌号为桂F－90105）向保险公司投保。2000年6月15日，农卫军（第三人）驾驶桂F－90105东风乘龙货车在湖南长沙市长潭高速公路0公里处由北往南逆向行驶，导致与河南省豫C－30268东风康平斯货车相撞，造成双方车辆不同程度损坏。事发后，湖南省公安厅交警总队高等级公路管理支队直属二大队及中国人民保险公司长沙分公司运工险理赔中心派员到事故现场进行勘查调查后，认定桂F－90105号车驾驶员农卫军在实习期间驾车进入高速公路，且在高速公路上逆行，承担事故全部责任，并赔偿对方损失39550元。

另查明，2002年3月28日前，农卫主向保险公司申请理赔。保险公司以桂F－90105驾驶员农卫军持实习驾驶证在高速公路行驶，违反《高速公路交通管理办法》有关“无有效驾驶证”的责任免除规定为由作出拒赔处理。农卫主不服，向龙州县人民法院提起诉讼。

2004 年 1 月 9 日，龙州县人民法院作出（2003）龙民初字第 289 号民事判决认为：保险合同专业性较强，保险人必须做到行为规范，履行告知义务，告知义务应详尽周到，以使投保人能够充分了解保险意义及相关的法律知识和后果，充分体现诚实公平的缔约原则。但在订立保险合同时，在保险公司印制的投保单上，只明示告知投保人阅读《机动车辆保险条款解释》，应向投保人农卫主说明包括“无有效驾驶证”在内的行为，造成经济损害事实发生时，保险人的责任免除规定范围或解释。虽然在保险合同的“特别约定”中约定，本保险合同依照《机动车辆保险条款》和《机动车辆保险条款解释》（即中国保监会保监发（1999）51 号文颁发的条款解释）一并执行，但保险人未向投保人提供《机动车辆保险条款解释》阅读和说明，也未向投保人明确说明保险人关于“无有效驾驶证”免责条款解释内容。按照《保险法》第十七条“保险合同中规定有关保险人责任免除条款的，保险人在订立保险合同时应当向投保人明确说明，未明确说明的，该条款不产生效力”的规定，保险人对该保险的免责条款无效，保险公司拒赔的理由不成立。判决保险公司依据保险合同的约定，赔偿投保人农卫主保险金 39550 元。

判决后，保险公司不服提出上诉。

2004 年 4 月 20 日，崇左市中级人民法院作出（2004）崇民终字第 84 号民事判决认为：从本案的保险单看，上诉人已经采取合理方式列出了提请投保人注意免除其责任的特别约定及明示告知，同时在投保单的背面亦印有《机动车辆保险条款》供投保人阅读，且投保人农卫主亦在“本投保人兹声明上述各项填写内容均属事实，同意按投保单所列内容和机动车辆保险条款以及特别约定向贵公司投机动车辆保险，并对责任免除和被保险人义务条款明确无误，以此投保单作为订立保险合同的凭据”下签署其姓名。从法律上看，农卫主在保险单上签名，表明了双方当事人意思表示一致，符合承诺效力要求，应认定其对保险人的责任免除和被保险人义务的条款明确无误，已经尽到注意义务及已了解免除条款的内容。据此，应视为上诉人对免除条款含义已经尽了明确说明义务。同时认定投保人不能向法院提供其于发生事故后两年内已向保险公司申请保险理赔金的相关证据。为此撤销一审判决，驳回投保人农卫主的诉讼请求。

本院认为，崇左市中级人民法院（2004）崇民终字第84号民事判决认定事实的主要证据不足，适用法律错误。理由如下：

（一）判决根据公安部《高速公路交通管理办法》第四条“实习驾驶员不准驾驶车辆进入高速公路”的规定，认为农卫军持实习驾驶证在高速公路驾驶机动车行驶违反该规定是正确的，但认定农卫军作为持实习驾驶证的驾驶员是在知道或者应当知道该规定的情况下，而与保险公司订立机动车辆保险合同，是不符合客观事实的。

1. 因为保险公司没有对合同中免责条款履行“明确说明”义务，故合同中的有关免责条款无效。《中华人民共和国保险法》第十七条规定：“保险合同中规定有保险责任免除条款的，保险人应当向投保人明确说明，未明确说明的，该条款不发生法律效力。”而最高人民法院研究室批复（法研［2000］5号）对1995年6月30日《中华人民共和国保险法》第十七条的“明确说明”进行了解释，其是指保险人在与投保人签订保险合同之前或者签订保险合同之时，对于保险合同中所约定的免责条款，除了在保险单上提示投保人注意外，还应当对有关免责条款的概念、内容及其法律后果等，以书面或者口头形式向投保人或其代理人作出解释，以使投保人明了该条款的真实含义和法律后果。本案保险公司仅在保险单打印“本保险合同依照背书条款和中国保监会保监发（1999）51号文颁发的条款解释一并执行”的字句提示，并没有提供中国保监会“保监发（1999）51号文”（《机动车辆保险条款解释》）给农卫主阅读或者解释有关免责条款的概念、内容及其法律后果等，以致农卫主不能明了相关免责条款的真实含义和法律后果。因此，本案保险合同（保险单）里的免责条款“无有效驾驶证”的规定对农卫主不具有法律效力，保险公司依据此条款的规定拒绝向农卫主支付保险理赔金是不当的。

2. 判决推定保险公司已对免责条款作出解释是不符合法律规定的。《中华人民共和国保险法》第三十条规定：“对于保险合同的条款，保险人与投保人、被保险人或者受益人有争议时，人民法院或者仲裁机关应当作有利于被保险人和受益人的解释。”保险公司提供的是格式条款的合同，合同（保险单）的背面是印有“无有效驾驶证”免责条款，但并没有对有关“无有效驾驶证”的概念、内容（范围）等作出解释说明。合同（保险单）的正面所印有的“特别约定”和“明示告知”，并没有“明确说明”的内容要求，因此，判决认定农卫主在保险单上签名，应视为其对保险人的责任免除和被保险人义务的条款明确无误，上诉人对免除条款含义已尽明确说明义务，证据不足。

（二）判决认定超过二年诉讼时效不当。从保险公司提供的有“被保险人：农卫主”等为内容的“机动车索赔单证收条”中可以看出，虽然该收条的“交单人”王细强（保险公司经办人）在时间上只写有2002年，没有填写几月几日，但有传真打印日期“Mar. 28 2002 10:28AM P3”和传真号码“PHONE NO.:2831503”（该号码为南宁分公司）为证，而“Mar.”（“March”的缩写）即指“三月”及“AM”、“P3”是指“上午”、“第三页”，这足以证明农卫主是在2002年3月28日前已将有关理赔单证交给保险公司申请理赔，龙州支公司才能于2002年3月28日将有关理赔材料传真到南宁分公司审批，从而产生诉讼时效中断。因此，二审法院判决认定被上诉人向上诉人申请理赔的请求是2002年11月22日，即超过二年诉讼时效是不正确的。

根据《中华人民共和国民事诉讼法》第一百八十五条第一款第（一）、（二）项之规定，特向你院提出抗诉，请依法再审。

此致

广西壮族自治区高级人民法院

二〇〇六年十一月二十日

附：检察卷宗壹册

（承办人：李筱薇）

附录 5

广西壮族自治区人民检察院
行政抗诉书

桂检行抗〔2006〕7 号

宋海林因与南宁市江南区建设局房屋抵押登记纠纷一案，不服南宁市中级人民法院（2004）南市行再终字第 3 号行政判决，向检察机关提出申诉。南宁市人民检察院提请我院抗诉，我院对该案进行审查，查明：

申诉人（一审原告、二审上诉人、再审申请人）宋海林，男，满族，1952 年 11 月 23 日生，黑龙江省人，住南宁市建政路 27 号。

被申诉人（一审被告、二审被上诉人、再审被申请人）南宁市江南区建设局，地址：南宁市福建路 16 号。法定代表人何明，局长。

刘炳繁居住位于南宁市淡村四组 169 号的房屋（即刘炳繁用以抵押的房屋），土地使用面积共 175.1m^2，系梁达义、周俊、刘炳繁按份共有。1993 年 5 月，梁达义、周俊依法办理了集体土地使用证，各取得土地使用面积 50.8m^2，余下 73.5m^2 为刘炳繁使用。1993 年由梁开标、梁厌添出资与梁达义、周俊、刘炳繁共同建成一幢 6 层 18 套楼房。按共有协议，刘炳繁只享有其中的两套三房一厅的房屋。1994 年 8 月，刘炳繁将该宗 175.1m^2 的土地登记在其一人名下，同年 9 月，刘炳繁又瞒着其他共有人将该六层楼房的房屋产权以其个人名义办理了《房屋所有权证》（证号0140018）。1995年，刘炳繁用该房为南宁市企达工贸公司向南宁市万通城市信用社贷款80万元作抵押（期限6个月，但未到房管所办理抵押登记手续）。1995年10月13日，刘炳繁明知该房屋所有权证已作贷款抵押，仍到《南宁晚报》登遗失声明，并于1996年1月30日以其个人名义重新办理《房屋所有权证》（证号0140071）。1996年9月，刘炳繁以证号0140071的房屋所有权证上的房屋作抵押，向南宁市利得兴典当行借款35万元。

1997年6月25日，刘炳繁在明知0140071号《房屋所有权证》上的房产已向利得兴典当行作抵押，且已被南宁市新城区人民法院查封、扣押的情况下，以"借用"的名义骗出被查封房产的《房屋所有权证》。同年7月21日，刘炳繁再次以0140071号《房屋所有权证》上的房产作抵押，周永贵及南宁市不锈钢厂作担保，同申诉人宋海林签订借款协议。同日，宋海林与刘炳繁到原南宁市郊区建设与环境保护局主管的房地产管理所申请办理房屋抵押手续，并向该所提交了0140071号《房屋所有权证》、南宁集建（1996）字第8061147号《集体土地建设用地使用证》、刘炳繁和宋海林的身份证、双方签订的借款协议及南宁市资产评估咨询公司03491号《资产评估报告书》，并填写了南郊房押字第0970102号《房屋抵押申请书》。

原郊区房地产管理所据此给予办理了该房产抵押登记手续，同时签发了南郊押字第0970102号《房屋他项权证》。办理房屋抵押登记手续后，宋海林随即按照双方的协议约定给付刘炳繁人民币66.5万元。还款期限届满后，刘炳繁只还给宋海林33.5万元，余款33万元至今未还。

1999年11月1日，南宁市江南区人民法院作出（1999）江刑初字第104号刑事判决，以合同诈骗罪判处刘炳繁有期徒刑6年，并处罚金5000元。之后，宋海林以原郊区房地产管理所在接受抵押登记时不向抵押权人告知该房屋已被抵押并且被法院查封的真实情况，反而准许刘炳繁用被查封的房屋进行抵押登记，直接导致其被骗33万元为由，于2001年8月10日向原南宁市郊区人民法院提起行政赔偿诉讼，请求法院依法判令被告南宁市郊区建设与环保局赔偿其经济损失33万元及利息。

另查明：在诉讼期间，南宁市郊区建设与环境保护局因机构改革被撤销，南宁市中级人民法院依法通知继续履行其职责的南宁市江南区建设局作为本案被上诉人参加诉讼。

原南宁市郊区人民法院作出（2001）郊行初字第22号行政判决，认为：被告南宁市郊区建设与环保局作为房地产行政管理部门，对抵押人的房地产抵押申请应当依法严格审查。被告1996年9月9日办理刘炳繁位于市郊淡村4组169号房产（证号0140071）的抵押登记手续，于1996年12月9日收到了南宁市新城区法院的《协助执行通知书》，应当知道刘炳繁1997年7月21日申请办理抵押的房产（淡村4组169号，证号0140071），存在不得抵押的事由，而被告审核不严，为刘炳繁办理了该房产的抵押登记手续，违反了《城市房地产抵押管理办法》第八条第（五）项的规定。根据该规定，被依法查封、扣押、监管或者以其他形式限制的房地产不得设定抵押。为此，被告的行为属于不依法行政的行为。但是，原告宋海林被刘炳繁骗取人民币33万元至今仍未追还，刘炳繁的行为已构成合同诈骗罪并已被判处刑罚，故原告作为受害人，其所受到的经济损失是由于刘炳繁的犯罪行为造成的，与被告的抵押登记行为没有直接的因果关系，原告宋海林认为被告的抵押登记行为直接导致原告被骗，要求被告赔偿诈骗所受到的经济损失，没有事实和法律依据，本案不予支持。判决：驳回原告宋海林的赔偿请求。

南宁市中级人民法院作出（2002）南市行终字第4号行政判决，认为：刘炳繁故意隐瞒抵押的房地产存在共有的事实，用登记内容不真实的房屋产权证使上诉人宋海林与之签订抵押借款合同。刘炳繁以非法占有为目的，采用隐瞒真相的手段，骗取宋海林33万元人民币，已构成诈骗罪，被判处有期徒刑的刑罚。因此，刘炳繁与宋海林签订抵押登记借款合同，从签订进行抵押登记之时起，就不受法律保护。根据《城市房地产抵押管理办法》第四十八条的规定，“抵押人隐瞒抵押的房地产存在共有、产权争议或者被查封、扣押等情况的，抵押人应当承担由此产生的法律责任”，上诉人宋海林受骗的事实，应由抵押人刘炳繁承担由此产生的法律后果。上诉人认为被上诉人的抵押登记行为直接导致被骗，要求被上诉人赔偿因被诈骗所受到的经济损失，缺乏事实和法律依据，本院不予支持。原审判决认定事实清楚，适用法律正确。判决：驳回上诉，维持原判。

南宁市中级人民法院作出（2004）南市行再终字第3号行政判决，认为：刘炳繁故意隐瞒抵押的房地产存在共有以及其共有中的份额大大低于其借款数额的事实，利用登记内容不真实的房屋产权证和房产价格评估报告，骗取原南宁市郊区房地产管理所为其办理抵押登记手续，并借此骗取原审上诉人宋海林与之签订抵押借款合同，骗取宋海林33万元，其产生的一切法律后果，应由抵押人刘炳繁承担。原审上诉人宋海林受骗所遭受的损失，是由刘炳繁的欺诈行为所造成，而并非原郊区房地产管理所办理的抵押登记行为所造成。因为，刘炳繁原来将房产抵押给南宁市利得兴典当行只是借款35万元，而该用来抵押的房产经评估其价值为171万多元，根据《城市房地产抵押管理办法》第九条第三款的规定，“房地产抵押后，该抵押房地产的价值大于所担保债权的余额部分，可以再次抵押，但不得超出余额部分”，因此，即使该房产办理过抵押，原郊区房地产管理所依据刘炳繁提供的房产证、该房产价值171万多元的评估报告书以及刘炳繁与宋海林签订的借款66.5万元的借款协议等来办理抵押登记并无不妥。造成宋海林被骗的事实是因为刘炳繁故意隐瞒用于再次抵押的房地产存在共有以及其在共有中所占有的份额大大低于其借款的数额的事实，而不是因为原审被上诉人办理抵押登记行为本身所造成。因此，原审上诉人认为原审被上诉人的抵押登记行为直接导致其被骗，申诉要求原审被上诉人赔偿其因被骗所受到的经济损失，缺乏事实和法律依据，本院不予支持。据此，原审判决认定事实清楚，适用法律正确。判决：维持本院2002年10月21日（2002）南市行终字第4号行政判决。

本院认为，南宁市中级人民法院（2004）南市行再终字第3号行政判决认定事实不清，适用法律错误。理由如下：

（一）认定事实不清

再审判决认为："造成宋海林被骗的事实是因为刘炳繁故意隐瞒用于再次抵押的房地产存在共有以及其在共有中所占有的份额大大低于其借款的数额的事实，而不是因为原审被上诉人办理抵押登记行为本身所造成。"经审查认为：刘炳繁故意隐瞒淡村169号房产是刘炳繁与他人按份共有的事实和其在共有中所占有的份额大大低于其借款的数额的事实，与宋海林签订抵押借款合同后，通过原郊区房管所错误办理房屋抵押登记后才骗取宋海林33万元的。刘炳繁诈骗这是不争的事实，为此，南宁市江南区人民法院1999年11月1日以合同诈骗罪判处刘炳繁有期徒刑6年，并处罚金5000元。但本案造成宋海林损失33万元，不仅有刘炳繁故意诈骗的原因，也有房管所工作失误的原因：第一，原郊区房管所在办理0140018号《房屋所有权证》时不认真审核，为刘炳繁发放了登记内容不真实的《房屋所有权证》，给刘炳繁利用该《房屋所有权证》进行房屋抵押行骗提供了便利条件；第二，原郊区房管所不遵守法定抵押登记程序，办理抵押登记时，错误行政，不将抵押的房产载入《房屋所有权证》的他项权利内进行公示，不告知宋海林用于抵押房产的抵押状况，违反了《城市房地产权属登记管理办法》第十条第（三）项的规定；第三，原郊区房管所具体行政行为违法，在办理房地产抵押时，明知刘炳繁用于抵押的房屋已被南宁市新城区人民法院查封、扣押，依据《城市房地产抵押管理办法》第八条第（五）项关于被依法查封、扣押、监管或者以其他形式限制的房地产不得抵押的规定，不符合抵押条件，具有依法不得办理抵押的事项，但仍违反规定给刘炳繁办理了抵押登记，其违法签发 0970102 号《房屋他项权证》的行为，客观上为刘炳繁骗取宋海林借款创造了条件。本案是刘炳繁利用房地产抵押并通过原郊区房管所办理抵押登记手续后才实现其诈骗的。没有原郊区房管所错误行政、违法行政，宋海林被骗 33 万元的结果就不会发生。在本案中，原郊区房管所作为房地产管理部门，本应认真履行职责，对刘炳繁的申请认真审核，依法登记，但原郊区房管所在履行职务时，未能认真履行职责，审核不严，错误行政，先于 1994 年 9 月错误地为刘炳繁颁发了登记内容不真实的《房屋所有权证》（证号 0140071）；1996 年 9 月，刘炳繁以该房屋作抵押登记，向南宁市利得兴典当行借款 35 万元，原郊区房管所在办理登记过程中，又不履行法定登记程序，不在原《房屋所有权证》的他项权利上作记载，导致宋海林在 1997 年 7 月 21 日审查刘炳繁《房屋所有权证》上他项权利记载时见未作任何记载，即误以为该房屋未设定过抵押，因而与刘炳繁签订了借款合同，后在刘、宋申请抵押登记时，原郊区房管所不认真审核，明知该房屋已被南宁市新城区人民法院查封、扣押，不符合抵押条件，具有依法不得办理抵押的事项，但其仍然违反规定，给刘炳繁办理了抵押登记，致使宋海林根本不知该房屋的抵押状况，导致宋海林在原郊区房管所为其签发《房屋他项权证》后按约定转款给刘炳繁并造成损失。其行为违反了《城市房地产抵押管理办法》第八条第（五）项关于被依法查封、扣押、监管或者以其他形式限制的房地产不得抵押和第三十四条关于以依法取得的房屋所有权证书的房地产抵押的，登记机关应当在原《房屋所有权证》上作他项权利记载的规定，其具体行政行为明显存在过错，侵害了抵押权人宋海林的合法权益。

房地产抵押登记是一种法律制度，具有强制性。《中华人民共和国城市房地产管理法》第六十一条第一款规定：房地产抵押时应当向县级以上地方人民政府规定的部门办理登记。《城市房地产抵押管理办法》第六条也规定：国家实行房地产抵押登记制度。抵押登记的目的在于将财产上的物权变动的状况加以公示，使第三人得以知晓，从而对抵押交易有一个预期，以维护交易安全和加强房地产抵押担保的效力，预防纠纷，实现效力。房地产上既设定了抵押权，则在一定条件下，抵押权人可以通过对抵押房地产价值的处分权来担保债权的实现。这势必影响到抵押房地产上已存在或将存在的各种法律关系，如不将抵押情况通过登记加以公示，可能会损害第三人的利益。所以，登记使抵押上的房地产权利状况公开，第三人查阅登记簿就可以了解到这些情况，从而对有关抵押房地产的交易有一个预期，使交易的透明性和稳定性大大增大。《城市房地产抵押管理办法》第五条规定：依法设定的房地产抵押，受法律保护；第三十一条还规定：房地产抵押合同自抵押登记之日起生效。因此，房地产抵押一经登记，法律就推定第三人已知晓抵押权的存在。办理了房地产抵押登记，抵押当事人就履行了应尽的义务。本案中，宋海林正是基于原郊区房管所的抵押登记，在原郊区房管所为其签发《房屋他项权证》后按照约定履行合同义务借款给刘炳繁的。原郊区房管所如果依法行政，按《城市房地产抵押管理办法》第三十四条规定，在为刘炳繁向南宁市利得兴典当行借款 35 万元办理房屋抵押登记时，在（0140071）号《房屋所有权证》上如实记载该笔抵押内容，宋海林在与刘炳繁签借款合同之前查阅（0140071）号《房屋所有权证》时就会知晓该房已设定过抵押，就不会借款给刘炳繁；如果原郊区房管所依法行政，告知宋海林该房已设定过抵押，目前正被法院查封、扣押之中，并按《城市房地产抵押管理办法》第八条第（五）项关于被依法查封、扣押、监管或者以其他形式限制的房地产不得抵押的规定，不给刘炳繁办理该房抵押登记手续，刘炳繁隐瞒该房已作过抵押和已被法院查封、扣押的事实就会完全暴露，其利用该房屋重复抵押诈骗宋海林的计划就会因此而失败，就不会造成宋海林33万元的损失。因此，原郊区房地产管理所的错误登记、违法登记行为与宋海林被骗33万元有法律的因果关系，不能因为刘炳繁被判刑处罚就可以免除被申诉人的责任。

（二）再审判决适用法律错误

再审判决根据《城市房地产抵押管理办法》第九条第三款关于“房地产抵押后，该抵押房地产的价值大于所担保债权的余额部分，可以再次抵押，但不得超出余额部分”的规定，认定即使该房产办理过抵押，原郊区房地产管理所依据刘炳繁提供的房产证、该房产价值171万多元的评估报告书以及刘炳繁与宋海林签订的借款665000元的借款协议等来办理抵押登记并无不妥，是错误的，这是对该条文的误解。我国《担保法》第三十七条第（五）项规定：依法被查封、扣押、监管的财产不得抵押。《城市房地产抵押管理办法》第八条第（五）项规定：被依法查封、扣押、监管或者以其他形式限制的房地产不得设定抵押。这是法律、法规禁止性的条款。而《城市房地产抵押管理办法》第九条第三款的规定是以不具有第八条规定的情形为前提条件的。凡是具有第八条规定的情形之一，该房地产就不能办理抵押登记，只有当房地产不具有第八条规定的六种情形之一时，该房地产才能适用第九条的规定。而本案用于抵押的房屋在抵押给宋海林之前已被法院依法查封、扣押，依法不得再设定抵押。再审判决根据《城市房地产抵押管理办法》第九条第三款的规定，认定即使该房产办理过抵押，原郊区房地产管理所依据刘炳繁提供的房产证、该房产价值 171 万多元的评估报告书以及刘炳繁与宋海林签订的借款 66.5 万元的借款协议等来办理抵押登记并无不妥，显然是错误的。

（三）宋海林要求被申诉人赔偿其因被骗所受到的经济损失有法律依据

再审判决认为：原审上诉人宋海林受骗所遭受的损失，是由刘炳繁的欺诈行为所造成，而并非原郊区房地产管理所办理的抵押登记行为造成，原审上诉人申诉要求原审被上诉人赔偿其因被骗所受到的经济损失，缺乏法律依据。再审判决的这一认定与法律不符。

原郊区房管所在办理刘炳繁房屋抵押登记过程中，错误行政、违法行政，其具体行政行为具有不容置疑的过错。《中华人民共和国民法通则》第一百二十一条规定：国家机关或者国家机关工作人员在执行职务中，侵犯公民、法人的合法权益造成损害的，应当承担民事责任。《城市房屋权属登记管理办法》第三十七条规定：因登记机关工作人员工作过失导致登记不当，致使权利人受到经济损失的，登记机关对当事人的直接经济损失负赔偿责任。《国家赔偿法》第四条第（四）项规定：行政机关及其工作人员在行使职权时，有造成财产损失的其他违法行为，受害人有取得赔偿的权利。《中华人民共和国行政诉讼法》第六十七条规定：公民、法人或者其他组织的合法权益受到行政机关或行政机关工作人员作出的具体行政行为侵犯造成损害的，有权请求赔偿。根据上述法律规定，被申诉人江南区建设局应承担民事责任。

综上所述，南宁市中级人民法院（2004）南市行再终字第 3 号行政判决认定事实不清，适用法律和判决错误。根据《中华人民共和国行政诉讼法》第六十四条之规定，特向你院提出抗诉，请依法再审。

此致

广西壮族自治区高级人民法院

二〇〇六年三月一日

附：检察卷宗壹册

（承办人：刘志新）

后　记

1991年4月《中华人民共和国民事诉讼法》的颁布实施，正式启动了检察机关民事行政检察监督的步伐，广西检察机关也随着国家法治建设的脚步，开始了民事行政检察近二十年的峥嵘岁月。据统计，1991—2008年广西检察机关共受理民事行政申诉案32565件，作息诉和其他处理1万余件，向法院提出抗诉3889件，法院已作出再审裁定2747件，改变原判决裁定1647件。从1998年开始，广西民事行政检察工作一直位居全国中上水平，抗诉等工作进入全国先进行列。虽然褒贬自有评说，但广西民事行政检察工作在服务发展大局、维护社会稳定、促进司法公正中所发挥的重要作用，是无可置疑的。

《民事行政检察实例研究》以务实的视角、求真的态度，重点研究了广西民行检察部门近年来办理的二十起典型抗诉案例，意在总结经验教训，以谋更好、更快发展，同时借此向为民事行政检察工作付出心血和汗水的民行检察官们表示崇高的敬意！

本书是理论与实践相结合的产物。在编撰过程中，参加编撰的各位同志通力合作，广西检察官学院和广西壮族自治区人民检察院民事行政检察处的其他同志积极献计献策，努力把最新研究成果奉献出来，使本书的内容更加充实。但由于时间仓促，能力水平有限，书中的观点和论述方法难免有不妥之处，敬请专家、同仁和广大读者海涵、指教！

感谢广西壮族自治区人民检察院检察长张少康同志在百忙之中为本书作序！本书的编辑、出版，得益于中国检察出版社袁其国社长、苏晓红主任的大力支持和为本书付出辛勤劳动的编辑，我们不胜感谢！最后，对其他领导、专家学者和同仁们的支持、帮助，一并致谢！

编　　者

二〇〇九年三月二十二日

图书在版编目（CIP）数据

民事行政检察实例研究/蒙永山，农中校主编．—北京：中国检察出版社，2009.6

ISBN 978-7-5102-0091-5

Ⅰ．民…　Ⅱ．①蒙…②农…　Ⅲ．①民事诉讼-检察-研究-中国 ②行政诉讼-检察-研究-中国　Ⅳ．D926.3

中国版本图书馆 CIP 数据核字（2009）第 087301 号

民事行政检察实例研究

主编　蒙永山　农中校

出 版 人：袁其国
出版发行：中国检察出版社
社　　址：北京市石景山区鲁谷西路 5 号（100040）
网　　址：中国检察出版社（www.zgjccbs.com）
电子邮箱：zgjccbs@vip.sina.com
电　　话：(010)68639243（编辑）　68650015（发行）　68636518（门市）
经　　销：新华书店
印　　刷：三河鑫鑫科达彩色印刷包装有限公司
开　　本：720mm×960mm　16 开
印　　张：19.25 印张
字　　数：237 千字
版　　次：2009 年 7 月第一版　2009 年 7 月第一次印刷
书　　号：ISBN 978-7-5102-0091-5
定　　价：36.00 元